小龄听障儿童
亲子团体教学活动设计

广西壮族自治区听力言语康复中心　编写

广西教育出版社
南宁

图书在版编目（CIP）数据

小龄听障儿童亲子团体教学活动设计 / 广西壮族自治区听力言语康复中心编写. -- 南宁 : 广西教育出版社, 2022.11
ISBN 978-7-5435-9222-3

Ⅰ. ①小… Ⅱ. ①广… Ⅲ. ①听力障碍-学前儿童-特殊教育-教学设计 Ⅳ. ①G762.2

中国版本图书馆 CIP 数据核字(2022)第 205100 号

小龄听障儿童亲子团体教学活动设计
XIAOLING TINGZHANG ERTONG QINZI TUANTI JIAOXUE HUODONG SHEJI

策　　划：苏　敏　曾令宪　钱艺琴
责任编辑：王高阳
责任校对：谢桂清　陆婬澄
装帧设计：杨若媛
责任技编：蒋　媛
数字策划：曾令宪　钱艺琴　吕远梅
技术支持：梁广浩　粟　潇

出 版 人：石立民
出版发行：广西教育出版社
地　　址：广西南宁市鲤湾路 8 号　邮政编码：530022
电　　话：0771-5865797
本社网址：http://www.gxeph.com
电子信箱：gxeph@vip.163.com
印　　刷：广西民族印刷包装集团有限公司
开　　本：787mm×1092mm　1/16
印　　张：22
字　　数：400 千字
版　　次：2022 年 11 月第 1 版
印　　次：2022 年 11 月第 1 次印刷
书　　号：ISBN 978-7-5435-9222-3
定　　价：58.00 元

《小龄听障儿童亲子团体教学活动设计》编委会

主　　任： 许健强

副 主 任： 刘裕秋　何东胜

主　　编： 何东胜　兰海旋　林秀潇

副 主 编： 章巧霞　骆睿璇　黄彩艳　李健鸿

编　　委： 徐洁怡　唐韩颖　冯　冉　傅筱涵　谢　丹　陈伟烨　农慧妮　黄　妍　张春艳

音频演绎： 骆睿璇　林秀潇

前言

党的二十大报告指出："完善残疾人社会保障制度和关爱服务体系，促进残疾人事业全面发展。"近年来，听障儿童的教育问题越来越受到我国各级政府、教育界人士与全社会的关注，有关听障儿童早期教育的研究也越来越多。目前，这方面的教材研究对象多为 3—7 岁的学龄前听障儿童。为贯彻落实国务院颁布的修订后的《残疾人教育条例》、教育部等九部门研究制定的《"十四五"学前教育发展提升行动计划》，以及广西残疾儿童康复救助制度建设工作领导小组办公室制定的《广西"十四五"残疾儿童早期干预试点实施方案》，提升残疾儿童康复服务质量，特策划出版本书。

如何让听障儿童在游戏中实现全面发展，是值得深思的问题。广西壮族自治区听力言语康复中心打破以往固化的思维，采用教学与游戏相结合的方式，在丰富创新的亲子游戏中融入音乐元素，探索出好玩又实用的亲子康复实践方案。本书是有关小龄听障儿童亲子康复救助成果之一，对开展 1—3 岁听障儿童及亲子康复教育教学、听障儿童游戏教学具有指导意义。

编写组成员大多有早期教育、学前教育专业及音乐教育专业背景，具备多年从事 1—3 岁亲子团体教学、音乐教学的实践经验。为了使教材更具规范性和示范性，编写组参考专业书籍，结合各成员多年对听障儿童康复教育的实践体会，依照 1—3 岁儿童生理及心理发展特点，基于全面康复理念，结合音乐游戏教学的实践，汲取蒙台梭利儿童敏感期教育精华，进行教材编写，以期为 1—3 岁小龄听障儿童亲子团体教学提供指导与参考。

本书具有以下几个特点：

一、补充性。本书对小龄听障儿童康复教育的概念与认识问题做出新的补充，更好地帮助亲子康复教学实践者理解全面康复教育思想的内涵和要义。

二、可操作性。本书以健全儿童的早期教育目标为参考，初步建构听障儿童早期教育的目标与内容框架，突出教育目标的可操作性，促进实践教育。

三、结合性。本书强调在听力言语康复教学实践中结合音乐游戏，更好地发挥音乐疗法的作用，有助于小龄听障儿童的康复。

四、示范性。本书强调教学活动类型的丰富性和教学活动方案的示范性，为教师从事小龄听障儿童亲子团体康复教学活动提供参考。

五、科学性。本书根据小龄听障儿童各年龄阶段特点和认知水平，为知识经验的建构提供有效支撑。

由于 1—3 岁听障儿童康复教育实践在我国开展得并不广泛，加之作者水平有限，且建构小龄听障儿童早期教育课程是一个长期的“实践—积累—再实践”的渐进过程，本书所涉及的问题和内容难免有不妥之处，恳请业界同行多批评、多指正、多建议，在教学实践中多修正、多补充、多完善。让我们携起手来，共同为我国小龄听障儿童全面康复教育模式的建立贡献一份力量。

本书使用说明

党的十八大以来，我国各项事业在以习近平同志为核心的党中央坚强领导下得到了前所未有的发展。随着改革程度的深入，许多领域发生了根本性变化。我国的残疾人事业进步显著且成就斐然。党中央始终坚持以人为本的发展理念，积极健全我国残疾人的权益保障制度，关心残障人士的心理需求和社会需求，鼓励社会各界平等对待残障人士，让这一特殊群体感受到国家和社会给予的幸福感、获得感和安全感，同时通过政策倾斜和社会帮扶使残障人士获得平等的教育、医疗、就业和创业机会，吸纳他们参与国家的发展和建设，发挥他们的聪明才智，为国家的繁荣昌盛增辉添彩。2017 年 1 月，国务院常务会议修订通过《残疾人教育条例》，条例提出推进融合教育，保障残疾人进入普通幼儿园、学校接受教育。对于听障儿童，应“早发现、早诊断、早干预”，通过亲子互动活动的教学方式，帮助听障儿童进行全面康复，早日融入社会。为了保障听障儿童受教育的权利，发展听障儿童教育事业，本书编写组查阅参考国内外权威 0—3 岁幼儿发展指南的相关书籍，为编写本书做理论支撑。在此基础上，对现有的教育模式进行改进更新，旨在为康复机构更好地教育指导听障儿童提供帮助。

使用本书时需注意以下几个方面：

一、熟悉相关法律，依法实施教育教学

相关教育工作者要认真学习《幼儿园教育指导纲要（试行）》《残疾人教育条例》《中华人民共和国残疾人保障法》，依法对听障儿童实施教育教学。

1. 尊重听障儿童的个体差异。康复教师应对听障儿童的身体、心理、认知能力有一个基本的了解，掌握科学的发展规律。充分运用本书，培养听障儿童情感、运动、社交、语言、认知等能力，关注每个听障儿童的健康成长。康复教师应对每个听障儿童的听力进行评估、分析并制订相应的计划，根据听障儿童的个体差异实施教学，帮助听障儿童进行听力和语言康复。

2. 注重教学环境的创设。本书重视亲子游戏，运用多元化课程如音乐律动、音乐游戏、艺术手工、运动游戏、建构活动、绘本故事、科学小实验、烘焙等打造多元的教学环境，为听障儿童康复打造良好的环境。《幼儿园教育指导纲要（试行）》中明确提出创造一个自由、宽松的语言交往环境，支持、鼓励、吸引幼儿与教师、同伴或其他人交谈，体验语言交流的乐趣，学习使用适当的、礼貌的语言交往。康复教师要充分利用教学场景和教学材料，给听障儿童创造一个舒适、自然、温馨的学习环境。环境创设要充分利用自然材料，教育活动过程要创设和谐融洽的氛围，为听障儿童充分发挥想象力和创造力提供必要的环境条件。

3. 教学回归培养学习的兴趣。《幼儿园教育指导纲要（试行）》指出“幼儿的科学教育是科学启蒙教育，重在激发幼儿的认识兴趣和探究欲望”。本书注重设置互动式亲子课程，提倡陪伴、启发，让幼儿在玩中主动学习。康复教师应结合课堂教学的内容，创设生活教育的教学情境，使幼儿教学与生活教育相互融合，引导他们积极主动地参与教学活动。康复教师应借助信息技术为听障儿童创设相应的教学情境，让他们能够在各种情境中得到有效锻炼，丰富他们的情感体验，进而促进他们核心素养的提升。

4. 充分发挥家长的作用。本书倡导家园共育，康复教师在教学过程中应以幼儿为主体，重视家长康复技能的指导，重视家长的深度参与，把家长作为早期干预的重要中介，帮助家长和幼儿共同成长。《幼儿园教育指导纲要（试行）》指出：“家庭是幼儿园重要的合作伙伴。应本着尊重、平等、合作的原则，争取家长的理解、支持和主动参与，并积极支持、帮助家长提高教育能力。”只有让家长树立积极、正确的教育观念，学习简单有效的教育方法，配合老师进行教学内容的复习，在家中能有效地对听障儿童已掌握的内容进行合理拓展，才能给听障幼儿的康复带来更有益的帮助。

二、了解本书的结构与使用方法

（一）结构说明

本书以单元层级进行编写，从学期—月—周依次分解学习目标，通过每周、每月的学习实现整个学期的目标。每月制订不同主题，配合不同的歌曲旋律；每周制订不同的计划，配上相应的歌词内容，方便康复教师的教学和指导。教师可按照主题依次开展听障儿童康复教学。

本书按年龄段分为芽芽班（1—2 岁）、苗苗班（2—3 岁），由学期总目标与月主题说明、月教学计划、周教学活动示范组成。

学期总目标与月主题说明：包含幼儿教学总目标、家长指导总目标、本学期各月教学主题设置。

月教学计划：包含主题说明、主题目标（幼儿学习目标、家长指导目标）、周主题设置。

周教学活动示范：根据月主题展开的周教学活动主题、课程目标、教学准备、教学过程、家长任务。

（二）使用说明

1. 教学目标的制订和量化。

本书为康复教师的教学活动提供了具体目标，在目标的选择上更具科学性。康复教师应结合听障儿童的具体条件，将课程目标更加量化、明确化。目标的量化应达到三个基本要求：一是听障儿童参与度的考量，二是听障儿童学习度的考量，三是听障儿童兴趣度的考量。在此基础上，根据具体情况进行下一步调整。

2. 教学主题的匹配和选择。

根据不同听障儿童的具体条件，细化每月、每周的教学目标。根据听障儿童能力、需要、发展趋向的不同，将每月的教学内容细化分解。康复教师在具体施教过程中，匹配不同听障儿童的情况，既可以分配给听障儿童每月满额学习内容，又可侧重于具体一两个内容，以达到因材施教的目的。

3. 教学的组织和实施。

本书中的教学课程需要听障儿童家长参加。康复教师要认识到将家长资源运用于主题教学互动中的价值，明确家长资源用于主题教学活动的教学目标，善于挖掘可利用的家长资源、有利于家长自身提高的资源及对听障儿童的身心发展有益的资源。以亲子活动形式开展的主题活动，教师可以通过利用听障儿童与家长相处的时间，与家长一起为听障儿童创造良好的展示平台，锻炼听障儿童的交流沟通能力，促进家长与幼儿的互动关系，增进两者的亲子关系，促进听障儿童身心的和谐发展。

（三）固定环节活动说明

在本书各节课的教学过程中设置有固定环节活动，活动步骤详列在下方，正文中不再赘述。

1. 问候活动：《你好歌》。

（1）《你好歌》歌词。

唱，唱，唱“你好”，一起唱“你好”。

唱，唱，唱“你好”，一起唱“你好”。

唱，唱，唱“你好”，唱“你好”给 ××（幼儿名字），

唱，唱，唱“你好”，唱“你好”给 ××（幼儿名字）。

（2）活动过程。

①大家一起围成一个半圆，拍拍肚子，有节奏地唱《你好歌》，唱完前两句，教师发出指令：“小耳朵认真听，要把‘你好’唱给谁呢？”

②教师依次邀请幼儿，叫到名字的幼儿举手回应，坐到教师面前，大家一起唱：“唱，唱，唱‘你好’，唱‘你好’给 ××（幼儿名字）。”

③唱到某幼儿名字时，大家一起伸手向该幼儿打招呼。

2. 热身活动：蹲下起立。

（1）《蹲下起立》歌词。

蹲呀蹲呀蹲，一起来转圈圈。

蹲呀蹲呀蹲，一起来转圈圈。

啦啦啦啦啦啦啦啦啦啦，

啦啦啦啦啦啦啦啦啦啦，

啦啦啦啦啦啦啦啦啦啦，

啦啦啦啦啦啦啦。

（2）活动过程。

①教师引导幼儿跟随音乐节奏蹲下、起立。

②唱到“啦啦啦啦啦啦啦啦啦啦”时，一起在原地转圈，唱到最后一个“啦”

时停顿一下，一起假装摔倒（注意安全），可重复几次进行。

③教师根据音乐旋律进行改编，可以用爬、走、跑等方式进行热身活动。

3. 热身活动：甩甩甩。

（1）《甩甩甩》歌词。

让我们甩甩甩甩甩甩甩甩甩甩甩，停。

向上，向上，上，上，上；

向下，向下，下，下，下；

向外，向外，外，外，外；

向里，向里，里，里，里。

（2）活动过程。

①引导家长和幼儿围坐，双手打开放在嘴巴旁边准备，跟随音乐节奏哼唱歌曲。

②唱到“甩甩甩……”时，大家伸出双手跟随音乐有节奏地甩一甩。唱到“停”时，双手做“停止”的动作（一只手掌打开朝下，另一只手伸出食指顶住打开的手掌）。

③唱到“向上，向上，上，上，上”时，双手跟随音乐节奏向上举。（每唱一句“上”，双手便举高一点）

④唱到“向下，向下，下，下，下”时，双手跟随音乐节奏向下降。（每唱一句“下”，双手便下降一点，唱到最后一句“下”时，双手拍地）

⑤唱到“向外，向外，外，外，外”时，跟随音乐节奏，双手分别向身体两侧伸展。

⑥唱到“向里，向里，里，里，里”时，跟随音乐节奏，双手从身体两侧相向合拍。（唱到“里，里，里”时，双手拍三下）

4. 热身活动：玫瑰花圈圈。

（1）《玫瑰花圈圈》歌词。

玫瑰花圈圈，玫瑰花圈圈，哎呀，哎呀，都摔倒啦。

玫瑰花圈圈，玫瑰花圈圈，哎呀，哎呀，都摔倒啦。

（2）活动过程。

家长和幼儿围成一个圆圈站好，双手和双脚打开，跟随音乐左右摆动进行哼唱，唱到“都摔倒啦”时，大家一起假装摔倒在地上（注意安全），可通过走一走或原地转圈等方式进行热身。

5. 热身活动：大小圆圈。

（1）《大小圆圈》歌词。

做个大大的圆圈，大圆圈，大圆圈。

做个大大的圆圈，啦啦啦啦啦啦。

做个小小的圆圈，小圆圈，小圆圈。

做个小小的圆圈，啦啦啦啦啦啦。

（2）活动过程。

①大家一起手拉手围成一个圆，跟随音乐有节奏地哼唱。唱到“做个大大的圆圈”时，以圆心向外辐射，大家一起朝后走；唱到“大圆圈，大圆圈”时，大家一起围着圆圈走。

②唱到“做个小小的圆圈”时，大家一起向圆圈中心走；唱到“小圆圈，小圆圈”时，大家一起围着圆圈走。

③可重复几次进行。教师可根据旋律进行改编，加快或放慢节奏，哼唱声音可大可小。

6. 热身活动：彩虹绳。

（1）《彩虹绳》歌词。

摇呀摇呀摇，摇呀摇呀摇，摇呀摇呀摇呀摇，摇呀摇呀——停。

走呀走呀走，走呀走呀走，走呀走呀走呀走，走呀走呀——停。

（2）活动过程。

①大家一起抓住彩虹绳围成一个圆圈，双手抓住彩虹绳，跟随音乐有节奏地摇一摇、走一走。

②教师发出指令“停”时，大家停下动作扮成“木头人”。教师可根据旋律进行改编，加快或放慢节奏，根据幼儿表现，引导幼儿以跑、跳、向后拉等方式进行热身活动。

7. 热身活动：拉个圆圈走走。

（1）《拉个圆圈走走》歌词。

拉个圆圈走走，拉个圆圈走走，走呀走呀走呀走呀看谁最先蹲下；

拉个圆圈跑跑，拉个圆圈跑跑，跑呀跑呀跑呀跑呀看谁最先站好。

（2）活动过程。

①家长和幼儿手拉手围成一个圆圈，跟随音乐节奏进行走和跑的运动。

②唱到“蹲下”或“站好”时，家长和幼儿要做出相应的动作。

③教师可根据旋律进行改编，加快或放慢节奏，根据幼儿表现，适时发出指令“看谁最先单脚站立”或“看谁最先松开手”等。

8. 派对时间。

（1）教师拿手摇铃，有节奏地拍打手摇铃并哼唱歌曲：“来，来，我们一起来玩游戏，玩游戏，玩游戏。来，来，我们一起来玩游戏，玩游戏，玩游戏，来来来来来。”

（2）哼唱歌曲的同时出示彩虹伞，家长一起合作将彩虹伞铺开，铺开时哼唱：“快，快，一起坐下来，坐下来，坐下来。快，快，一起坐下来，来来来来来。”引导幼儿到伞中间坐下来，家长围坐在彩虹伞外面。

（3）教师针对主题进行回顾，分享幼儿在课上的具体表现及家长的示范、引导和语言输入。教师提问个别家长关于主题活动在家庭延伸的问题，针对家长的回答教师进行适时补充和鼓励。

（4）吹泡泡。

①集体泡泡。

大家一起大声地请出由人扮演的“泡泡”，助教吹“泡泡”，播放欢快背景音乐，引导幼儿抓“泡泡”。

②个人泡泡。

教师发出指令：“现在是我们的个人泡泡时间，我们一起大声地唱出大家的名字。”助教根据教师唱到的幼儿的名字，将泡泡吹到该幼儿的头上前方。家长跟随音乐一起哼唱歌曲：“泡泡吹给 ××，泡泡吹给 ××，泡泡吹给 ××，泡泡吹给 ××。”唱完所有幼儿的名字后，就跟泡泡说“拜拜”。

③数泡泡。

教师发出指令：“我们一起来数一数还有多少泡泡吧。”引导幼儿坐在彩虹伞中间，家长一起合作抓住彩虹伞的边，有节奏地摇一摇，一起哼唱：“一个两个三个泡泡，四个五个六个泡泡，七个八个九个泡泡，十个泡泡泡泡泡。”

（5）旋转木马。

幼儿坐在彩虹伞中间，家长一起合作抓住彩虹伞的边，用力向外拉至膝盖，保持幼儿的身体平衡，哼唱：“转呀转呀转，转呀转呀转，转呀转呀转呀转，转呀转呀转呀转。”重复两次，左右转动。教师发出指令：“到站啦，请下车。”邀请幼儿

到伞外。（可根据主题活动改编歌词，如：汽车的轮子转呀转）

（6）伞下活动。

教师发出指令："我们一起来看看伞下有没有星星吧。"邀请幼儿到伞下，家长一起合作将彩虹伞撑起，抓住彩虹伞的边上下摆动，一起哼唱儿歌《小星星》。

（7）飞伞活动。

唱完儿歌，接着哼唱："伞儿要飞了，伞儿要飞了，伞儿要飞了，数到'3'要说'拜拜'。"大家一起说"1，2，3，松开手"，助教收彩虹伞。

（8）结束歌。

教师发出指令："伸出你的小手，一起拍一拍。"家长引导幼儿一起有节奏地拍一拍手，哼唱："伸出你的小手拍一拍，拍一拍，拍一拍。伸出你的小手拍一拍，一起说'拜拜'。"大家一起伸手相互说"拜拜"，结束活动。

（四）其他说明

1. 为方便教学，本书"音乐律动"环节所列歌词在原作基础上有所改动，仅供读者参考。在实际教学活动中，读者亦可自行改编。值得注意的是，在教学过程中不应侵犯著作权人的相关权利。

2. 正文表格中"教学准备（教玩具、材料）"栏所列素材及物品，可以根据实际情况灵活调整；"派对时间"环节，亦可根据实际条件灵活安排。

3. 在使用本书的过程中，教师、家长可以根据听障儿童的实际情况，适当调整教学目标。教学过程中，教师要有明确的指导，家长应配合引导听障儿童跟随练习。不需对听障儿童的运动能力、语言理解能力、活动参与能力等做一致的目标要求，应因材施教。

目　录

下编　苗苗班（2—3 岁）

上编　芽芽班
（1—2岁）

第一章　芽芽班上学期

学期总目标与月主题说明

一、幼儿教学总目标

1. 通过开展亲子美食烹饪活动，认识各种美食的制作方法，体验制作美食的快乐。

2. 通过实际操作和亲身体验来感知、发现植物生长变化与天气的密切关系，感受秋季的明显特征，对秋天有初步的认识。

3. 认识生活中常见的交通工具，满足幼儿的探索欲。

4. 通过不同的活动形式，感知多彩的动物世界，引导幼儿了解和获得有关动物的更多信息。

5. 通过引导幼儿装饰新年的环境，帮助幼儿了解过年的相关场景，认识即将到来的新年。

6. 精细动作方面，引导幼儿尝试运用手部做揉、压、粘贴、捏、撕等动作，体验创作的快乐，锻炼幼儿的精细动作。

7. 艺术创作方面，家长和幼儿一起创作新年装饰物，感受新年的乐趣。

8. 音乐感知方面，激发幼儿对音乐的兴趣，引导幼儿感知音乐的节奏与旋律。

9. 大运动方面，引导幼儿参加走、爬、跑、钻、跳等游戏。

10. 情景游戏方面，钻、爬和跑多种玩法相结合，发展幼儿的动作协调性和敏捷性。

11. 认知情感方面，满足幼儿对美食世界的好奇心，使用丰富的厨房工具，锻炼幼儿的动手能力，体验自己动手制作美食的快乐。

12. 社会交往方面，引导幼儿初步掌握日常活动和规则，如轮流、等待、举手等，初步培养幼儿的活动规则意识。在教师或家长的示范下，幼儿能模仿简单的动作，如拍手、蹲下等。

二、家长指导总目标

1. 让家长意识到家庭教育的重要性。帮助幼儿熟悉亲子课堂环境，建立和培养良好的课堂意识和习惯。

2. 在互动中做好示范，引导幼儿学习和模仿。

3. 认真对待亲子活动，学会肯定和鼓励幼儿，积极参与活动，做幼儿的观察者、引导者。

4. 根据教师上课的内容，在课后进行巩固和延伸。

5. 多与幼儿沟通，了解幼儿，从幼儿的动作、表情中读懂他们的心理活动、想法和意愿。

6. 了解亲子课教学的意义，适应亲子课的教学形式，能认识到家长在亲子课堂中的重要性。

7. 重视幼儿大运动及精细动作的锻炼，给幼儿提供丰富的材料，培养幼儿手眼协调及精细动作的能力。

三、本学期各月教学主题设置

9 月主题：小小美食家。

10 月主题：秋天来了。

11 月主题：了不起的交通工具。

12 月主题：我们的动物朋友。

1 月主题：冬天到，新年好。

9月主题

小小美食家

教学计划

一、主题说明

幼儿对美食比较感兴趣。为了丰富课堂内容，让幼儿体验多样的课堂形式，本月开展亲子美食烹饪特色课程，课上通过丰富有趣的音乐游戏、绘本、图片、手工及亲自体验美食制作等，满足幼儿对美食世界的好奇心，引导幼儿使用各种各样的厨房工具，锻炼幼儿的动手能力，体验动手制作美食的快乐。

二、主题目标

（一）幼儿学习目标

1. 对美食活动感兴趣，乐于参与。
2. 认真观看美食的制作步骤，参与制作美食的过程。
3. 懂得在制作美食过程中节约食材，不浪费。
4. 知道爱护环境，和大家一起布置和收拾烘焙教室。
5. 学习做相关主题手工，乐于参与音乐游戏活动。
6. 初步学会制作美食的简单方法，认识更多制作美食的材料。
7. 体验制作美食的快乐，在制作中获得成就感。
8. 感受活泼、欢快的音乐旋律，能随音乐有节奏地进行拍打。

（二）家长指导目标

1. 鼓励幼儿自己动手制作美食，指导幼儿按步骤进行操作。

2. 引导幼儿观察美食材料的外形特征并认识美食材料的名称。

3. 鼓励幼儿在生活中懂得节约粮食，做个不挑食的好孩子。

4. 和幼儿一起制作美食，体验制作美食的乐趣，锻炼幼儿手部精细动作的能力。

三、周主题设置

9 月第 1 周：多口味甜甜圈；好吃的蛋挞。

9 月第 2 周：圆圆的比萨；美味的三明治。

9 月第 3 周：美味香蕉派；月亮的味道。

9 月第 4 周：蔬菜沙拉；饺子皮脆饼。

教学活动示范

9 月第 1 周：多口味甜甜圈；好吃的蛋挞

教学活动示范表——多口味甜甜圈

课程目标	1. 帮助幼儿认识甜甜圈，了解甜甜圈的外形，学习“圆圆的”“甜甜圈”等词。 2. 在音乐律动中，引导幼儿重复“甜甜圈”一词，加深印象。 3. 在艺术创作中，引导幼儿通过揉、压等方式活动小手，搭配色彩创作多口味的甜甜圈。 4. 让幼儿体验动手制作的乐趣，感受创作的快乐。
教学准备（教玩具、材料）	1. 音乐：儿歌《甜甜圈》。 2. 图片：各种口味的甜甜圈。 3. 其他：红、紫、蓝、咖啡色颜料，白色轻黏土，颜料盘，颜料刷，白糖，调和油，半成品甜甜圈，肉松。
教学过程	1. 问候活动：《你好歌》。 2. 热身活动：甩甩甩。 3. 导入活动：展示甜甜圈图片，描述甜甜圈上的颜色和装饰，引导幼儿用手比画圆的动作。强调“圆圆的”，重复“甜甜圈”。

续表

教学过程	4. 音乐律动：《甜甜圈》。 甜甜圈，圆又圆，牛奶香，奶油甜。红橙黄，青蓝紫，彩虹色，真好看。 甜甜圈，圆又圆，牛奶香，奶油甜。烤一烤，喷喷香，咬一口，超级棒。 家长和幼儿跟随音乐把双手合成圆形，把手中的圆形想象成甜甜圈，并跟随歌词做相应的闻、烤、咬等动作。 5. 艺术创作：多彩甜甜圈。 ①教师分发“面团”（轻黏土），揉一揉“面团”。 ②教师示范将揉好的球形“面团”轻轻压一压，在“面团”中间戳个洞，做出甜甜圈造型。幼儿尝试操作，家长适时引导幼儿并使用自言自语的技巧输入相关词语“圆圆的”“戳一戳”“甜甜圈”等。 ③幼儿在家长的引导下选择自己喜欢的彩色颜料，倒入颜料盘，用颜料刷给甜甜圈上色并做装饰，做成各种口味、颜色的甜甜圈。在制作过程中，家长可使用平行谈话技巧输入相关语句“你做的是草莓味的（蓝莓味的、巧克力味的）甜甜圈”等，让幼儿进一步认识甜甜圈。 6. 主题活动：制作甜甜圈。 ①拿出烤好的甜甜圈胚。 ②让幼儿自由选择白糖、肉松来装饰自己的甜甜圈，装饰后与家长分享美食。 ③引导幼儿把未用完的食物材料放回原处并把桌面及地面打扫干净，养成良好的习惯。 7. 派对时间。 一起拍手唱《甜甜圈》，愉快地结束活动。
家长任务	1. 课堂上积极跟幼儿互动，适时向幼儿输入与主题相关的重点词语。 2. 活动中多示范，及时鼓励和肯定幼儿。

续表

家长任务	3. 家长可以在家里和幼儿动手制作甜甜圈，或者用卡纸、轻黏土等材料和幼儿一起模拟做甜甜圈，帮助幼儿巩固对甜甜圈的认识。

教学活动示范表——好吃的蛋挞

课程目标	1. 通过观察蛋挞图及其制作过程的图片，初步了解制作蛋挞的材料及过程。 2. 在家长的引导下，幼儿尝试动手制作蛋挞。 3. 学习搅拌的动作，锻炼小手的灵活性，享受制作蛋挞的乐趣。 4. 幼儿在音乐律动中跟随欢快的节奏用小手做出敲一敲、撒一撒等动作，想象制作蛋挞。
教学准备（教玩具、材料）	1. 音乐：《一起做蛋挞》。 2. 图片：蛋挞图及其制作过程图。 3. 其他：鸡蛋，牛奶，白糖，蛋挞皮，小勺子。
教学过程	1. 问候活动：《你好歌》。 2. 热身活动：甩甩甩。 3. 导入活动：图片导入。教师出示蛋挞图及其制作过程图。 ①引导幼儿认识图片上的牛奶、鸡蛋、白糖等食材。 ②教师讲解图片上蛋挞的制作过程。 4. 音乐律动：《一起做蛋挞》。 一起做蛋挞，一起做蛋挞，啦啦啦啦啦啦啦。 敲一敲鸡蛋，撒一撒白糖，牛奶搅一搅。 一起做蛋挞，一起做蛋挞，啦啦啦啦啦啦啦。 放进大烤箱，慢慢烤一烤，3，2，1，叮！蛋挞做好了。 在欢快的音乐旋律中，引导幼儿用手做出敲一敲、撒一撒等动作，想象自己在制作蛋挞。 5. 主题活动：制作蛋挞。 ①出示鸡蛋、牛奶、白糖、蛋挞皮等实物，引导幼儿观察。

续表

教学过程	②分发制作蛋挞的工具和材料，教师示范，幼儿尝试动手操作。 ③在制作过程中，引导幼儿不断搅拌鸡蛋，依次放入牛奶、白糖。 ④组织幼儿将搅拌好的蛋液倒入蛋挞皮中，将蛋挞放入烤箱，耐心等待。在等待时，回顾音乐律动《一起做蛋挞》。 ⑤待蛋挞烤好后，拿出来观察蛋挞的颜色，闻一闻蛋挞的香味。 ⑥品尝蛋挞，分享自己亲手制作的蛋挞。 6. 派对时间。 一起拍手唱《一起做蛋挞》，愉快地结束活动。
家长任务	1. 课堂上积极跟幼儿互动，适时向幼儿输入与主题相关的重点词语。 2. 鼓励幼儿动手制作蛋挞并引导幼儿观察制作蛋挞的材料。 3. 在生活中多让幼儿动手制作美食，丰富幼儿的生活经验。

9月第2周：圆圆的比萨；美味的三明治

教学活动示范表——圆圆的比萨

课程目标	1. 了解比萨的形状是“圆圆的”。 2. 观察比萨图片，了解做比萨的过程，锻炼幼儿的符号联想能力。 3. 在艺术创作和比萨制作的过程中，使用工具，锻炼幼儿的手部精细动作。 4. 社交方面，一起制作比萨，培养幼儿的合作意识和能力。
教学准备 （教玩具、材料）	1. 音乐：《一起做比萨》。 2. 图片：比萨图片及其制作过程图。

续表

教学准备 （教玩具、材料）	3. 其他：圆形卡纸，红色颜料，海绵滚刷，海绵纸（用以裁剪比萨材料：芝士、肉松、培根、肉片等），颜料刷，比萨饼皮半成品，黄油，番茄酱，肉松，培根，芝士。
教学过程	1. 问候活动:《你好歌》。 2. 热身运动：甩甩甩。 3. 导入活动：图片导入，让幼儿认识比萨，将切好的番茄、培根、芝士、火腿等撒到“圆圆的”（使用声学强调技巧输入）面饼上，放进烤箱，烤熟之后再用刀切分好，“切切切”。展示比萨模型，分比萨。 4. 艺术创作：美味的比萨。 ①教师分发“比萨”（圆形卡纸），鼓励幼儿在“比萨”上涂抹红色“番茄酱”（红色颜料），用海绵滚刷来回滚动涂抹均匀。 ②教师分发艺术材料，幼儿自主选择，撒上喜爱的比萨材料“火腿”“肉片”（海绵纸）等。 ③引导幼儿把“比萨”放进烤箱里，设置时间。 ④引导幼儿用剪刀裁剪“比萨”分享给同伴。 5. 音乐律动:《一起做比萨》。 一起做比萨，一起做比萨，啦啦啦啦啦啦啦啦。 搅一搅面粉，揉一揉面团，圆圆的面饼，嘿！ 一起做比萨，一起做比萨，啦啦啦啦啦啦啦啦。 抹上番茄酱，放上芝士条，美味的比萨，嘿！ 一起做比萨，一起做比萨，啦啦啦啦啦啦啦啦。 放进大烤箱，慢慢烤一烤，比萨做好啦，嘿！ 引导幼儿跟随音乐律动模仿做比萨的动作。 6. 主题活动：制作比萨。 ①涂抹番茄酱。 ②撒芝士、培根、肉松。

续表

教学过程	③放进烤箱。 ④收拾工作区，洗手，等待比萨出炉。 ⑤分享美食。 7. 派对时间。 一起拍手唱《一起做比萨》，愉快地结束活动。
家长任务	1. 课堂上积极跟幼儿互动，适时向幼儿输入与主题相关的重点词语。 2. 与幼儿一起阅读关于比萨的绘本，加深幼儿对比萨的认识。 3. 课后和幼儿复习音乐律动《一起做比萨》，一起动起来。

教学活动示范表——美味的三明治

课程目标	1. 认识与三明治相关的食材。 2. 学习切的动作，在家长的引导下尝试动手切一切。 3. 学习三明治的制作方法和步骤，体验自制三明治的快乐。 4. 在音乐律动中，引导幼儿跟随音乐节奏模仿制作三明治。
教学准备（教玩具、材料）	1. 音乐：《一起来做三明治》。 2. 图片：三明治图及其制作过程图。 3. 其他：黄瓜片，面包片，肉片，培根，沙拉，肉松，鸡蛋，三角形泡沫纸，轻黏土（彩色），小菜板，塑料刀，一次性桌布，电饼铛（煎蛋用）。
教学过程	1. 问候活动：《你好歌》。 2. 热身活动：甩甩甩。 3. 导入活动：图片导入，认识制作三明治的材料，了解制作三明治的步骤。 4. 音乐律动：《一起来做三明治》。 三明治，三明治，一起来做三明治。 放一个鸡蛋，咚咚咚，嗞嗞嗞。

续表

教学过程	再放上黄瓜，盖上面包片。 三明治，三明治，一起来做三明治 撒一撒肉松，再盖上面包片，三明治做好啦。嘿！ 跟随音乐律动，引导家长和幼儿模仿将材料一层层铺好，制作三明治。 5. 主题活动：制作三明治。 ①学习制作三明治的过程。 出示图片，引导幼儿观察，向幼儿介绍制作三明治所需要的材料。 ②学习制作三明治的步骤和方法。 ③教师将三明治材料放在桌子中间，提醒幼儿制作时将食材一层一层地叠好，幼儿根据喜好选择食材制作三明治。 ④制作好三明治，在家长的帮助下把三明治切成三角形，轮流分享自己制作的三明治里都放了什么。 ⑤大家品尝美食，打扫卫生。 6. 艺术创作：我的三明治。 ①展示三角形面包片（泡沫纸），各种彩色黏土。 ②询问幼儿想做什么口味的三明治，引导幼儿自由选择黏土，家长适时输入相关词语。 ③引导幼儿制作三明治，将自己喜欢的“食材”（轻黏土）放在面包片上。 ④一起拍手唱《一起来做三明治》，愉快地结束活动。 7. 派对时间。
家长任务	1. 在课堂上，家长引导幼儿认识制作三明治各种原材料的名称。 2. 在家里，家长在保证安全的前提下，鼓励幼儿使用简单的烹饪工具，制作简单的美食，体验制作的快乐，同时发展幼儿的动手能力。

9 月第 3 周：美味香蕉派；月亮的味道

教学活动示范表——美味香蕉派

课程目标	1. 通过触觉、嗅觉、视觉认识香蕉，向幼儿重点输入“黄色的”“弯弯的”等词。 2. 在音乐律动中，引导幼儿感受音乐的节奏。 3. 在艺术创作过程中，通过揉一揉、捏一捏，锻炼幼儿的手部精细动作。 4. 尝试自己动手制作美食并从中学习轮替与等待。
教学准备（教玩具、材料）	1. 音乐：《玛丽》。 2. 图片：香蕉图片，香蕉派制作步骤图。 3. 其他：蛋挞皮，鸡蛋，黄色、绿色黏土。
教学过程	1. 问候活动：《你好歌》。 2. 热身活动：甩甩甩。 3. 导入活动：认识香蕉。 ①出示神秘袋，邀请幼儿摸一摸、捏一捏、闻一闻，猜一猜神秘袋里的物品是什么。 ②拿出神秘袋里的香蕉，通过视觉、嗅觉、触觉巩固对香蕉的认识，并用声学强调技巧向幼儿输入“黄色的”“弯弯的”等词。 4. 音乐律动：《玛丽》。 玛丽来到山坡，哈拉蕾； 她要去采那香蕉，哈拉蕾。 玛丽来到山坡，哈拉蕾； 她要去采那香蕉，哈拉蕾。 模仿教师动作，在听到“哈拉蕾”时拍三次手。 5. 主题活动：制作美味香蕉派。 ①观察图片，学习制作香蕉派的步骤和方法。

续表

教学过程	②教师示范将香蕉捣碎，放入蛋挞皮中，将蛋挞皮像包饺子一样包起来，然后刷上蛋黄液。 ③教师分发所需材料。家长和幼儿一起制作香蕉派。 ④放入烤箱，耐心等待。 6. 艺术创作：一串香蕉。 ①用黄色黏土制作一串香蕉。在制作的过程中，鼓励幼儿揉一揉、捏一捏，锻炼幼儿的手部精细动作。 ②引导幼儿把做好的香蕉一个个紧挨在一起，最后用一点绿色的黏土捏成小圆球粘在香蕉的尾部进行点缀，一串香蕉就做好啦。 7. 品尝美食：美味香蕉派。 家长和幼儿一起品尝自己动手制作的香蕉派。 8. 派对时间。 一起拍手唱《玛丽》，愉快地结束活动。
家长任务	1. 课堂上协助幼儿完成活动，向幼儿输入重点词语，并帮助幼儿理解制作美食的过程。 2. 在生活中，积极主动向幼儿进行社交示范，学会分享或交换美食。

教学活动示范表——月亮的味道

课程目标	1. 了解中秋节的特色活动，认识中秋节，感受中秋节的魅力。 2. 向幼儿重点输入与中秋节活动相关的名词，以及“中秋快乐”等祝福语，并向身边的人表达祝福，做出积极的社交示范和语言输入。 3. 在艺术创作环节中培养幼儿的想象力，锻炼幼儿的手部肌肉。 4. 在歌曲中认识中秋节活动和特点，通过手指操，锻炼幼儿的模仿能力和手指精细动作。

续表

教学准备 （教玩具、材料）	1. 音乐：手指谣《中秋节》。 2. 图片：中秋节活动图片。 3. 绘本：《月亮的味道》。 4. 其他：胶泥，月饼按压工具，烤箱教具（纸箱）。
教学过程	1. 问候活动：《你好歌》。 2. 热身活动：甩甩甩。 3. 导入活动：中秋节。 图片导入，呈现中秋节活动照片，展示月亮、月饼、灯笼、游园等标志性物品与活动的图片，让大家猜猜这是什么节日，并向幼儿输入中秋节祝福语“中秋快乐”。 4. 手指律动：《中秋节》。 中秋中秋送祝福，嫦娥兔子来跳舞。 月亮圆圆月饼大，团团圆圆笑哈哈。 引导家长、幼儿跟随手指律动，模仿教师做相应动作。 5. 绘本故事：《月亮的味道》。 ①在绘本中我们可以看到又圆又亮的月亮和各种可爱的小动物，教师介绍绘本中的月亮和动物名称。 ②最后他们通过合作，尝到了月亮的味道。但月亮到底是什么味道？小朋友心中有答案吗？是咸的还是甜的，是巧克力味儿还是棉花糖味儿的？一起来想象吧。 6. 艺术创作：一起来做月饼吧！（提高精细动作和想象能力） ①捏胶泥，揉一揉、搿一搿、粘一粘，活动手指。 ②使用制作月饼的工具，按压出月饼的形状。 ③将按压好的“月饼”放进“烤箱”，一起等待，一起数数，烤好之后一起“品尝美味的月饼”。 7. 派对时间。
家长任务	1. 课堂上积极跟幼儿互动，适时向幼儿输入与主题相关的重点词语。 2. 鼓励幼儿在课堂上、生活中主动向他人表达祝福。 3. 在生活中多让幼儿动手制作美食，丰富幼儿的生活经验。

9月第4周：蔬菜沙拉；饺子皮脆饼

教学活动示范表——蔬菜沙拉

课程目标	1. 让幼儿能在各环节活动中，拥有多感官的活动体验，帮助幼儿认识常见的蔬菜，向幼儿重点输入名词“蔬菜”以及各类常见蔬菜的名称，如“黄瓜”“生菜”等。 2. 在游戏中让幼儿建立遵守规则的意识，培养守规则的习惯。 3. 家长和幼儿一起制作美味的蔬菜沙拉，锻炼幼儿手部精细动作和手眼协调能力。 4. 在音乐律动中，模仿卷、剥、洗、炒的动作练习，培养幼儿的模仿力和想象能力。
教学准备（教玩具、材料）	1. 音乐：手指谣《吃白菜》。 2. 图片：蔬菜图和蔬菜沙拉制作图。 3. 绘本：《我的蔬菜宝宝》。 4. 其他：黄瓜，生菜，小番茄，紫甘蓝，沙拉酱。
教学过程	1. 问候活动：《你好歌》。 2. 热身活动：甩甩甩。 3. 导入活动： ①蔬菜图片导入，引导幼儿认识常见蔬菜的外部特征。 ②观察富含多种维生素的蔬菜可以做成各种各样的美食。 4. 手指律动：《吃白菜》。 卷，卷，卷白菜，卷完白菜，剥白菜。 剥，剥，剥白菜，剥完白菜，洗白菜。 洗，洗，洗白菜，洗完白菜，切白菜。 切，切，切白菜，切完白菜，炒白菜。 炒，炒，炒白菜，炒完白菜，吃白菜。 啊呜，啊呜，啊呜，白菜真好吃。 引导家长和幼儿跟随手指律动，模仿卷、剥、洗、切、炒、吃的动作。

续表

教学过程	5. 绘本故事:《我的蔬菜宝宝》。 ①重点引导幼儿观察绘本里蔬菜的不同特征和相同特征,帮助幼儿认识各种各样的蔬菜。 ②用较夸张的表情与肢体动作进行绘本阅读,培养幼儿的好奇心。 6. 生活实践:制作蔬菜沙拉。 ①教师分发黄瓜、生菜、小番茄、紫甘蓝等蔬菜,引导幼儿和家长合作清洗、切菜。 ②将切好的蔬菜一起放进一个大碗里,加入沙拉酱搅拌。 ③享受美食。 7. 派对时间。 一起拍手唱《吃白菜》,愉快地结束活动。
家长任务	1. 课堂上积极跟幼儿互动,适时向幼儿输入与主题相关的重点词语。 2. 在活动中多示范,及时鼓励和肯定幼儿。 3. 在安静的环境下和幼儿一起复习绘本《我的蔬菜宝宝》。 4. 课后跟幼儿一起选择一种或两种蔬菜进行角色扮演游戏,并拍摄视频记录。

教学活动示范表——饺子皮脆饼

课程目标	1. 多感官的活动体验,帮助幼儿认识饺子皮"软软"的触感及"圆形"的外形。 2. 家长与幼儿一起制作脆饼,在制作过程中丰富幼儿的生活经验。 3. 在艺术创作中,尝试通过压、揉、捏、擀以及三指捏撒等动作,锻炼幼儿的手部肌肉。 4. 在欢快的音乐中,感受制作美食的快乐。

续表

教学准备 （教玩具、材料）	1. 音乐：《一起来做脆脆饼》。 2. 图片：饺子皮脆饼制作图。 3. 其他：饺子皮，食用油，芝麻，红糖，孜然粉，胡椒粉，葱花，铁盘，硅油纸，碗，刷子，轻黏土，提前包好保鲜膜的擀面杖，提前剪好的彩色碎屑。
教学过程	1. 问候活动：《你好歌》。 2. 热身活动：甩甩甩。 3. 导入活动：用图片解说饺子皮脆饼制作过程。 4. 音乐律动：《一起来做脆脆饼》。 脆饼，脆饼，一起来做脆脆饼。 放上饺子皮，刷上一层油，我们来刷一刷。 脆饼，脆饼，一起来做脆脆饼。 撒一撒红糖，再撒上芝麻，准备做好啦。 脆饼，脆饼，一起来做脆脆饼。 放进大烤箱，慢慢烤一烤，3，2，1，叮，美味脆脆饼，嘿！ 在欢乐的律动中，家长带领幼儿模仿做脆脆饼的动作。 5. 主题活动：制作脆脆饼。 ①介绍食材实物，让幼儿亲身体验，摸一摸，闻一闻，运用声学强调技巧向幼儿输入饺子皮触感“软软的”，形状是“圆形”。 ②教师在桌子上铺好保鲜膜，让幼儿洗手。 ③教师准备好铁盘，铺上硅油纸。 ④幼儿帮忙用刷子蘸取装在碗里的食用油，在饺子皮上刷均匀。 ⑤刷好后，幼儿可以用手撒一撒红糖和芝麻，做甜味脆脆饼。 ⑥做完甜味脆脆饼后，幼儿再刷新的饺子皮，做另一种口味。在饺子皮上撒上香葱、孜然粉、胡椒粉、芝麻。

续表

教学过程	⑦引导幼儿将甜味脆脆饼放入烤炉里（烤炉需要提前设定温度 180°，预热 5 分钟）烤 10 分钟。 6. 艺术创作：各种口味脆脆饼。 ①在等待期间，教师拿出轻黏土和提前包好保鲜膜的擀面杖，示范如何把轻黏土搓成圆球，然后压扁，擀“饺子皮”。 ②幼儿操作，家长引导，适时向幼儿输入与主题相关的词语。 ③擀好“饺子皮”后，教师分发提前剪好的彩色纸碎屑，指导幼儿用三指捏撒的动作将彩色纸碎屑撒在“饺子皮”上，做好放在方盘上放入“烤箱”。 ④引导幼儿将桌面清理干净，然后洗手。 ⑤品尝在主题活动中制作的脆脆饼。 7. 派对时间。 一起拍手唱《一起来做脆脆饼》，愉快地结束活动。
家长任务	1. 课堂上积极跟幼儿互动，适时向幼儿输入与主题相关的重点词语。 2. 引导幼儿学习做各种口味的脆脆饼。 3. 在生活中多让幼儿动手制作美食，丰富幼儿的生活经验。

10 月主题

秋天来了

教学计划

一、主题说明

秋天是个抽象的概念，需要幼儿在各种活动中去体验和感知。为了让幼儿真切感受秋天的美好，我们设计了主题活动。通过户外探索、听故事、动手制作、音乐游戏等活动，激发幼儿对大自然的探索兴趣，引导幼儿发现植物生长变化与天气的密切关系，感受秋天的明显特征，进一步培养幼儿的观察力、想象力、表现力和创造力。

二、主题目标

（一）幼儿学习目标

1. 感知秋天的颜色和场景，通过落叶、秋风、果实，感受生活中季节的变化和秋天的美。

2. 通过观察，认识秋天树叶的颜色、形状等特征。

3. 在音乐游戏中，身体跟随音乐节奏左右摇摆。

4. 了解蔬菜的形态特征，通过横切等方式观察农作物的不同形态。

5. 学习用印压和粘贴的方式创作，感受平面创作与立体创作相结合的乐趣。

6. 感受不同蔬菜的质地，经过切割后，使用拓印的方式呈现其剖面。

7. 认识谷仓的形状“三角形”“方形”，谷仓的颜色“红色”。

8. 通过视觉、嗅觉、触觉等多感官体验，认知水果。

（二）家长指导目标

1. 引导幼儿观察、欣赏秋天树叶的颜色。

2. 指导幼儿用树叶粘贴、拓印等方式作画。

3. 引导幼儿观察蔬菜切割的立体形态，在艺术创作过程中观察不同蔬菜印画的不同效果。

4. 在音乐游戏中，鼓励幼儿通过身体的左右摇摆来表现秋天的落叶，培养幼儿的想象力。

三、周主题设置

10 月第 1 周：秋天的美；秋天，丰收的季节。

10 月第 2 周：农作物；粮食屋。

10 月第 3 周：摇一摇苹果树；秋天的树叶。

10 月第 4 周：秋天的风；秋天的昆虫。

教学活动示范

10 月第 1 周：秋天的美；秋天，丰收的季节

教学活动示范表——秋天的美

课程目标	1. 认识秋天的颜色和场景，通过落叶、秋风、果实，感受生活中季节的变化和秋天的美。 2. 通过观察，认识秋天树叶的颜色、形状等特征。 3. 在音乐游戏中，引导幼儿扭动身体跟随音乐节奏左右摇摆，模仿树叶飘落。 4. 让幼儿对活动感兴趣，乐于参与游戏活动。
教学准备（教玩具、材料）	1. 音乐：《秋风吹呀》。 2. 图片：秋天相关图片。

续表

教学准备 （教玩具、材料）	3. 绘本:《小叶子成长日记》。 4. 其他：丝巾，海绵纸叶子、树干，卡纸，颜料盘、黄色颜料。
教学过程	1. 问候活动:《你好歌》。 2. 热身活动：大小圆圈。 3. 导入活动：图片导入，展示秋天的场景，和幼儿一起感知秋天。引导幼儿观察树叶的纹路（如叶脉等），观察叶子的颜色（有黄色、红色、绿色等），还会有小虫咬过的洞洞和斑点。秋天的风变凉，树叶会变黄，会有落叶。因天气变凉，人们穿上了外衣。 4. 音乐律动:《秋风吹呀》。 看那白桦树在那树林， 金色树叶落下在那树林， Loo，lee，loo，秋风吹呀， Loo，lee，loo，秋风吹呀。（吹气） 家长和幼儿跟随音乐节奏左右摇摆身体，把手中的丝巾想象成树叶随风摇曳，唱到最后一句“秋风吹呀”时，音乐结束，家长和幼儿一起把“树叶”吹落。（重复几次） 5. 绘本故事:《小叶子成长日记》。 ①观察小叶子从出生到掉落，从嫩绿色到金黄色，从叶子颜色变化的角度感受季节变化。 ②教师在阅读绘本时用身体动作表现秋天叶子飘落的情景，引导幼儿认识秋天和落叶。 6. 艺术创作：树叶与树。 ①教师扮演大树妈妈，助教扮演风，风吹来时，树上的叶子随风飘落在地上，家长引导幼儿捡起落叶，收到小托盘上，和幼儿一起数一数有几片叶子，看看有什么颜色的叶子。 ②分发白色卡纸和“树干”，引导幼儿将树种在白色卡

续表

教学过程	纸上，粘贴上“树枝”和“树叶”。 ③家长和幼儿合作涂抹秋天的颜色（黄色）。 ④分享作品。 7. 派对时间：彩虹伞。
家长任务	1. 课堂上，家长带领幼儿观察秋天的颜色。 2. 带幼儿到户外探索秋天的树叶都有什么颜色。 3. 给幼儿穿上小外套，让幼儿走在路上感受秋风轻拂，捡一些落叶和小树枝，可以在家进行拼贴艺术创作。

教学活动示范表——秋天，丰收的季节

课程目标	1. 认识秋天的气候特征，感受秋天丰收的喜庆。 2. 向幼儿重点输入“秋天”“苹果树”“红色”等词。 3. 能运用多种感官认识水果的特征。 4. 学习用印压和粘贴的方式创作，感受平面创作与立体创作相结合的乐趣。
教学准备（教玩具、材料）	1. 音乐：《秋风吹呀》。 2. 图片：苹果树的图片。 3. 绘本：《14 只老鼠的秋天进行曲》。 4. 其他：魔术袋，仿真水果玩具，丝巾，围兜，白色圆形卡纸，提前剪裁好的棕色树干（每个幼儿分两根），胶棒，画刷，颜料盘，绿色颜料，红色的绵绵球，胶水。
教学过程	1. 问候活动：《你好歌》。 2. 热身活动：大小圆圈。 3. 导入活动：魔术袋（袋子里装仿真水果玩具）导入。 ①请幼儿轮流摸一摸魔术袋里的水果并拿出，尝试说出水果的名称。 ②教师介绍水果，引出秋天。 4. 音乐律动：《秋风吹呀》。 看那白桦树在那树林，

续表

教学过程	金色树叶落下在那树林， Loo，lee，loo，秋风吹呀， Loo，lee，loo，秋风吹呀。（吹气） 家长和幼儿跟随音乐节奏左右摇摆身体，把手中的丝巾想象成树叶随风摇曳，唱到最后一句“秋风吹呀”时，音乐结束，家长和幼儿一起把“树叶”吹落。（重复几次） 5. 绘本故事：《14 只老鼠的秋天进行曲》。 ①和幼儿一起观察绘本中森林里秋天的景色，绘本以黄色、红色为主色调，14 只老鼠的毛色有点偏黄。 ②引导幼儿仔细观察老鼠在森林里玩捉迷藏的游戏，找一找鼠老大、鼠老二、鼠老三……分别在哪里。 ③和幼儿一起讨论老鼠们都捡到什么食物。 ④一起寻找秋天还有什么特别的景物。 6. 艺术创作：秋天丰收的苹果树。 ①展示苹果树的图片，用声学强调技巧向幼儿输入“秋天”“苹果树”“红色”等词，引导幼儿认识秋天的苹果熟了。 ②教师分发围兜，家长辅助幼儿穿好围兜，教师分发白色圆形卡纸。 ③待幼儿穿好围兜后，教师分发提前剪裁好的棕色树干、胶棒。 ④幼儿粘贴好树干后，教师分发画刷和颜料圆盘，挤上绿色颜料，引导幼儿给树干涂色。 ⑤幼儿涂好后，教师发给幼儿红色的绵绵球，在颜料圆盘里挤上胶水。 ⑥幼儿将红色的绵绵球蘸点胶水，粘在平面的树上，作红彤彤、圆形的苹果。 ⑦将完成的作品放在一旁晾干。 7. 派对时间。

续表

家长任务	1. 课堂上积极跟幼儿互动，适时向幼儿输入与主题相关的重点词语。 2. 引导幼儿观察并创作秋天丰收的苹果树。 3. 课后在生活情境及绘本中寻找秋天的颜色、果实。

10月第2周：农作物；粮食屋

教学活动示范表——农作物

课程目标	1. 认识农作物中的蔬菜，观察蔬菜的外形特征。 2. 通过横切等方式观察蔬菜的不同形态。 3. 向幼儿重点输入“蔬菜”“圆圆的”等词。 4. 感受不同蔬菜的质地，经过切割后，使用拓印的方式呈现剖面。 5. 在音乐游戏中，使用农作物制作成乐器，感受不同的声音。
教学准备（教玩具、材料）	1. 音乐：《下雨了》。 2. 图片：各类蔬菜图片。 3. 绘本：《蔬菜的肚子》。 4. 其他：蔬菜实物（西蓝花、青椒、莲藕、胡萝卜、芹菜），豆类，塑料瓶，围兜，大白纸，大板刷，各色颜料，绿色皱纹纸剪成的细条，胶水，颜料盘。
教学过程	1. 问候活动：《你好歌》。 2. 热身活动：蹲下起立。 3. 导入活动：出示各类蔬菜的图片，引导幼儿认识蔬菜的颜色、外形特征，感受丰收的秋天。 4. 音乐律动：《下雨了》。 下雨了，下雨了，啦啦啦啦啦啦，

续表

教学过程	雨儿大了，雨儿大了， 快把小伞撑起。 将多种豆类装入塑料瓶，制作简易乐器，唱歌时伴奏，家长和幼儿一起跟随音乐节奏模拟大雨小雨。 5. 绘本故事:《蔬菜的肚子》。 ①欣赏绘本中蔬菜肚子的形状，有的圆，有的扁，有的长。 ②每种蔬菜的出场都采用相同的叙述模式:“我是××，我有××的肚子。”教师向幼儿提问:这是什么? ③一起观察蔬菜横切面。 6. 艺术创作:蔬菜切切切。 ①教师展示蔬菜实物，引导幼儿观察它们切开后的形态，示范如何拓印。 ②教师分发围兜，家长辅助幼儿穿好围兜。 ③教师分发一张大白纸和大板刷、颜料盘以及蓝色颜料，让幼儿创作天空。 ④幼儿画好后，教师分发绿色皱纹纸剪成的细条，让幼儿粘贴起来装饰成草地，加一点胶水，不要太多，以免后面的拓印受到影响。 ⑤鼓励幼儿自己选择喜欢的蔬菜拓印，可以相互交换，教师发给幼儿喜欢的颜料。 ⑥拓印完毕后放在旁边晾干。 7. 派对时间。
家长任务	1. 课堂上，鼓励幼儿选择喜欢的颜料和蔬菜，进行拓印。 2. 带领幼儿去菜市场认识更多的蔬菜。 3. 探索用其他蔬菜进行艺术创作。

教学活动示范表——粮食屋

课程目标	1. 认识谷仓的形状“三角形”“方形”，谷仓的颜色“红色”。 2. 学习模仿农场小动物，在家长用手臂搭建的粮食屋中穿梭，培养幼儿的想象力。 3. 在音乐活动中，家长和幼儿排成一排，跟随音乐节奏一起做插秧动作。
教学准备（教玩具、材料）	1. 音乐：《插秧歌》。 2. 图片：农场图片，插秧图片。 3. 绘本：*BIG RED BARN*（《大红谷仓》）。 4. 其他：大白纸拼贴的大谷仓，滚筒海绵刷，颜料盘，围兜，红色颜料，动物泡沫贴贴纸，用土黄色或棕色卡纸裁好的条状“栅栏”，双面胶，透明胶。
教学过程	1. 问候活动：《你好歌》。 2. 热身活动：蹲下起立。 3. 导入活动：农场图片导入，引导幼儿观察农场里的场景。 4. 音乐律动：《插秧歌》。 插秧真是费力，整天整天弯着腰。 不能坐不能立，没有片刻好休息。 东方见白清早起，大家一起插秧去。 一行一行齐手插，和着歌声清风里。 家长和幼儿排成一排，跟随音乐节奏一起做插秧动作。 5. 绘本故事：*BIG RED BARN*。 ①教师模仿动物叫声吸引幼儿，引导幼儿认识绘本中农场里的动物。 ②在阅读绘本时，引导幼儿观察在红色的大谷仓里都住着哪些小动物，除了小动物，在谷仓里还发现了什么。 6. 艺术创作：我们的粮食屋。 ①展示提前用大白纸拼贴好的大谷仓（谷仓有三角形尖顶和方形墙），并用自言自语的技巧向幼儿输入“三角

续表

教学过程	形”“方形”等词。 ②教师问幼儿大谷仓有什么形状，里面住着什么小动物。 ③给幼儿每人一把滚筒海绵刷，让幼儿蘸取红色颜料，合作把谷仓涂满颜色，并适时用平行谈话技巧向幼儿输入“红色”一词。 ④待幼儿涂得差不多时，教师让幼儿选择动物泡沫贴贴纸贴到谷仓上，然后邀请小动物住进谷仓里。 ⑤幼儿贴完后，教师分发提前裁好并贴好双面胶的条状“栅栏”给幼儿贴在谷仓下方。 7. 派对时间。
家长任务	1. 课堂上，协助幼儿完成亲子活动，向幼儿输入重点词语，帮助幼儿理解。 2. 生活中，引导幼儿巩固认识“三角形”“方形”，并找一找身边三角形、方形的物品。

10 月第 3 周：摇一摇苹果树；秋天的树叶

教学活动示范表——摇一摇苹果树

课程目标	1. 通过视觉、嗅觉、触觉等多感官体验，认识水果。 2. 让幼儿使用“购买”的方式选择自己喜欢的水果，增强趣味性，激发幼儿想象力，通过涂色和粘贴等方式进一步认识水果。 3. 大运动环节，培养幼儿协调四肢的运动能力。 4. 跟随音乐节奏，用小手摇一摇苹果树，想象把苹果摇落。

续表

教学准备 （教玩具、材料）	1. 音乐:《红苹果》。 2. 绘本:《猜猜看，是水果吗？》。 3. 其他：神秘袋，常见的水果，大型积木及梯子，海洋球，水果卡纸模型，颜料及颜料盘，碎纸。
教学过程	1. 问候活动:《你好歌》。 2. 热身活动：蹲下起立。 3. 导入活动：在神秘袋里放入真实常见的水果，认识其名称、颜色等。 4. 音乐律动:《红苹果》。 在那高高的苹果树，树上结着红苹果。 摇一摇，红苹果，摇一摇，掉下来。 在那高高的苹果树，树上结着红苹果。 引导家长和幼儿模仿教师做摇苹果树的动作。 5. 绘本故事:《猜猜看，是水果吗？》。 在绘本中，有不同颜色的水果，描述水果的颜色和形状，翻一页看看是什么小动物。 6. 主题游戏：爬树摘“水果”。 ①鼓励幼儿爬上高高的“树”（大型积木梯子），寻找“树”上是否有“水果”。 ②摘“水果”（海洋球），家长引导幼儿想象摘的是什么“水果”，并说出“水果”名称。 ③把摘到的“水果”拿到“树”下与别的小朋友分享。 ④大家一起收拾地面的“水果”。 7. 艺术创作：美味的水果。 ①幼儿选择“购买”水果卡纸模型，认知水果名称。 ②给水果涂上颜色。 ③粘贴上“果肉”或“籽”。 8. 派对时间。

续表

家长任务	1. 课堂上，引导幼儿说一说自己摘到的水果名称，并分享给他人。 2. 生活中，和幼儿一起品尝水果，吃水果的时候和幼儿说一说水果的名称、颜色、形状，让幼儿捏一捏软硬，闻一闻气味，尝一尝味道，从视觉、味觉、嗅觉、触觉上认知水果。 3. 引导幼儿聊一聊最喜爱的水果及其特性，也聊一聊自己最爱的水果，分享给幼儿。

教学活动示范表——秋天的树叶

课程目标	1. 通过观察、比较，知道各种树叶有大小、颜色的不同，初步了解树叶的特征。 2. 愿意在活动中探索、发现、想象。 3. 尝试用手指拓印的方式画树叶，激发幼儿热爱自然和热爱生活的情感。 4. 在音乐律动中，跟随音乐随意摇摆身体，嘴巴轻轻吹气，感受树叶的飘落。
教学准备（教玩具、材料）	1. 音乐：《秋风吹呀》。 2. 其他：盒子，树叶，小篮子（多个），白色大卡纸，颜料（棕黄色为主）。
教学过程	1. 问候活动：《你好歌》。 2. 热身活动：蹲下起立。 3. 导入活动：出示装有叶子的神秘盒子。 4. 音乐律动：《秋风吹呀》。 看那白桦树在那树林， 金色树叶落下在那树林， Loo，lee，loo，秋风吹呀， Loo，lee，loo，秋风吹呀。（吹气） ①教师站在场地中间，扮演大树妈妈，家长和幼儿扮

续表

教学过程	演树叶宝宝，围在大树妈妈周围。 ②家长和幼儿用身体跟随音乐做树叶摇摆飘落的动作。 ③音乐结束，家长和幼儿轻吹树叶飘落。 5. 探索活动：捡树叶。 ①家长和幼儿一起收集各种各样的落叶，家长了解叶子的外形特征。 ②家长和幼儿观察和比较收集回来的叶子，家长适时用声学强调技巧向幼儿输入相关词语，如“黄色的树叶”。 6. 艺术创作：树叶拓印画。 ①给幼儿提供大卡纸、颜料，在树干周围印上手印表示树叶，家长引导幼儿在纸上印画。 ②家长和幼儿共同创作，家长观察幼儿的表现，在制作过程中给予幼儿及时的鼓励与肯定。 ③欣赏作品。 7. 派对时间。
家长任务	1. 课堂上，引导幼儿发挥想象，进行树叶拓印画的创作。 2. 家长可以利用周末和幼儿到野外或者公园收集不同大小、不同形状、不同颜色的落叶，观察树叶的外形特征，进一步感知秋天。

10月第4周：秋天的风；秋天的昆虫

教学活动示范表——秋天的风

课程目标	1. 感知空气的流动，感受秋风吹在脸上凉凉的感觉。 2. 通过生动可爱的画面，认识“风”。 3. 尝试用小嘴巴把羽毛吹起来，感知风的存在和风的力量，锻炼幼儿唇部的肌肉力量及气息。 4. 在音乐活动中左右摇摆身体感受风。

续表

教学准备 （教玩具、材料）	1. 音乐：《微风吹》。 2. 绘本：《风来喽　咻咻咻》。 3. 其他：羽毛，小电风扇，一次性纸杯，剪刀，吸管。
教学过程	1. 问候活动：《你好歌》。 2. 热身活动：蹲下起立。 3. 导入活动：以风扇导入，感受风吹在脸上、头上的不同感觉。 4. 音乐律动：《微风吹》。 微风西吹 OOH-OO（呜） 微风南吹 OOH-OO 微风伴着阳光到小镇上 OH 微风伴着阳光到小镇上 OOH-OO…… 家长和幼儿跟随音乐用丝巾左右摇摆表现风，唱到“OOH-OO……”时，一起吹动丝巾。 5. 绘本故事：《风来喽　咻咻咻》。 ①引导幼儿观察绘本中气球、旗帜、风车等发生的变化。 ②尝试模仿风的声音“呼呼”“吧嗒吧嗒”等。 6. 主题活动：飞吧，羽毛。 ①教师示范将羽毛吹动起来，引导幼儿观察羽毛的变化。 ②幼儿模仿操作，活动过程中家长适时引导和输入相关词语。 ③利用道具将羽毛吹动起来，制造风，感受风的存在。 7. 艺术创作：风车转转转。 教师分发一次性纸杯、剪刀、吸管，家长和幼儿一起模仿教师制作风车。 8. 派对时间。

续表

家长任务	1. 课堂上，和幼儿一起制作风车，然后吹一吹，感受风的存在。 2. 课后和幼儿一起到户外去放风筝，感受风，认识风。 3. 跟幼儿重复歌曲《微风吹》，并玩亲子互动游戏。

教学活动示范表——秋天的昆虫

课程目标	1. 初步了解蚂蚁的外形特征和生活习性。 2. 通过观察，初步了解绘本的内容，知道蚂蚁团结合作的特点。 3. 模仿小蚂蚁的动作，充分体验游戏带来的快乐。 4. 在音乐活动中模仿蚂蚁翻山越岭向前爬行。
教学准备（教玩具、材料）	1. 音乐：《蚂蚁进行曲》。 2. 绘本：《蚂蚁和西瓜》。 3. 其他：仿真蚂蚁，大型积木，彩虹伞（搬运食物），滚筒（蚂蚁粮仓），海洋球（蚂蚁食物）。
教学过程	1. 问候活动：《你好歌》。 2. 热身活动：蹲下起立。 3. 导入活动：小蚂蚁。 ①教师出示蚂蚁仿真模型，可适当夸张表现蚂蚁爬在身上的感受，引导幼儿观察。 ②一起观察蚂蚁身体的外部特征。 4. 导入活动：《蚂蚁和西瓜》。 ①观察蚂蚁在发现大西瓜后的表现。 ②引导幼儿跟着故事和蚂蚁一起想办法将西瓜搬回家。 ③在阅读过程中，教师适时模仿蚂蚁的动作，引导幼儿模仿。 5. 音乐律动：《蚂蚁进行曲》。

续表

教学过程	小小的蚂蚁往上爬，hurrah——hurrah。 小小的蚂蚁往上爬，hurrah——hurrah。 小小的蚂蚁翻山越岭，小小的蚂蚁翻山越岭。 一起向前进，hurrah——hurrah——。 引导幼儿模仿小蚂蚁，跟着音乐节奏一起往上爬，翻山越岭。 6. 主题活动：蚂蚁搬运工。 ①扮演小蚂蚁，用小手放在头上模仿蚂蚁的触角与其他幼儿交流。 ②在搬运“食物”的过程中尝试合作传递，将“食物”搬运回家，培养幼儿团结合作的意识。 7. 派对时间。
家长任务	1. 课堂上，引导幼儿主动与他人互动，培养幼儿团结合作的意识。 2. 在户外不干扰蚂蚁的情况下，与幼儿一起观察蚂蚁的身体结构、吃食、运动等，进一步认知蚂蚁，不要忘记拍照记录。 3. 跟幼儿重复歌曲《蚂蚁进行曲》，并玩亲子互动游戏。

11 月主题

了不起的交通工具

教学计划

一、主题说明

大多数幼儿从小就对交通工具很感兴趣，喜欢模仿汽车声，喜欢扮演火车司机，喜欢观察路边飞驰的一辆辆汽车，也会惊叹于空中翱翔的飞机。从学步期开始，幼儿就尝试摆弄各种各样的交通工具，如挖掘机、飞机等。幼儿对交通工具的认识都有一定的基础，通过本月主题的开展，满足幼儿探索欲，使幼儿对生活中的交通工具有更深入的认识。

二、主题目标

（一）幼儿学习目标

1. 激发幼儿对交通工具的喜爱与兴趣。
2. 了解交通规则，初步学习交通规则。
3. 认识交通工具的名称及外形特征。
4. 在听听看看中模仿交通工具的声音，学习拟声词。
5. 在“听一听、看一看”中培养幼儿的合作意识。
6. 感受音乐活泼、欢快的旋律，随音乐有节奏地“开汽车”。
7. 认识消防车的外部特征，通过游戏使幼儿初步懂得防火知识和自救小技巧。
8. 用身体模仿公交车轮子转动，模仿公交车发出“嘀嘀嘀，嘟嘟嘟”的声音。
9. 通过艺术创作，激发幼儿的好奇心，培养幼儿的想象力，锻炼幼儿的精细动作。

10. 认识卡车“高”“大”等特征，了解其用途。

11. 观察飞机模型，了解飞机构造。

12. 乐于参与音乐游戏活动。

（二）家长指导目标

1. 引导幼儿观察交通工具的外形特征。

2. 课后家长带领幼儿观察马路上的车辆，丰富关于车辆的认识。

3. 家长带幼儿过马路时，引导幼儿观察人们是怎么过马路的，教育幼儿要注意安全，遵守交通规则。

4. 在艺术活动中，引导幼儿合作排列搭建长长的火车，并向幼儿输入相关的词语“长长的”等。

5. 引导幼儿观察汽车圆圆的车轮转动，鼓励幼儿用小手模拟握住方向盘开动小汽车。

6. 引导幼儿发挥想象力，进行小船载人的游戏实验。过程中请发出小船“轰轰轰”的声音，丰富游戏趣味性，刺激幼儿听觉。

7. 通过搬运等运动游戏，建立幼儿等待与轮替意识。

三、周主题设置

11 月第 1 周：长长小火车；自行车丁零零。

11 月第 2 周：汽车嘟嘟嘟；卡车轰轰轰。

11 月第 3 周：飞机飞高高；划一划小船。

11 月第 4 周：红色消防车；公交车的轮子转呀转。

教学活动示范

11月第1周：长长小火车；自行车丁零零

教学活动示范表——长长小火车

课程目标	1. 利用拼接火车积木轨道发展幼儿的动手能力，提高幼儿的整体配合、协调能力。 2. 在活动中，体验与同伴共游戏的快乐，乐意参与集体游戏。 3. 认识火车长长的结构，在绘本中认识各种各样的火车，培养幼儿的想象力。 4. 在音乐律动中，跟随猪爷爷的火车尝试模仿发出火车的声音“choo choo”。
教学准备（教玩具、材料）	1. 音乐：《猪爷爷的小火车》。 2. 图片：火车图片。 3. 绘本：《火车多多多！》。 4. 其他：火车玩具及轨道积木，瓦楞纸，卡纸，双面胶。
教学过程	1. 问候活动：《你好歌》。 2. 热身活动：蹲下起立。 3. 导入活动：教师使用听觉优先技巧发出火车声，再出示火车图片，引导幼儿观察火车的结构，认识火车长长的身体。尝试模仿火车开动，发出“choo choo choo”的声音。 4. 音乐律动：《猪爷爷的小火车》。 爷爷的火车 choo choo choo，choo choo choo，choo choo choo。 爷爷的火车 choo choo choo，choo choo choo，choo choo choo。 出发啦……佩奇在火车上睡大觉，oink oink oink，oink oink oink，都睡着了。 家长和幼儿一起跟随音乐节奏开起小火车，发出“choo choo choo”的声音。

续表

教学过程	5. 绘本故事：《火车多多多！》。 ①欣赏绘本中各种各样的火车，如“树叶火车”“火焰火车”等。 ②了解不同的火车发出不同的声音，有“choo choo”“哐当哐当”“咔嚓咔嚓”等火车拟声词。 ③引导幼儿观察绘本中不同的火车的形状、大小、颜色、快慢等，体验变化的乐趣。 6. 主题活动：火车轨道。 ①出示火车玩具，引导幼儿观察火车的外部结构，认识车厢是一节一节连接起来的。 ②提供轨道积木，引导幼儿尝试将轨道积木拼接起来。 ③引导幼儿合作拼接长长的火车轨道。 ④将小火车放在积木轨道上行驶，引导幼儿发出“呜呜”的火车拟声词。 7. 艺术创作：长长的火车。 ①用瓦楞纸做成一节一节的火车车厢，引导幼儿合作将车厢贴在墙上拼贴成“长长的火车”。 ②情景游戏：组织幼儿一个跟着一个排成长长的“火车”出发去旅行。 8. 派对时间：彩虹伞。
家长任务	1. 课堂中，引导幼儿与他人团结合作，一起完成任务。 2. 在家里利用椅子、瓶子等和幼儿一起拼接成长长的“火车”，进行“开火车”的想象游戏。

教学活动示范表——自行车丁零零

课程目标	1. 认识自行车，观察自行车的外部特征，了解自行车的构造。 2. 尝试用双手转动模仿骑自行车的动作。 3. 和家长合作玩摇摆自行车的游戏，锻炼身体的平衡力和自我控制能力。 4. 在音乐游戏活动中，跟随音乐节奏骑着自行车前进或停止。

续表

教学准备（教玩具、材料）	1. 音乐:《小小自行车》。 2. 绘本:《这是谁的自行车？》。 3. 其他：自行车玩具，圆柱软体滚筒卡纸，彩色棒，胶水，圆形卡纸。
教学过程	1. 问候活动:《你好歌》。 2. 热身活动：甩甩甩。 3. 导入活动：自行车玩具导入，引导幼儿观察自行车的外部结构。 4. 音乐律动:《小小自行车》。 我有小小自行车，骑来又骑去。当我看见绿灯亮，知道向前进。(快！) 我有小小自行车，从商店里买。当我看见红灯亮，马上停下来。(停！) 家长和幼儿排成一排，双手做骑自行车的动作，跟随音乐节奏一起骑自行车。唱到“当我看见绿灯亮，知道向前进”时，家长和幼儿一起加速向前走。当唱到“当我看见红灯亮，马上停下来”时，停止动作。跟着音乐，重复几次。 5. 绘本故事:《这是谁的自行车？》。 ①使用听觉优先技巧，先发出自行车的声音“丁零零”吸引幼儿注意力，然后取出自行车。 ②观察自行车外形，认识自行车外部特征。 ③通过绘本中各式各样的自行车丰富幼儿的认知体验。 6. 主题活动：摇摆自行车。 家长辅助幼儿坐在圆柱软体滚筒上做摇摆自行车的游戏，随着音乐节奏快快行走或慢慢行走。 7. 艺术创作：我的自行车。 ①让幼儿用彩色棒、圆形卡纸自主粘贴制作自行车，

续表

教学过程	在制作过程中家长适时鼓励和引导幼儿。 ②幼儿根据自己的想法，可以制作成两个轮子或三个轮子的自行车。 8. 派对时间。
家长任务	1. 在课堂上，引导幼儿进行自行车的相关活动。 2. 在家里寻找可利用的物品和幼儿做摇摆自行车的游戏，也可以让幼儿坐在家长的背上，锻炼幼儿手部的抓握力和身体平衡力。

11 月第 2 周：汽车嘟嘟嘟；卡车轰轰轰

教学活动示范表——汽车嘟嘟嘟

课程目标	1. 感受音乐活泼、欢快的旋律，随音乐有节奏地“开汽车”。 2. 认识汽车，了解汽车的外形，感受轮子的转动。 3. 会听辨汽车的“嘟嘟”声，增强遵守交通规则的意识。 4. 培养幼儿与他人合作的意识，发展幼儿的观察比较能力。 5. 通过艺术创作，激发幼儿的好奇心，培养幼儿的想象力，锻炼幼儿的精细动作。
教学准备（教玩具、材料）	1. 音乐:《小汽车慢慢开》。 2. 绘本:《汽车多多多！》。 3. 其他：汽车玩具（多辆），汽车方向盘，颜料，汽车贴贴纸。
教学过程	1. 问候活动:《你好歌》。 2. 热身活动：甩甩甩。 3. 导入活动：出示小汽车玩具，引导幼儿观察汽车的结构。 4. 音乐律动:《小汽车慢慢开》。 小汽车慢慢开，小汽车慢慢开。

续表

教学过程	汽车到站了，快快停下来。请你赶快上车来。 小汽车快快开，小汽车快快开。 汽车到站了，快快停下来。请你赶快上车来。 家长和幼儿跟随音乐开心地做开汽车的动作。 5. 绘本故事：《汽车多多多！》。 ①欣赏绘本中各种各样的汽车——斑马汽车、水滴汽车、土豆洋葱汽车、扭来扭去的汽车等，激发幼儿的想象力。 ②通过绘本，用简单有趣的方式引导幼儿认识颜色、大小、长短、形状等。 6. 主题活动：开汽车。 ①围成圆圈，幼儿轮流开小汽车，在没有轮到自己时，家长引导幼儿耐心等待。 ②家长和幼儿一起手握方向盘，在教室内做开汽车的动作，模仿汽车发出“嘟嘟嘟”的声音，开动小汽车，在遇到交通信号灯时，听从红绿灯的指挥。让幼儿知道汽车、行人在马路上要遵守交通规则。 7. 艺术创作：汽车开来了。 ①熟悉创作工具——小汽车。 ②给车轮涂上颜料，可以和身边的小伙伴交换使用小汽车，看一看不同车轮开出来的印子会有什么不一样。 ③粘贴上小汽车贴贴纸。 8. 派对时间。
家长任务	1. 课堂上，引导幼儿用创作工具——小汽车进行艺术创作。 2. 家长带领幼儿观察马路上的车辆，丰富关于车辆的认识。 3. 家长带幼儿过马路时，引导幼儿观察人们是怎么过马路的，教育幼儿要注意安全，遵守交通规则。

教学活动示范表——卡车轰轰轰

课程目标	1. 认识交通工具卡车，了解其用途。 2. 向幼儿输入拟声词“轰轰”及卡车沉闷的声响。 3. 在搬运等运动游戏中尝试等待与轮替。 4. 音乐律动中，跟随卡车“轰轰轰”的声音，坐上大大的“卡车”向前行驶。
教学准备 （教玩具、材料）	1. 音乐：《一辆大卡车》。 2. 绘本：《小红去送货》。 3. 其他：神秘袋，卡车玩具，大型积木，篮球，蓝色滚筒，轮胎，彩虹伞。
教学过程	1. 问候活动：《你好歌》。 2. 热身活动：甩甩甩。 3. 导入活动：出示装有卡车玩具的神秘袋，让幼儿从袋子里掏出卡车。 4. 音乐律动：《一辆大卡车》。 一辆卡车，有大大的箱子。 一辆卡车，有大大的箱子。 大卡车，轰轰轰。 一辆卡车，装满了货物。 幼儿扮成“货物”，跟随音乐坐上“卡车”一起行驶。 5. 绘本故事：《小红去送货》。 绘本讲述小红一天送货中发生的故事。 6. 主题活动 1：小小搬运工。 ①图片导入，观察“高”“大”的卡车，它有个装货物的大箱子，强调“装货物”。 ②用大型积木、大箱子及轮胎做成大卡车，上车过程中注意排队与等待。 ③坐上“大卡车”，模拟把大卡车中的物品“倒出来”，

续表

教学过程	锻炼幼儿的动态平衡能力与身体控制能力。 ④搬运货物“石头”（篮球），投掷到大箱子里。 7. 主题活动 2：卡车出发。 ①把彩虹伞平铺在轮胎上，引导幼儿想象成大卡车，轮流坐上去当货物。 ②家长和幼儿合作将“卡车”向前开动，反复进行。 8. 派对时间。
家长任务	1. 课堂上积极跟幼儿互动，适时向幼儿输入与主题相关的重点词语。 2. 多示范，用语言“等一等”提示幼儿注意排队与等待。 3. 用家中的盆子等容器，模仿大卡车进行搬运活动。

11 月第 3 周：飞机飞高高；划一划小船

教学活动示范表——飞机飞高高

课程目标	1. 认识飞机，观察飞机模型，了解飞机构造。 2. 体验和大家一起玩小飞机的乐趣。 3. 在主题活动中，幼儿化身小飞机在跑道上平衡降落，锻炼幼儿的身体协调性及平衡感。 4. 在音乐游戏中，跟着音乐节奏用双臂模仿飞机飞行。
教学准备（教玩具、材料）	1. 音乐：《小飞机》。 2. 绘本：《乘着飞机去旅行》。 3. 其他：飞机玩具，地球仪，泡沫积木，卡纸。
教学过程	1. 问候活动：《你好歌》。 2. 热身活动：蹲下起立。 3. 导入活动：出示飞机玩具，引导幼儿观察飞机的外形特征。

续表

教学过程	4. 音乐律动：《小飞机》。 飞，飞，小飞机。小飞机，飞高高。 快乐地，快乐地，快乐地，一直飞上天。 家长和幼儿张开双臂模仿飞机的机翼，跟随音乐节奏一起“飞”起来。 5. 绘本故事：《乘着飞机去旅行》。 ①用听觉优先技巧先模仿飞机发出的声音吸引幼儿注意力，然后呈现飞机。 ②观察飞机外形，认识飞机外部特征。 6. 主题活动：化身小飞机。 ①出示地球仪，引导幼儿选好目的地，一起去环球旅行。 ②围成大圆圈，手臂张开，化身小飞机一起环球旅行。 ③用积木做成飞机跑道，让幼儿模仿飞机在跑道上降落，走过积木。 7. 艺术创作：小飞机飞起来。 ①家长和幼儿合作制作纸飞机，在制作过程中引导幼儿学会折纸，并用手压一压。 ②拿上纸飞机一起到户外让纸飞机飞起来。 8. 派对时间。
家长任务	1. 在课堂中协助幼儿化身小飞机，在“飞机”飞行和降落时，注意身体协调性和平衡感。 2. 在家里和幼儿玩关于飞机的游戏，丰富游戏体验，让幼儿在玩中了解飞机的结构及特性。 3. 和幼儿玩“飞机飞高高”游戏，双手扶住幼儿腋下举高高，让幼儿跟随音乐节奏张开双手化身小飞机，培养幼儿的想象力。做这个游戏时一定要注意安全。

教学活动示范表——划一划小船

课程目标	1. 认识交通工具小船，知道小船是在水上航行的。 2. 通过歌曲重复动词“摇”，通过科学游戏练习吹气。 3. 在搬运等运动游戏中尝试等待与轮替。 4. 通过揉、捏黏土制作帆船，用蓝色的面板创作蓝色的大海，培养幼儿的审美与想象力，锻炼幼儿的精细动作。
教学准备（教玩具、材料）	1. 音乐：《摇摇摇小船》。 2. 绘本：《和甘伯伯去游河》。 3. 其他：三角形卡纸，吸管，轻黏土，蓝色颜料，硬卡纸（白色），水盆，小卡纸。
教学过程	1. 问候活动：《你好歌》。 2. 热身活动：蹲下起立。 3. 导入活动：绘本故事《和甘伯伯去游河》。 ①绘本里会出现各种各样的小动物，动物们有趣的声效可丰富幼儿的听觉体验。 ②教师讲解绘本内容：讲述了甘伯伯划小船带小朋友和动物们游河的故事。 4. 音乐律动：《摇摇摇小船》。 摇摇摇小船，缓缓地流进小溪。 轻轻地，轻轻地，轻轻地，轻轻地，人生如梦境。 跟随音乐，家长和幼儿面对面坐着做小船摇摆的动作，再到站立拉手摇船，慢慢增加难度。 5. 艺术创作：帆船。 ①将三角形粘贴至吸管上，制作成船帆。 ②将轻黏土揉捏成小船，将船帆插至船上。 ③涂抹蓝色面板，创作蓝色的大海。 ④将小船移至大海上。 6. 科学小实验：小船要开了。 ①将折好的小船放到水上漂浮。

续表

教学过程	②吹气划小船。 7. 派对时间。
家长任务	1. 课堂上，鼓励幼儿大胆地创作帆船，并说一说创作的船和大海的样子。 2. 可以跟随甘伯伯的故事，发挥想象力，有趣地进行小船载人的游戏实验。过程中请发出小船“轰轰”的声音，丰富游戏趣味性。 3. 拿一个水盆装满水，将小碗或其他能浮在水面的容器放在水上，让幼儿观察小碗漂浮在水面的样子。 4. 和幼儿一起复习甘伯伯游河的故事，将物品放在小碗中，看物品跟随小碗漂浮过河。 5. 进一步实验，看放多少物品会导致小碗下沉。

11月第4周：红色消防车；公交车的轮子转呀转

教学活动示范表——红色消防车

课程目标	1. 认识消防车红色、高大的外部特征。 2. 通过游戏使幼儿懂得粗浅的防火知识和自救能力。 3. 结合日常生活，知道火是危险的，不能靠近。 4. 引导幼儿观察消防员演示并实操，对消防车有进一步的认识。 5. 跟随音乐律动模仿消防车的声音。
教学准备（教玩具、材料）	1. 音乐：《消防车》。 2. 图片：物品着火的图片。 3. 绘本：《消防车来了！》。 4. 其他：消防车、消防员制服、灭火器、水管等玩具，动物手偶，丝巾。

续表

教学过程	1. 问候活动：《你好歌》。 2. 热身活动：蹲下起立。 3. 导入活动：神秘袋导入，出示消防车玩具。观察消防车的外观。 4. 音乐律动：《消防车》。 　　*右右右右右边，左左左左左边，消防车来了。* 　　*来来消防车，去灭大火，头盔（这里），水带（好了），冲过去。* 　　*啦啦啦啦嘿嘿，啦啦啦啦嘿嘿。* 　　引导家长和幼儿跟随音乐左右摇摆身体并拍手，模仿消防员的动作。 5. 绘本故事：《消防车来了！》。 　　①向幼儿输入消防车拟声词：呜—呜。 　　②观察绘本中消防车工具箱里都有哪些工具，了解它们的功能。 　　③知道消防车是用来灭火的。 6. 主题活动：小小消防员。 　　①引导幼儿爬上搭好的积木，想象爬在云梯车上。 　　②教师吹口哨引起幼儿注意，用夸张动作示意幼儿对面的“房子”着火啦，幼儿扮演成消防员前去救火。救火过程中教师要注意观察幼儿表现，适时引导和鼓励。 　　③加入动物手偶，扮演成被困的小动物。小消防员们救出被困的小动物时教师要及时表扬。 7. 生活实践：消防车来啦。 　　①到户外参观真正的消防车，认真听消防员叔叔介绍消防车的工具箱。 　　②观看消防员演示如何使用水管以及灭火器。 　　③家长带领幼儿实操使用灭火器。 8. 派对时间。

续表

家长任务	1. 课堂中，鼓励和引导幼儿扮演消防员，勇敢进行救火行动。 2. 结合日常生活，给幼儿普及一些消防常识，家长要让幼儿了解防火、救火常识，增强幼儿的防火意识。 3. 延伸游戏，创设与生活相仿的“拨电话求救”“抬担架救娃娃”等情境游戏，让幼儿更深入地了解、巩固消防知识。

教学活动示范表——公交车的轮子转呀转

课程目标	1. 观察公交车的外部特征，对公交车有初步的认知。 2. 用身体模仿公交车轮子转动，模仿公交车发出“嘀嘀嘀，嘟嘟嘟”的声音。 3. 安静倾听绘本，观察绘本中的图画，用小手指一指谁的家到了。 4. 在音乐律动中模仿圆圆的车轮转呀转。
教学准备（教玩具、材料）	1. 音乐:《公交车的轮子转呀转》。 2. 图片：各种公交车图片。 3. 绘本:《谁的家到了？》。 4. 其他：公交车教玩具，彩虹伞。
教学过程	1. 问候活动:《你好歌》。 2. 热身活动：蹲下起立。 3. 导入活动：出示各种公交车的图片，引导幼儿观察公交车的颜色及外形。 4. 音乐律动:《公交车的轮子转呀转》。 公交车的轮子转呀转，转呀转，转呀转。 公交车的轮子转呀转，转过街道。 ①家长和幼儿合作模仿圆圆的车轮转呀转。 ②围成圆圈，模仿圆圆的车轮转呀转。

续表

教学过程	③用彩虹伞当作公交车，想象坐在车上前后左右摇晃，并做相应的动作。 5. 绘本故事：《谁的家到了？》。 ①带领幼儿跟随绘本，观察哪个小动物上车和到站，教师适时提问。 ②引导幼儿观察绘本中有趣的小细节，如青蛙拿叶子当雨伞。 ③尝试让幼儿扮演公交车，演绎绘本，家长扮演小动物依次上车。 6. 主题活动：公交车到了。 ①引导家长和幼儿围坐，将彩虹伞当作公交车，教师扮演公交车司机。 ②哼唱音乐《公交车的轮子转呀转》，跟随音乐节奏依次邀请幼儿上车。 7. 派对时间。
家长任务	1. 课堂上，引导幼儿用身体模仿公交车轮子转动。 2. 重复阅读绘本，观察绘本中动物们的家在哪里，引导幼儿指一指，说一说。 3. 在家里，和幼儿一起玩乘坐公交车的游戏，并复习儿歌。 4. 生活中，引导幼儿通过观察马路上的公交车、绘本、视频、图片等进一步认识公交车。

12 月主题

我们的动物朋友

教学计划

一、主题说明

幼儿对动物世界充满了好奇，地上的一只小蚂蚁，天上飞的小鸟，甚至是路边的流浪猫都能引起他们的兴趣。本月我们抓住幼儿的这个兴趣点，通过不同的活动形式，带领幼儿探索、感知多彩的动物世界，引导幼儿了解和获得有关动物的更多知识。

二、主题目标

（一）幼儿学习目标

1. 认识动物的外部特征。
2. 通过身体动作尝试模仿动物。
3. 在音乐游戏中锻炼身体的控制能力及协调性。
4. 在艺术创作中通过撕、贴、印、画等方式锻炼幼儿的精细动作。
5. 在愉快的氛围中增进与小动物的亲密感，培养幼儿爱护动物的情感。
6. 通过绘本、游戏等活动形式，培养幼儿的想象力及模仿能力。
7. 在情景游戏中，钻、爬和跑多种玩法结合，发展幼儿动作的协调性、敏捷性。

（二）家长指导目标

1. 家长积极示范动物的声音及动作，鼓励幼儿模仿，体验模仿的乐趣。
2. 在艺术创作中，家长鼓励幼儿大胆创作，并适时向幼儿输入相关语言，培养幼儿的想象力。

3. 引导幼儿通过图书、视频、生活体验认识各种各样的动物，观察动物的外形特征，家长适时向幼儿输入相关词语，帮助幼儿进一步认识动物。

4. 培养幼儿对动物的喜爱之情。

三、周主题设置

12 月第 1 周：小狗汪汪汪；小猫喵喵喵。

12 月第 2 周：猫和老鼠；小马快跑。

12 月第 3 周：小兔子跳跳跳；小青蛙呱呱呱。

12 月第 4 周：乌龟爬爬爬；小猴子。

教学活动示范

12 月第 1 周：小狗汪汪汪；小猫喵喵喵

教学活动示范表——小狗汪汪汪

课程目标	1. 通过各环节活动，帮助幼儿认识小狗，并且向幼儿重点输入名词“狗”和拟声词“汪汪汪”。 2. 在游戏“喂小狗”中，鼓励幼儿爬上“山坡”，提高幼儿身体的协调性和控制力。 3. 家长和幼儿一起做小狗手偶，增进亲子关系，让幼儿体验撕纸的乐趣，锻炼幼儿的精细动作和手眼协调能力。 4. 跟随音乐节奏模仿小狗扭扭屁股点点头，培养幼儿的模仿能力。
教学准备 （教玩具、材料）	1. 音乐：《一只哈巴狗》。 2. 绘本：《大红狗克里弗》。 3. 其他：小狗玩具，麦克风，狗骨头玩具，斜坡爬行垫，彩色卡纸，活动眼睛，彩色笔。

续表

教学过程	1. 问候活动：《你好歌》。 2. 热身活动：蹲下起立。 3. 导入活动：小狗玩具导入，引导幼儿观察小狗的身体特征，教师发出小狗的拟声词引导幼儿模仿。 4. 音乐律动：《一只哈巴狗》。 一只哈巴狗，坐在大门口，眼睛黑黝黝，想吃肉骨头。 一只哈巴狗，吃完肉骨头，尾巴摇一摇，向我点点头。（汪汪！） 家长和幼儿一起跟随音乐节奏模仿小狗的动作及声音。 5. 麦克风环节。 ①教师用麦克风示范狗的叫声“汪汪汪”，鼓励幼儿模仿发出拟声词“汪汪汪”。 ②幼儿用麦克风轮流练习。 6. 绘本故事：《大红狗克里弗》。 ①重点引导幼儿观察绘本里大红狗的身体特征。 ②向幼儿输入重点名词“狗”，拟声词“汪汪汪”。 7. 主题活动：喂小狗。 ①鼓励幼儿爬行或步行上坡，家长协助，观察幼儿解决问题的方式。 ②寻找肉骨头，将肉骨头带到坡上喂小狗。 8. 艺术创作：小狗手偶。 ①观察手偶，重点观察小狗的头部特征，如眼睛、嘴巴、耳朵，家长在旁边进行重点词语的输入。 ②跟幼儿一起将准备好的彩色卡纸，用撕的方式，做小狗的耳朵、眼睛、鼻子等部位。 ③将小狗的耳朵、眼睛等部位粘在小狗的头部相应位置，家长需要及时协助和引导幼儿，用彩色笔进行涂鸦。 ④教师将小狗手偶套在手上跟幼儿一起游戏，可以一起“吃肉骨头”。

续表

教学过程	9. 派对时间。
家长任务	1. 在课堂上使用重复技巧向幼儿输入词语。 2. 在家中用废纸制作“骨头”，和幼儿一起使用自己制作的小狗手偶“吃骨头”，练习四肢爬行，鼓励幼儿模仿小狗发出“汪汪汪”的狗叫声。

教学活动示范表——小猫喵喵喵

课程目标	1. 鼓励幼儿模仿猫的动作，向幼儿输入拟声词“喵喵喵”。 2. 认识红、黄两种颜色，并尝试按两种颜色进行分类。 3. 安静倾听绘本，引导幼儿观察绘本中的猫藏在哪里。
教学准备（教玩具、材料）	1. 音乐：《学猫叫》。 2. 自编绘本：《小猫藏在哪》。 3. 其他：猫手偶，鱼竿，红色、黄色小鱼卡片，红色、黄色箱子。
教学过程	1. 问候活动：《你好歌》。 2. 热身活动：蹲下起立。 3. 导入活动：出示猫手偶，用手偶模仿小猫的动作。 4. 音乐律动：《学猫叫》。 我是猫，你是猫，我们都是猫。 如果你不相信我们，我们学猫叫。 喵喵——喵喵——喵喵喵喵喵喵—— 家长和幼儿跟随音乐模仿小猫的动作并学猫叫。 5. 自编绘本：《小猫藏在哪》。 ①引导幼儿观察绘本中的小猫藏在哪里，并指出来。 ②重点输入拟声词“喵”。 6. 主题活动 1：小猫钓鱼。 ①给幼儿提供鱼竿，家长引导幼儿钓鱼，培养幼儿的

续表

教学过程	手眼协调能力。 ②家长和幼儿一起合作钓鱼，在钓鱼过程中家长给予幼儿鼓励和肯定。 7. 主题活动 2：小猫送鱼。 ①教师示范将红色 / 黄色的鱼送到红色 / 黄色的鱼缸中，幼儿观察并操作，尝试进行配对。 ②游戏过程中家长适时向幼儿输入相关词语“红色/黄色”。 8. 派对时间。
家长任务	1. 课堂上积极跟幼儿互动，适时向幼儿输入与主题相关的重点词语。 2. 在活动中多示范，要及时鼓励和肯定幼儿。 3. 在家里，家长可以和幼儿进行小猫钓鱼的游戏，在游戏中锻炼幼儿的手眼协调能力。

12 月第 2 周：猫和老鼠；小马快跑

教学活动示范表——猫和老鼠

课程目标	1. 通过绘本故事、游戏等活动，培养幼儿的想象力及模仿能力。 2. 启发幼儿模仿猫和老鼠的动作，重点输入拟声词“喵”。 3. 在情景游戏中，幼儿结合钻、爬和跑多种玩法，发展幼儿的动作协调性、敏捷性。 4. 在音乐律动中让幼儿模仿小老鼠爬高爬低的动作，体验模仿的快乐。
教学准备（教玩具、材料）	1. 音乐：《猫和老鼠》。 2. 绘本：《喵呜》。 3. 其他：猫手偶，老鼠手偶，老鼠头饰材料，猫头饰材料，饼干教具，大滚筒。

续表

教学过程	1. 问候活动:《你好歌》。 2. 热身活动：蹲下起立。 3. 导入活动：出示猫手偶和老鼠手偶。 4. 音乐律动:《猫和老鼠》。 我是杰瑞小老鼠，我最害怕汤姆猫。 我要努力爬高高，我要努力爬低低。 爬高高，爬低低，终于到家了。 家长和幼儿模仿老鼠爬在手臂、肩膀上，跟随音乐节奏爬高爬低。 5. 绘本故事:《喵呜》。 ①引导幼儿观察绘本中猫和老鼠之间的对话。 ②重点输入拟声词“喵”。 6. 艺术创作：可爱小老鼠。 ①给幼儿提供老鼠头饰材料，家长引导幼儿粘贴老鼠的五官，为情景游戏做准备。 ②家长和幼儿共同制作老鼠头饰，在制作过程中家长给予幼儿及时的鼓励与肯定。 7. 情景模仿游戏：猫抓老鼠。 ①家长示范小老鼠轻轻走路的动作，幼儿观察并模仿。 ②教师扮演汤姆猫，幼儿扮演小老鼠偷吃饼干。 ③教师引导幼儿在游戏中遵守规则，练习钻过障碍物，体验游戏的快乐。 8. 派对时间。
家长任务	1. 课堂上，积极跟幼儿互动，适时向幼儿输入与主题相关的重点词语。 2. 在家里，家长可以和幼儿做猫和老鼠的游戏，让幼儿在游戏中感受小老鼠偷吃猫的食物被发现时的紧张心情。

教学活动示范表——小马快跑

课程目标	1. 通过各环节活动，帮助幼儿认识小马，向幼儿输入名词“马”。 2. 在游戏“小马爬山坡”中，让幼儿相互模仿，在轮流和等待中培养规则意识，提高幼儿身体的协调性和控制力以及角色扮演的想象力。 3. 家长和幼儿一起创作小马手指玩偶，增强亲子关系，让幼儿体验拼贴的艺术形式，锻炼幼儿的精细动作和手眼协调能力。 4. 跟随音乐节奏模仿小马跑的动作，培养幼儿的模仿能力与想象力。
教学准备（教玩具、材料）	1. 音乐：《小马快跑》。 2. 图片：小马图片。 3. 其他：麦克风玩具，大型积木，斜坡垫子，小马手指玩偶半成品。
教学过程	1. 问候活动：《你好歌》。 2. 热身活动：蹲下起立。 3. 导入活动：出示小马图片。 4. 音乐律动：《小马快跑》。 蹄嗒蹄，快跑不停蹄，我的小马日行千里。 上下颠簸，山路崎岖，蹄嗒蹄嗒蹄，快跑不停蹄。 家长和幼儿跟随音乐模仿小马跑的动作。 5. 麦克风环节。 ①教师用麦克风示范，鼓励幼儿模仿发出“马”或“马马马”。 ②幼儿用麦克风轮流练习。 6. 运动想象游戏：小马爬山坡。 ①引导幼儿尝试用不同的方式爬上山坡，体验坡度和爬坡难度的关系。

续表

教学过程	②家长积极做示范练习四肢爬行，鼓励幼儿模仿。 ③家长带领幼儿到山坡的另一边“吃草”。 7. 艺术作品：小马手指玩偶。 ①对手指玩偶进行涂鸦装饰，粘贴小马的毛发、眼睛。 ②将手指套入手指玩偶中，模仿小马奔跑的动作，进行想象游戏。 8. 亲子互动游戏：骑马。 ①家长扮演马，幼儿骑在“马背”上。 ②引导幼儿感受骑马的速度由缓慢到快速，由平缓到身体起伏波动，想办法控制身体，保持平衡，坐稳。 9. 派对时间。
家长任务	1. 课堂上，积极跟幼儿互动，在活动中多示范，要及时鼓励幼儿，肯定幼儿的表现。 2. 在床上或有软垫子的空地上，搭建“小山坡”（小障碍），引导幼儿爬上山坡、爬下山坡；还可以骑在“马背”上。游戏时一定要注意幅度和难度，注意安全。

12月第3周：小兔子跳跳跳；小青蛙呱呱呱

教学活动示范表——小兔子跳跳跳

课程目标	1. 通过观察，认识小兔子的外部特征。 2. 在愉快的氛围中增进与小动物的亲密度，培养幼儿爱护动物的情感。 3. 家长和幼儿合作手指印画，增强亲子关系，让幼儿体验手指印画的艺术形式，培养幼儿的创造力和想象力。 4. 跟随音乐节奏模仿小兔子向前跳的动作，锻炼幼儿的下肢力量。

续表

教学准备（教玩具、材料）	1. 音乐：《兔子跳跳跳》《拔萝卜》。 2. 其他：小兔子手偶，大萝卜教具，橙色、绿色颜料，白色卡纸。
教学过程	1. 问候活动：《你好歌》。 2. 热身活动：蹲下起立。 3. 导入活动：小兔子手偶导入。 4. 音乐律动：《兔子跳跳跳》。 一只兔子跳跳跳，请问萝卜要到哪里找。 两只兔子跳跳跳，请问萝卜要到哪里找。 1，2，跳跳跳。3，4，跳跳跳。 还有左边右边跳跳跳。 家长和幼儿跟随音乐节奏模仿小兔子跳一跳。 5. 亲子互动游戏：小兔子拔萝卜。 ①教师出示胡萝卜教具，家长和幼儿扮演小兔子拔萝卜。 ②引导幼儿控制身体，保持平衡，用力拔萝卜。 ③拔完萝卜，引导幼儿给小兔子喂萝卜。 在拔萝卜的过程中，唱《拔萝卜》儿歌："拔萝卜，拔萝卜，嘿哟嘿哟拔萝卜。小朋友，快快来，快来帮我们拔萝卜。" 6. 艺术创作：胡萝卜。 ①教师示范在纸上用手指印画，引导幼儿观察。 ②家长鼓励幼儿在纸上进行胡萝卜手指印画。 ③欣赏作品。 7. 派对时间。
家长任务	1. 在家里，家长可以和幼儿玩小兔子拔萝卜的游戏，加入情境对话。 2. 和幼儿一起复习音乐律动，跟随音乐节奏模仿小兔子跳一跳。

教学活动示范表——青蛙呱呱呱

课程目标	1. 模仿青蛙“呱呱呱”的声音，丰富幼儿的听觉体验，促进听觉和语言发展。 2. 通过丰富的材料，了解青蛙的习性，促进幼儿认知领域发展。 3. 在欢乐的课堂中，激发幼儿学习和社交兴趣，增强家长和幼儿的亲子互动，让幼儿学会观察和模仿。 4. 跟随音乐节奏模仿青蛙双脚跳，锻炼幼儿的下肢力量，促进幼儿想象力发展。
教学准备 （教玩具、材料）	1. 音乐:《小青蛙》。 2. 绘本:《小青蛙，蹦蹦跳》。 3. 其他：青蛙手偶，麦克风玩具，绿色海绵纸荷叶，白色大卡纸，绿色颜料。
教学过程	1. 问候活动:《你好歌》。 2. 热身活动：蹲下起立。 3. 导入活动：出示青蛙手偶。示范:“呱呱！听，呱呱！它是一种动物，绿色的，喜欢呱呱叫，还会跳得很高，它喜欢生活在池塘边、荷叶上。它是什么动物呢？青蛙！”强调“呱呱”“绿色”“会跳”。 4. 音乐律动:《小青蛙》。 小青蛙，呱呱呱，快快乐乐蹦蹦跳。往上跳，往下蹲，淘气玩游戏。 小青蛙，咽咽咽，开开心心蹦蹦跳。往上跳，往下蹲，荷花笑嘻嘻。 家长和幼儿跟随音乐节奏模仿小青蛙蹲下跳起的动作。 5. 麦克风环节。 ①教师示范，鼓励幼儿模仿发出“呱呱呱”或有声调的“wawawa”的声音。 ②幼儿轮流练习。

续表

教学过程	6. 绘本故事:《小青蛙，蹦蹦跳》。 ①通过绘本让幼儿认识小青蛙的外形特征。 ②观察小青蛙在荷叶上一蹦一跳，伸出长长的舌头吃害虫。 7. 主题活动：青蛙跳荷叶。 ①教师示范双脚跳到“荷叶”上。 ②幼儿尝试练习双脚跳，家长积极示范，引导幼儿模仿小青蛙伸出长长的舌头，想象在吃害虫。 8. 艺术创作：呱呱呱小青蛙。 ①教师示范用颜料创作手指印画小青蛙，引导幼儿观察。 ②幼儿尝试操作，家长适时引导，鼓励幼儿大胆在纸上创作手指印画。 9. 派对时间。
家长任务	1. 课堂上，引导幼儿跟随音乐节奏模仿青蛙的动作。 2. 回家后，家长可以给幼儿普及关于小青蛙的知识，向幼儿介绍小青蛙的特点，加深幼儿对青蛙的认识。 3. 让幼儿模仿小青蛙，练习双脚连续跳，积累双脚向前跳的经验，锻炼幼儿的弹跳力，发展上下肢的协调性。

12 月第 4 周：乌龟爬爬爬；小猴子

教学活动示范表——乌龟爬爬爬

课程目标	1. 亲近乌龟，通过观察，认识小乌龟的外部特征。 2. 在愉快的氛围中，增进与小动物的亲密度，培养幼儿爱护小动物的情感。 3. 在主题活动中，模仿小乌龟四肢爬行、翻身再收起的动作，

续表

课程目标	体验模仿的乐趣。 4. 在音乐律动中，跟随音乐节奏模仿小乌龟爬上山坡，培养幼儿的想象力。
教学准备（教玩具、材料）	1. 音乐：《小乌龟》。 2. 绘本：《想看海的乌龟》。 3. 其他：真实的小乌龟，乌龟壳玩具，泡泡膜，卡纸，绿色颜料，颜料刷。
教学过程	1. 问候活动：《你好歌》。 2. 热身活动：蹲下起立。 3. 导入活动：出示真实的小乌龟，引导幼儿观察乌龟爬行的动作。 4. 音乐律动：《小乌龟》。 小小乌龟上山坡，嘿嗨哟嘿嗨哟。 带着面包和糖果，沿途乐悠悠。 家长和幼儿背上乌龟壳玩具，跟着音乐节奏模仿乌龟爬行。 5. 绘本故事：《想看海的乌龟》。 ①引导幼儿观察绘本中乌龟在去看海的路上都经历了什么。 ②引导幼儿学习乌龟精神，坚持不懈。 6. 主题活动：小乌龟爬呀爬。 ①引导幼儿模仿乌龟爬行。 ②引导幼儿想象太阳出来了，模仿小乌龟晒晒肚子，模仿乌龟翻身。 ③在爬行过程中，模仿乌龟遇到危险就把头和脚都缩进壳里。 7. 艺术创作：可爱的乌龟。 ①给幼儿提供泡泡膜，通过手指印画等方式印画乌龟的背和四肢等。

续表

教学过程	②引导幼儿用刷子蘸取颜料在纸上刷出绿色的草地，想象小乌龟在草地上爬行。 ③欣赏作品。 8. 派对时间。
家长任务	1. 家长带幼儿复习儿歌《小乌龟》。 2. 和幼儿模仿乌龟背起重重的壳，家长可以用较轻的物品放在幼儿的背上，让幼儿学乌龟爬行，控制不让物品掉落，锻炼幼儿的背部支撑力量和平衡力。 3. 引导幼儿试着轻轻碰一碰乌龟的脚，仔细观察乌龟会不会把脚缩到壳里去。

教学活动示范表——小猴子

课程目标	1. 通过各环节活动，帮助幼儿初步了解猴子的特征。 2. 在运动游戏中，让幼儿相互模仿，提高幼儿的身体协调性和控制力。 3. 在艺术创作中，体验手指印画的乐趣，黄色的颜料让幼儿对香蕉的颜色加深印象，通过手指印画的活动锻炼幼儿的手部肌肉，培养幼儿的创造力和想象力。 4. 在音乐律动中，跟随音乐节奏模仿小猴子爬到“树上”吃香蕉，进行简单的手指游戏，当数到“1”时，就伸出1根手指。
教学准备 （教玩具、材料）	1. 音乐：《五只猴子吃香蕉》。 2. 图片：猴子图片。 3. 其他：猴子手偶，大型积木拼搭，镂空盒子，毛绒球，大卡纸，绿色颜料，泡沫香蕉。
教学过程	1. 问候活动：《你好歌》。 2. 热身活动：蹲下起立。 3. 导入活动：以小猴子手偶导入。

续表

教学过程	4. 音乐律动:《五只猴子吃香蕉》。 有一只猴子爬到树上吃香蕉，又有一只跑来，现在有几只？1，2。 有两只猴子爬到树上吃香蕉，又有一只跑来，现在有几只？1，2，3。 有三只猴子爬到树上吃香蕉，又有一只跑来，现在有几只？1，2，3，4。 有四只猴子爬到树上吃香蕉，又有一只跑来，现在有几只？1，2，3，4，5。 引导幼儿跟随教师的动作进行律动。 5. 主题活动 1：猴子爬树。 ①尝试不同方式爬上“树”，体验坡度和难度。 ②练习四肢爬行，家长积极做示范，模仿猴子抓耳挠腮的动作。 ③引导幼儿用手臂力量爬到“树上”，进行摘果子的游戏。 6. 主题活动 2：猴子吃香蕉。（锻炼幼儿的精细动作及手眼协调能力） ①教师示范，在猴子嘴巴镂空的盒子上放黄色的球表示香蕉，摇一摇，让香蕉掉进猴子的嘴巴。 ②家长示范并引导幼儿观察并尝试练习。 ③在练习过程中，家长适时向幼儿输入词语及短句，帮助幼儿理解。 7. 艺术创作：香蕉树。 ①将手掌粘上绿色颜料，拓印在大卡纸上，表示香蕉树。 ②用拓印的方式印画出香蕉的形状，家长使用重复技巧向幼儿输入“黄色”“香蕉”等词语。

续表

教学过程	③欣赏作品。 8. 派对时间。
家长任务	1. 课后，家长可以通过绘本及视频和幼儿一起观察小猴的身体特征，如长长的尾巴，模仿猴子的动作及叫声，加深幼儿对猴子的认识。 2. 引导幼儿用鞋盒来制作猴子吃香蕉的玩教具，通过有趣的游戏锻炼幼儿的手眼协调能力及专注力。

1月主题

冬天到，新年好

教学计划

一、主题说明

天气变冷，人们穿戴上保暖的外套、手套、靴子，披上围巾，度过这个寒冷的冬天，幼儿对冬天的到来有了初步的感知。为了让幼儿对冬天有更全面的认识，我们通过丰富多彩的活动揭开冬天神秘的面纱，开启冬天的探索之旅。同时，为了让幼儿了解我国各地过新年的不同习俗，感受新年的气氛，本月我们开展主题活动，共同期待、迎接新年的到来！

二、主题目标

（一）幼儿学习目标

1. 感受冬天的颜色、雪的形态、季节的特点。

2. 向幼儿输入“冬天”“冷冷的”“软软的雪”等词句。

3. 练习抓握和揉搓雪，锻炼幼儿小手的精细动作。

4. 通过各环节活动，帮助幼儿了解过年相关知识，认识即将到来的新年。

5. 在游戏中尝试奔跑、投掷鞭炮赶走年兽，挥动手臂练习投掷。

6. 在艺术创作中，家长和幼儿一起装饰新年场景，感受新年的乐趣和意义。

7. 知道冬天运动是取暖的好方法，积极参与体能运动。

8. 通过音乐游戏，幼儿学习用小手拍出稳定的音乐节奏，刺激听觉，培养乐感。

（二）家长指导目标

1. 在艺术创作中，引导幼儿感受冬天的冷色调（白色、蓝色）。

2. 家长和幼儿一起装饰新年场景，感受新年的乐趣和意义，家长向幼儿输入词语“红色”，帮助幼儿了解过年的场景。

3. 家长和幼儿欣赏新年歌曲《恭喜恭喜》，跟随音乐节奏，示范双手作揖，引导幼儿模仿，感受新年氛围。

4. 家长和幼儿阅读关于冬天、新年的绘本，体验冬天的季节感受和新年的气氛。

三、周主题设置

1 月第 1 周：下雪天；新年乐陶陶。

1 月第 2 周：过年啦；新年的味道。

1 月第 3 周：冬天里的运动 1；冬天里的运动 2。

教学活动示范

1 月第 1 周：下雪天；新年乐陶陶

教学活动示范表——下雪天

课程目标	1. 通过图片，观察雪花和雪后的景象。 2. 向幼儿重点输入“冬天”“白色”“软软的”等词语。 3. 在触感游戏中，通过抓握和揉搓雪，感受冬天的冷。 4. 在音乐律动中，跟随音乐节奏左右摇摆，感受下雪的情景。
教学准备（教玩具、材料）	1. 音乐：《下雪啦》 2. 绘本：《下雪天》。 3. 其他：围巾，手套，冰袋，丝巾，雪花粉，小水桶，小勺子，碗，大龙球。
教学过程	1. 问候活动：《你好歌》。 2. 热身活动：蹲下起立。

续表

教学过程	3. 导入活动：出示围巾、手套、冰袋。 4. 音乐律动：《下雪啦》。 下雪了，下雪了，啦啦啦啦啦啦。 雪儿大了雪儿大了，快把衣服穿起。 家长和幼儿使用丝巾，跟随音乐节奏左右摇摆。 5. 绘本故事：《下雪天》。 ①引导幼儿观察冬天的美景，向幼儿输入词语“白色”，感受玩雪的快乐。 ②引导幼儿关注冬天，感知冬天的季节特征，体验玩雪的快乐。 ③教师出示大龙球，引导幼儿一起滚动球，体验滚雪球的快乐。 6. 触感游戏：柔软的雪。 ①教师提前将雪花粉用水兑成雪花冰沙状，用小水桶装好，分发给幼儿，鼓励幼儿去触摸、感受。这个环节鼓励家长使用重复技巧描述颜色、触感等。幼儿可以用小手揉搓、捏一捏等。 ②待幼儿充分探索后，教师给幼儿每人一个碗和勺子，鼓励幼儿使用勺子将雪花粉装到碗里，锻炼小手的精细动作。 7. 派对时间：彩虹伞。
家长任务	1. 协助幼儿完成亲子活动，向幼儿输入重点词语，并帮助幼儿理解。 2. 在家中与幼儿一起用纸剪雪花片。 3. 和幼儿去有雪的地方感受真正的雪。

教学活动示范表——新年乐陶陶

课程目标	1. 通过观察新年爷爷的魔术袋，初步感知过年的喜庆氛围。 2. 在艺术创作活动中，鼓励幼儿用涂色、印画等方式表现烟花的美。 3. 在主题游戏活动中，通过拜年送祝福、制作美食等初步了解过年的一些风俗习惯，品尝新年食物的味道。 4. 在音乐律动中，通过唱唱跳跳感受新年的到来。
教学准备（教玩具、材料）	1. 音乐：《新年好》。 2. 其他：魔术袋、灯笼、红包、窗花、对联等新年物品，红包纸，黑色大卡纸，吸管，颜料。
教学过程	1. 问候活动：《你好歌》。 2. 热身活动：蹲下起立。 3. 导入活动：出示新年爷爷的魔术袋（灯笼、窗花、对联、红包等）。 4. 音乐律动：《新年好》。 新年好呀，新年好呀，祝贺大家新年好。 我们唱歌，我们跳舞，祝贺大家新年好。 家长和幼儿跟随音乐做出与歌词相对应的动作。 5. 主题活动：红包送祝福。 ①引导幼儿相互传递红包，送祝福。 ②引导幼儿学会接到红包时说祝福语“新年好”“谢谢”等。 6. 主题活动：年夜饭。 ①教师出示图片，让幼儿观察春节的美食都有哪些。 ②给幼儿提供材料，和家长一起制作春节的美食。 ③家长分享自己和幼儿都做了哪些美食，共享美食大餐。 7. 艺术创作：放烟花。 ①将吸管剖开展平，剪为条状，分发给幼儿，引导幼儿在黑色卡纸上自由创作烟花。

续表

教学过程	②家长观察幼儿的表现，在制作过程中给予幼儿及时的鼓励与肯定。 8. 派对时间。
家长任务	1. 带幼儿去购买年货，和幼儿一起贴对联、挂灯笼，感受过年喜庆的氛围。 2. 引导幼儿品尝过年的美食，说说自己吃的是什么美食。

1 月第 2 周：过年啦；新年的味道

教学活动示范表——过年啦

课程目标	1. 通过各环节活动，帮助幼儿了解过年相关知识，认识即将到来的新年。 2. 在游戏中尝试奔跑、投掷鞭炮赶走年兽，挥动手臂练习投掷。 3. 家长和幼儿合作，使用黑色颜料和笔刷创作对联，锻炼幼儿的精细动作，进一步了解新年饰品。 4. 在音乐律动中，学习双手作揖做恭喜的动作，在欢快的氛围中感受新年的到来。
教学准备（教玩具、材料）	1. 音乐：《恭喜恭喜》。 2. 图片：春节相关图片。 3. 绘本：《小年兽》。 4. 其他：春联图片，红色卡纸，画笔，黑色颜料，年兽服饰。
教学过程	1. 问候活动：《你好歌》。 2. 热身活动：蹲下起立。 3. 导入活动：出示图片，通过贴春联、放鞭炮、贴窗花、发

续表

教学过程	红包、穿新衣等情景让幼儿简单感受新年的氛围。 4. 音乐:《恭喜恭喜》。 家长和幼儿跟随音乐，双手作揖，互道“恭喜恭喜”。家长积极做动作示范和语言输入。 5. 绘本故事:《小年兽》。 ①引导幼儿思考绘本中小年兽生气的原因。 ②引导幼儿和身边的人抱抱、亲亲，感受爱和温暖。 6. 运动游戏：年兽来啦。 ①教师扮演年兽，当年兽出现时，家长带着幼儿跑起来，使用鞭炮赶走年兽。 ②年兽再次出现时，家长和幼儿对“年”说新年好，并相互拥抱，和“年”成为好朋友。 7. 艺术创作：春联。 ①教师展示春联图片，红色的纸上有黑色的字。重点强调“红色”。 ②教师分发红色卡纸、画笔、黑色颜料。幼儿和家长合作完成写春联。 ③完成作品，一起将春联挂起来。 8. 派对时间。
家长任务	1. 和幼儿一起制作新年贺卡，参与手工制作，贴窗花、挂灯笼等，感受新年的氛围。 2. 在生活中引导幼儿认识红色。 3. 重复阅读绘本《小年兽》，家长引导幼儿观察故事中的春节都有哪些特点。

教学活动示范表——新年的味道

课程目标	1. 通过丰富的活动内容认识生活中常见又熟悉的面食——饺子、包子、面条等。通过真实的食材，了解和面、做馅和包饺子的过程，激发幼儿动手操作的积极性。 2. 引导幼儿乐于跟随手指律动，体验律动的欢快节奏。 3. 通过撕纸、揉捏等锻炼幼儿的精细动作和手眼协调能力。
教学准备（教玩具、材料）	1. 音乐《包饺子》。 2. 图片：包饺子图片。 3. 绘本：《饺子和汤圆》。 4. 其他：面粉，水，饺子皮，馅料（玉米、香菇、肉等食材）。
教学过程	1. 问候活动：《你好歌》。 2. 热身活动：蹲下起立。 3. 导入活动：出示和面、包饺子的图片，引导幼儿用小手模仿压一压。 4. 手指律动：《包饺子》。 炒萝卜，炒萝卜，切切切。 抹点油，撒点盐，和点馅。 包饺子，包饺子，擀擀皮。 擀好面皮装好馅，包饺子。 包饺子，包饺子，捏捏捏。 放进锅里盖盖子，煮饺子。 煮饺子，煮饺子，香喷喷。 端上饺子备好料，吃饺子。 家长和幼儿跟随音乐模仿包饺子的动作。 5. 绘本故事：《饺子和汤圆》。 绘本中展示了饺子和汤圆可爱的形象，幼儿可以从中认识饺子和汤圆。 6. 生活实践：包饺子。

续表

教学过程	①教师出示馅料，引导幼儿观察、闻一闻，示范包饺子的步骤。 ②教师分发饺子皮、馅料。家长和幼儿合作包饺子。 ③家长和幼儿煮饺子，观察煮饺子的过程，家长在一旁使用平行谈话或自言自语技巧向幼儿进行语言输入。 在制作过程中，家长轻哼手指律动《包饺子》，帮助幼儿感受新年的氛围。 7. 派对时间。
家长任务	1. 协助幼儿完成亲子包饺子活动，向幼儿输入重点词语，并帮助幼儿理解。 2. 家长引导幼儿端饺子给家中的其他人。 3. 家长可以把包饺子的过程拍成照片，打印出来，制成小册子。

1 月第 3 周：冬天里的运动 1；冬天里的运动 2

教学活动示范表——冬天里的运动 1

课程目标	1. 了解不同球类游戏的名称，知道不同体育游戏有不同的游戏规则。 2. 培养孩子的身体控制能力和规则意识。 3. 知道运动是驱寒的一种好方法。 4. 通过音乐游戏，在小球上拍出稳定的音乐节奏，刺激听觉，培养乐感。
教学准备 （教玩具、材料）	1. 音乐：《把小球传起来》《拉个圆圈走走》。 2. 其他：足球，保龄球，大型积木，空矿泉水瓶，自制球门，彩虹伞，泡泡液。

续表

<table>
<tr><td>教学过程</td><td>1. 问候活动:《你好歌》。
2. 热身活动：拉个圆圈走走。
3. 导入活动：今天我们一起在户外玩球类游戏，小朋友们知道有什么球呀？今天我们一起玩保龄球和足球游戏。它们是圆圆的，可以转动，还可以滚动。
4. 音乐律动:《把小球传起来》。
WEEE……可爱可爱球球，拍呀拍呀拍。可爱可爱球球，拍呀拍呀拍。
把小球传给你，把小球传给我，把小球传给你，把小球传给我。
家长和幼儿围坐一圈，跟着音乐节奏拍球，唱到“WEEE……”时双手把球举高；唱到“把小球传给你”时，家长和幼儿相互传递。
5. 主题活动 1：足球小健将。
①幼儿练习踢的动作，家长鼓励幼儿原地带球。
②家长与幼儿相互传球。
③家长鼓励幼儿将球踢到指定的球门处，练习射门。
6. 主题活动 2：小小保龄球。
①鼓励幼儿爬上拼搭的积木滑梯。
②家长引导幼儿带球走上滑梯。
③教师在滑梯下摆好几个空矿泉水瓶，鼓励幼儿将球滚下击中目标。
7. 派对时间。</td></tr>
<tr><td>家长任务</td><td>1. 课堂上积极跟幼儿互动，适时向幼儿输入与主题相关的重点词语。
2. 活动多做示范，要及时鼓励和肯定幼儿。
3. 家长带着幼儿玩一种球类游戏，让幼儿了解游戏规则。</td></tr>
</table>

教学活动示范表——冬天里的运动 2

课程目标	1. 观察气球和足球的特征，感受不同的触觉：硬硬的和软软的。 2. 在艺术创作中，尝试用气球按压作画，进一步感知气球的弹性。 3. 在主题运动游戏中相互传球，能很好地进行等待与轮替。 4. 在音乐律动中，跟随音乐节奏拍打皮球。
教学准备（教玩具、材料）	1. 音乐：《可爱可爱球球》《拉个圆圈走走》。 2. 其他：气球，皮球，大神秘袋，水洗颜料（红色、黄色、蓝色），白色大卡纸，颜料盘，彩虹伞，泡泡液。
教学过程	1. 问候活动：《你好歌》。 2. 热身活动：拉个圆圈走走。 3. 导入活动：神秘袋导入，出示皮球，引导幼儿观察，摸一摸。 4. 主题活动：踢球。 ①踢球：教师把皮球放在幼儿的小脚前，示范抬腿踢球的动作。（强调“踢”） ②家长引导幼儿做踢球的动作，再与对面的幼儿进行相互踢球的游戏。 ③围成一个圈，相互传球，在游戏中鼓励幼儿传球。（强调“等待”） 5. 音乐律动：《可爱可爱球球》。 可爱可爱球球，拍呀拍呀拍。可爱可爱球球，拍呀拍呀拍。 可爱可爱球球，拍呀拍呀拍。可爱可爱球球，拍呀拍呀 WEEE！ 家长和幼儿围坐，跟着音乐节奏拍球，唱到“WEEE”时双手把球举高。

续表

教学过程	6. 艺术创作：圆鼓鼓的气球。 ①教师给气球吹气，然后幼儿触摸气球，感受气球的弹性。 ②教师轻吹气球，让气球飞走，引导幼儿观察气球都飞到哪里去了，培养幼儿的共同关注能力。 ③家长按教师的示范进行操作，引导幼儿观察气球飞走的方向，等气球落地，让幼儿把球捡回来给家长。 ④教师出示白色大卡纸，将小气球蘸上颜料，使用按压的方式作画，引导幼儿观察气球压出的纹路。 ⑤家长吹一个小气球给幼儿，鼓励幼儿用气球在纸上作画。在作画过程中，引导幼儿观察气球在纸上按压的纹路，适时向幼儿输入相关词语。 7. 派对时间。
家长任务	1. 引导幼儿认识生活中常见的球类。 2. 在家里和幼儿玩球类游戏，如传球、踢球等。 3. 复习儿歌《可爱可爱球球》。

第二章　芽芽班下学期

学期总目标与月主题说明

一、幼儿教学总目标

1. 社交方面，使用问好、握手等交往方式，培养幼儿的社交意识。

2. 大运动方面，通过热身运动和感觉统合训练活动，发展幼儿肢体基本动作，如蹲、爬、跑、绕、钻等，促进幼儿身体协调能力的发展。

3. 在综合主题活动中，促进幼儿多种感官能力的发展，培养幼儿的专注力，以及对事物观察、注意、记忆的能力。

4. 音乐感知方面，激发幼儿对音乐的兴趣和积极性，感知音乐的节奏、旋律和快慢。在家长的引导下，通过随唱、拍打节奏、模仿动作等，培养幼儿初步感知音乐、表现音乐的能力。

5. 培养幼儿的感知能力，增强幼儿的自我意识和自我表达的意愿。

6. 认知情感方面，让幼儿了解花朵的颜色、气味和结构，刺激幼儿触觉、嗅觉、听觉、视觉等发展，丰富幼儿的词汇量，引导幼儿对春天有初步的感知。

7. 艺术创作方面，让幼儿亲身体验混合颜色的过程，观察颜色变化，并制作出新的颜色。

8. 通过行走、爬行、跳跃等方式让幼儿探索软硬不同的通道和障碍，感受不同的触觉体验。

9. 在主题活动中，让幼儿自主探索，亲身体验和感受“里面”和“外面”的空间概念，向幼儿输入大和小、快和慢等相对概念。

10. 在户外探索中，为幼儿提供丰富的材料，引导幼儿观察夏天的昆虫、美食、山坡、大树、石头等事物，让幼儿感受大自然中的元素和乐趣，激发幼儿的想象力和创造力。

11. 创设丰富的活动，引导幼儿对身体进行进一步探索，让其对自己的身体有初步的认识。

12. 通过音乐游戏、绘本、图片及与主题相关的游戏活动，引导幼儿用身体动作和表情进行情绪的表达，帮助幼儿提高情绪认知。

二、家长指导总目标

1. 帮助幼儿熟悉亲子课堂环境，以及建立和培养良好的课堂意识和习惯。

2. 在活动中，根据幼儿的表现，做好示范，引导幼儿学习和模仿。

3. 肯定和鼓励幼儿积极参与活动，做好观察者和引导者的角色。

4. 根据教师上课内容进行课后巩固和延伸。

5. 多与幼儿沟通，从幼儿的动作、表情中读懂幼儿的心理活动、想法和意愿。

6. 了解亲子课教学的意义，适应亲子课的教学形式，意识到家长在亲子课堂中的重要性。

7. 重视幼儿大运动及精细动作的锻炼，给幼儿提供丰富的材料，培养幼儿手眼协调及精细动作的发展。

三、本学期各月教学主题设置

3 月主题：多彩的春天。

4 月主题：触觉感知。

5 月主题：日常概念。

6 月主题：户外探索。

7 月主题：我的身体和我的情绪。

3 月主题

多彩的春天

教学计划

一、主题说明

在淅淅沥沥的小雨中，春姑娘将五彩的颜料撒向大地，红的、黄的、蓝的、绿的……在幼儿的世界里，最夺目的便是五彩斑斓的颜色。两个月大时，婴儿就会表现出对色彩的喜爱，无处不在的色彩吸引他们的注意力。本月我们带着幼儿去观察、寻找春天里的色彩。

二、主题目标

（一）幼儿学习目标

1. 通过观察、比较，初步认识几种基础颜色。
2. 学习按颜色归类。
3. 关注生活中的色彩，尝试用各种颜色进行游戏，初步用简单语言表达颜色。
4. 培养幼儿观察和发现事物变化的能力。
5. 乐于参与主题活动。
6. 初步了解春天的色彩。

（二）家长指导目标

1. 引导幼儿观察春天的花朵都有哪些颜色，并带幼儿到户外进行进一步的感知。
2. 引导幼儿观察昆虫的身体特征，通过语言、动作描述昆虫的形态。
3. 和幼儿在家里栽种一种植物，和幼儿一起细心照料，观察它的生长过程。

三、周主题设置

3 月第 1 周：春天的小树芽；春天的花朵。

3 月第 2 周：桃花朵朵开；春天的雨滴。

3 月第 3 周：春天的昆虫（蝴蝶）；春天的昆虫（瓢虫）。

3 月第 4 周：春天的颜色（红和白）；春天的颜色（彩虹色）。

教学活动示范

3 月第 1 周：春天的小树芽；春天的花朵

教学活动示范表——春天的小树芽

课程目标	1. 通过观察，让幼儿初步了解植物发芽是春天的主要特征。 2. 初步培养幼儿观察和发现事物变化的能力。 3. 激发幼儿探索大自然的乐趣。 4. 通过种植，让幼儿初步了解小种子生长的过程。
教学准备（教玩具、材料）	1. 音乐：《小小的花园》。 2. 图片：小树生长过程图片。 3. 绘本：《接着，春天来了》。 4. 其他：轻黏土，小盆栽，小水壶，营养土，小勺子。
教学过程	1. 问候活动：《你好歌》。 2. 热身活动：蹲下起立。 3. 导入活动：绘本《接着，春天来了》。 ①引导幼儿观察绘本中草地、树木的变化。 ②使用重复、声学强调的技巧向幼儿输入语言，帮助幼儿理解。

续表

教学过程	4. 手指律动：《小小的花园》。 小小的花园里，好好地耕种，小小的种子种下去。 咕噜咕噜，来到春天，小小的种子发芽了。 大大的花园里，好好地耕种，重重的种子种下去。 咕噜咕噜咕噜噜，来到春天，重重的种子发芽了…… 家长和幼儿跟随音乐左右摆动。 5. 艺术创作：小种子发芽啦。 ①展示图片，引导幼儿观察种子发芽的过程，使用停顿等待的技巧，鼓励幼儿尝试表达。 ②用黏土制作发芽的小种子，制作过程中引导幼儿捏一捏、揉一揉等，锻炼幼儿的手部精细动作。 6. 拓展游戏：在户外"种下"春天。 ①引导幼儿用小勺子给小花盆松松土、浇浇水，撒下小种子。 ②家长可以适时参与幼儿的活动，引导幼儿浇浇水。 ③让幼儿拿上小水壶给花草树木浇浇水，在浇水过程中让幼儿知道小草小树要多喝水才能长高。 7. 派对时间：彩虹伞。
家长任务	1. 在家里寻找可利用的材料，如瓶子、纸箱等，和幼儿一起将种子种下，在等待种子发芽的过程中引导幼儿观察种子的变化，等待过程有些漫长，需要家长引导幼儿细心照料，让幼儿知道只要充满期待，就会有希望。 2. 和幼儿一起记录幼儿的身高，教育幼儿"小种子要喝好多水才会长高，宝贝也要多吃饭，多吃菜，才会长高"。

教学活动示范表——春天的花朵

课程目标	1. 在各环节中丰富幼儿的体验，让幼儿了解花朵的颜色、气味和结构，刺激幼儿的触觉、嗅觉、听觉、视觉等发展，丰富幼儿的词汇量。 2. 艺术创作过程中，以点、拉、涂等方式，在自己想画的草地上绘画，合作完成大草坪作品，提高幼儿的创造力和想象力，锻炼幼儿的精细动作，培养幼儿的审美能力。 3. 热身与音乐环节，增强幼儿的律动感。降落伞环节，丰富亲子互动和与同伴互动的方式，增添乐趣。
教学准备（教玩具、材料）	1. 音乐：《花儿开》。 2. 绘本：《猜猜看，是花吗？》。 3. 其他：真花，轻黏土，绿色卡纸，海绵圆头笔刷，花瓣。
教学过程	1. 问候活动：《你好歌》。 2. 热身活动：蹲下起立。 3. 导入活动：出示鲜花，引导幼儿认识花的颜色和结构，闻花香，一起插花。 4. 音乐律动：《花儿开》。 美丽的花儿笑开颜，花园里花朵真鲜艳，红黄蓝，橙绿紫，春天到来，花儿开。 啦啦啦，啦啦啦啦啦，啦啦春天到来，花儿开。 家长引导幼儿欣赏音乐，跟随音乐摇摆身子。 5. 绘本故事：《猜猜看，是花吗？》。 ①通过故事绘本，认识各色各样的花朵，使用重复、声学强调的技巧向幼儿输入语言。 ②通过翻页互动，把花朵的颜色和物品的颜色联系起来，激发幼儿的好奇心和想象力。 6. 主题活动：五颜六色的花。 ①出示轻黏土，引导幼儿自由选择自己喜欢的颜色。

续表

教学过程	②通过压、揉、掰等方式锻炼幼儿的精细动作，让小手活跃起来，混合彩色的轻黏土，让其变成多彩的花朵。 7. 艺术创作：我们的花园。 ①展示绿色卡纸画卷“大草坪”。 ②邀请幼儿使用海绵圆头笔刷在绿色草地上“种花”。 ③让幼儿选择不同的颜色，将花种在自己想种的地方，可以走动，可以进行谈话，家长可以使用平行谈话技巧向幼儿进行语言输入，帮助幼儿理解自己的创作。 ④粘上泡沫花朵。 8. 派对时间：伴随欢快歌曲，落花瓣雨，最后收集花瓣。
家长任务	1. 在课堂上，家长多鼓励幼儿自己动手做喜欢的花朵。 2. 和幼儿一起寻找路边美丽的花朵，看看一共找到多少种颜色的花朵。 3. 引导幼儿爱护小花、小草。

3月第2周：桃花朵朵开；春天的雨滴

教学活动示范表——桃花朵朵开

课程目标	1. 引导幼儿感知春天的气息，了解春天的气候特征。 2. 向幼儿重点输入“树”“树叶”“春天”三个词。 3. 让幼儿练习爬“树”，锻炼幼儿的四肢协调能力及大运动。 4. 让幼儿学会控制好手臂的力量。 5. 让幼儿使用颜料来作画，获取不一样的体验。
教学准备（教玩具、材料）	1. 音乐：《春天在哪里》。 2. 图片：桃花图片。 3. 绘本：《春天在哪里》。 4. 其他：树、花仿真玩具，棕色颜料，卡纸，围兜，纸巾，颜料盘，海绵滚筒，圆形海绵刷。

续表

教学过程	1. 问候活动:《你好歌》。 2. 热身活动：蹲下起立。 3. 导入活动：出示树、花仿真玩具。 4. 音乐律动:《春天在哪里》。 播放《春天在哪里》，一起跳舞，邀请家长一起歌唱。 5. 绘本故事:《春天在哪里》。 ①引导幼儿安静倾听绘本故事，跟着绘本中的小公鸡出发去寻找春天。 ②观察春天里的花朵与小草，感受生机勃勃的春天。 6. 艺术创作：桃花朵朵开的春天。 ①展示桃花的图片，认识春天的树、树叶和花朵，使用声学强调的方式，帮助幼儿理解春天及春天里的事物。 ②教师示范用海绵滚筒蘸取棕色颜料，往自己手臂上涂抹，然后印压在卡纸上，形成一段树干，鼓励幼儿帮忙种树，并且装饰树梢。 ③教师分发卡纸和海绵滚筒给幼儿，家长帮幼儿穿好围兜，准备好纸巾，并且让幼儿尝试用海绵滚筒在自己的手臂上滚动。 ④待幼儿双手协调好如何使用海绵滚筒在手臂上滚动后，发给幼儿颜料盘，让幼儿挤上棕色颜料进行树干的艺术创作，鼓励家长和幼儿一起“种树”。 ⑤给做好的幼儿重新倒上各色颜料，再给幼儿分发圆形海绵刷进行花朵的创作，回收海绵滚筒。 ⑥将完成的作品放在一旁晾干。 7. 派对时间。
家长任务	1. 复习歌曲《春天在哪里》，跟随音乐用身体做相应的动作。 2. 和幼儿一起去寻找春天的桃花，通过看、摸、闻等感知桃花的特征。

教学活动示范表——春天的雨滴

课程目标	1. 让幼儿学习用肢体动作和打击乐器的不同力度表现大雨小雨。 2. 让幼儿喜欢参与游戏，体验打击乐带来的乐趣。 3. 让幼儿在艺术创作中，尝试用滴管或棉签进行绘画，表现大雨小雨。
教学准备（教玩具、材料）	1. 音乐：《大雨小雨》，《雨滴变变变》，雨声背景音乐。 2. 图片：大雨、小雨的图片。 3. 其他：彩虹伞，海洋球，大鼓，沙锤，蓝色、橙色颜料，颜料盘，棉签，滴管，大卡纸。
教学过程	1. 问候活动：《你好歌》。 2. 热身活动：蹲下起立。 3. 导入活动：播放背景雨声，引导幼儿聆听大雨、小雨的声音，然后出示大雨小雨图片，使用声学强调技巧，向幼儿输入“大”“小”“大雨”“小雨”等词。 4. 音乐律动：《雨滴变变变》。 小小雨滴洒下来，滴答，滴答。 小小雨滴洒下来，滴答，滴答。 大雨大雨就要落下来，稀里哗啦，稀里哗啦。 大雨大雨就要落下来，稀里哗啦，稀里哗啦。 家长和幼儿用肢体动作模仿大雨“哗啦啦”、小雨“滴滴答”，尝试用不同力度打击乐器表现大雨、小雨的声音。 5. 主题活动：大雨小雨。 将海洋球放在彩虹伞上，家长们合作撑起彩虹伞，跟随音乐《大雨小雨》用不同的力度将海洋球变成大雨或者小雨。幼儿在伞下观察和感受雨声的大小和雨滴的变化。家长使用重复及声学强调的技巧向幼儿输入语言“下雨啦”。

续表

教学过程	6. 艺术创作：雨滴变变变。 ①播放雨声背景音乐，出示画有乌云的大卡纸，引导幼儿用棉签在纸上作画。 ②尝试用长短粗细不同的线条表现大小雨滴，在绘画过程中，家长可以适时问幼儿画的是大雨还是小雨，或者问幼儿下的是什么颜色的雨。 ③教师用滴管将颜料水滴在纸上，使用自言自语技巧进行说明，引导幼儿感受下雨滴答滴答的声音。 ④鼓励幼儿尝试用棉签或滴管进行绘画，表现大雨小雨。 ⑤一起欣赏作品。 7. 派对时间。
家长任务	1. 在家里可以利用空瓶子分别装上小米和大豆，摇一摇感受声音的强弱，和幼儿玩大雨小雨的游戏。 2. 给幼儿洗澡时用花洒冲水洒在幼儿的身上，控制水量的大小，让幼儿体验雨水洒在身上的不同感受，适时输入“大雨”“小雨”等词语。

3 月第 3 周：春天的昆虫（蝴蝶）；春天的昆虫（瓢虫）

教学活动示范表——春天的昆虫（蝴蝶）

课程目标	1. 指导幼儿认识蝴蝶的身体形态（美丽的翅膀、对称的翅膀、会飞的习性）。 2. 向幼儿重点输入“蝴蝶”“翅膀”等词。 3. 开展运动游戏，跟着音乐，练习飞行，挥动翅膀，想象自己是小蝴蝶在飞。 4. 在艺术创作中，用扭扭棒和蛋糕纸托制作漂亮的蝴蝶。

续表

教学准备 （教玩具、材料）	1. 音乐："LA MARIPOSA"（《蝴蝶》）。 2. 图片：蝴蝶图片。 3. 绘本：《当熊爱上蝴蝶》/《第一次发现丛书·透视眼系列·动物类·蝴蝶》。 4. 其他：蝴蝶、花朵仿真模型，蛋糕纸托，方盘，水溶性蜡笔，黄色圆形海绵刷，扭扭棒，胶水，胶水刷，彩色卡纸，丝巾。
教学过程	1. 问候活动：《你好歌》。 2. 热身活动：蹲下起立。 3. 导入活动：拿出蝴蝶和花朵仿真模型，让幼儿观察蝴蝶对称的翅膀、美丽的花纹等，使用重复、声学强调的技巧向幼儿输入语言，帮助幼儿理解。 4. 音乐律动："LA MARIPOSA"。 这首音乐描绘的是玻利维亚山上有着种类繁多、稀奇珍贵的蝴蝶以及人们对蝴蝶的热爱。 ①教师示范唱"CO LOS MANOS"后拍手跺脚三下，"CO LOS PIEAS"后拍手跺脚三下。 ②让幼儿熟悉音乐的规律，给幼儿分发丝巾做翅膀，播放音乐。 5. 绘本故事：《当熊爱上蝴蝶》/《第一次发现丛书·透视眼系列·动物类·蝴蝶》。 ①安静倾听绘本故事，观察绘本封面，认识蝴蝶。 ②观察绘本中蝴蝶翅膀的形状及美丽的花纹。 6. 艺术创作：漂亮的小蝴蝶。 ①教师展示蝴蝶图片，描述蝴蝶的关键信息：翅膀、对称。 ②教师拿出蛋糕纸托模仿小蝴蝶飞起来，用扭扭棒示范如何把有好看轮廓的蛋糕纸托变成有着对称翅膀的蝴蝶。

续表

教学过程	③教师分发 3—5 片蛋糕纸托和方盘给幼儿。 ④幼儿自己选取水溶性蜡笔。 ⑤引导幼儿用蜡笔画在小小的蛋糕纸托上，要学会控制好笔触，不画到界外，让幼儿练习边界感和对双手的控制。 ⑥给做好的幼儿一个黄色圆形海绵刷，幼儿蘸取水后涂抹在用蜡笔画过的纸托上，形成颜色的晕染。 ⑦给画好的幼儿扭扭棒，家长帮忙把纸托变成对称的蝴蝶。 ⑧让幼儿用胶水和胶水刷将蝴蝶粘贴在彩色的卡纸上。 7. 派对时间。
家长任务	1. 协助幼儿完成亲子活动，向幼儿输入重点词语，并帮助幼儿理解。 2. 家长带幼儿到户外观察蝴蝶。

教学活动示范表——春天的昆虫（瓢虫）

课程目标	1. 知道七星瓢虫会飞的习性。 2. 向幼儿重点输入“瓢虫”“斑点”“飞”等词语。 3. 开展运动游戏，让幼儿趴在家长扮演的树枝上，挥动翅膀，想象自己是小瓢虫，练习飞行。 4. 艺术作品部分让幼儿学会控制好手腕的力量及方向，感受 3D 立体的艺术创作，并在圆点的拼贴中掌握粘贴的技巧。
教学准备（教玩具、材料）	1. 音乐：《小瓢虫飞》，“THE FREEZE”（《冻住》，与“木头人”相似）。 2. 绘本：《瓢虫马戏团》。 3. 其他：瓢虫模型，纸碗（打好等距的三个孔），打孔器，黑色扭扭棒，海绵滚筒刷，罩衣，颜料盘，黑色小圆形硬卡纸七片，红色颜料，胶棒，丝带，瓢虫玩具或图片。

续表

教学过程	1. 问候活动:《你好歌》。 2. 热身活动：蹲下起立。 3. 导入活动：取出神秘袋中的瓢虫模型。和幼儿一起观察和认识瓢虫，使用重复与声学技巧展开描述：瓢虫会爬，身上有斑点，有六条腿，会飞。可使用瓢虫贴纸。 4. 绘本故事:《瓢虫马戏团》。 ①引导幼儿观察封面上瓢虫的外形、颜色和身上的斑点，认识瓢虫。 ②通过瓢虫们进行的活动，进一步输入语言，引导幼儿认识可爱的瓢虫。 5. 音乐律动:《小瓢虫飞》。 小瓢虫飞到头上， 小瓢虫飞到肩膀， 小瓢虫飞到膝盖， 小瓢虫飞到屁股。 ①教师示范将瓢虫飞到头上、肩膀、膝盖、屁股等身体部位，引导幼儿观察并模仿。 ②家长引导幼儿跟随教师用稳定的节奏一起哼唱，当唱到某个身体部位时便指出相应位置。 ③可根据幼儿表现改编歌词，如：小瓢虫飞到脚上、脸上、鼻子上等。 6. 艺术创作：会飞的小瓢虫。 ①展示瓢虫的图片或玩具，引导幼儿认识瓢虫的身体是圆形的，底色是红色的，背部有 7 个黑色圆点，有小触须，是会飞行的小昆虫。 ②教师拿出纸碗，碗口朝下，模拟瓢虫飞过来。邀请幼儿给瓢虫穿上衣服。 ③教师分发纸碗，家长帮幼儿穿上罩衣，教师先发颜料盘和海绵滚筒刷。

续表

教学过程	④教师分发红色颜料。 ⑤分发黑色圆形卡纸和胶棒并收起颜料盘和海绵滚筒刷。 ⑥给做好的幼儿分发黑色扭扭棒做成瓢虫的触须，让幼儿试着扭一扭瓢虫触须。 ⑦家长给幼儿做好的瓢虫帽子穿上绳子，等颜料干后戴在头上。 ⑧家长和幼儿像瓢虫一样跟着音乐“THE FREEZE”飞行，音乐停止，小瓢虫趴在家长扮演的树叶上。 7. 派对时间。
家长任务	1. 家长通过视频、图书、标本等鼓励幼儿观察，通过摸摸、看看，引导幼儿说一说瓢虫的外形特征。 2. 启发幼儿继续探索昆虫的有关知识。

3 月第 4 周：春天的颜色（红和白）；春天的颜色（彩虹色）

教学活动示范表——春天的颜色（红和白）

课程目标	1. 在各环节中丰富幼儿的体验，让幼儿认识红色和白色，了解红色与白色的物品，丰富词汇量，提升认知。重点输入名词“红色”和“白色”，形容词“红色的”和“白色的”。 2. 在艺术创作中，让幼儿体验混合颜色的过程，观察变化：白色加入红色中，红色变浅了，产生新的颜色——粉色。观察变色的过程中，激发幼儿的兴趣与好奇心，提高幼儿的观察能力和思考能力。 3. 热身与音乐环节增强幼儿律动，活动环节帮助幼儿进一步认识红色的物品与白色的物品。 4. 降落伞环节丰富亲子互动和与同伴互动的方式，增添乐趣。

续表

<table>
<tr><td>教学准备
（教玩具、材料）</td><td>1. 音乐:《红苹果》。
2. 绘本:《我的颜色是什么》。
3. 其他：魔术袋，红色物品，白色物品，胶泥，红色颜料，白色颜料，红色轻黏土，白色轻黏土，圆盘，动物手偶，仿真红色苹果。</td></tr>
<tr><td>教学过程</td><td>1. 问候活动:《你好歌》。
2. 热身活动：蹲下起立。
3. 导入活动：拿出袋子中红色和白色的物品，寻找教室里红色和白色的物品，家长在陪伴过程中可以使用自言自语的技巧，引发幼儿思考。
4. 音乐律动:《红苹果》。
在那高高的树上，两颗苹果红彤彤。
摇一摇，红苹果，摇一摇，掉下来。
在那高高的树上，两颗苹果红彤彤。
家长和幼儿跟随音乐，双手摇摆，唱到“掉下来”时，双手拍一拍地面。
5. 绘本故事:《我的颜色是什么》。
①观察书中不同的颜色和颜色的变化。
②认识不同的颜色和不同颜色的物品，重点强调“红色”和“白色”。
6. 胶泥环节。
通过压、揉、掰等方式锻炼幼儿的精细动作，让小手活跃起来。
7. 艺术创作：粉色小猪。
①创作前，观察魔术，红色的水变粉色。
②创作时，观察教师给的颜色，有红色和白色，给幼儿时间观察并适当重复重点词语。
③让幼儿使用笔刷混合红色和白色，观察和发现颜色变化的过程。</td></tr>
</table>

续表

教学过程	④涂抹混合好的粉色到圆盘上，把圆盘变成小猪圆圆粉粉的脸。 ⑤涂抹胶水，粘上小猪身体的其他部分。 8. 拓展活动：喂动物。 教师发出指令“这是一只吃红色苹果的小动物，请在教室中找一找红色的苹果，喂给小动物吃吧”，活动过程中使用重复和声学强调的技巧。 9. 派对时间。
家长任务	1. 协助幼儿完成亲子活动，向幼儿输入重点词汇，并帮助幼儿理解。 2. 在家里和幼儿一起寻找红色、白色的物品，按颜色分类。

教学活动示范表——春天的颜色（彩虹色）

课程目标	1. 在各环节中丰富幼儿的体验，让幼儿复习之前学过的颜色，丰富词汇量，提升认知。 2. 艺术创作过程中，按步骤带领幼儿完成彩虹色的作品，使用不同工具和材料，从中认识颜色，激发幼儿的兴趣与好奇心，提高幼儿的观察能力和思考能力。 3. 热身与音乐环节增强幼儿律动，活动环节帮助幼儿通过视觉感知进一步了解颜色。 4. 降落伞环节丰富亲子互动和与同伴互动的方式，增添乐趣。
教学准备（教玩具、材料）	1. 音乐：《彩虹歌》，“THE FREEZE”。 2. 图片：彩虹图片。 3. 绘本：《我的颜色是什么》。 4. 其他：魔术袋，各色（红、白、黄、蓝、绿、紫）物品，卡纸，蜡笔，颜料（淡蓝色颜料和其他色颜料），彩色圆圈。

续表

<table>
<tr><td>教学过程</td><td>1. 问候活动:《你好歌》。
2. 热身活动：蹲下起立。
3. 导入活动：拿出袋子，袋子中装有各色（红、白、黄、蓝、绿、紫）物品，找一找教室里的各色物品，问幼儿的家中有无对应颜色的物品。
4. 绘本故事:《我的颜色是什么》。
①观察书中不同的颜色和颜色的变化。
②了解不同的颜色和不同颜色的物品，语言上使用重复、停顿及声学强调技巧，强调颜色的名称与相关形容词。
5. 音乐律动:《彩虹歌》。
红色黄色绿和蓝，美丽颜色在身旁。
苹果红彤彤，树儿绿。
阳光金灿灿，海儿蓝。
红色黄色绿和蓝，美丽颜色在身旁。
家长与幼儿跟随律动节奏做相应的动作。
6. 艺术创作：我的彩虹。
①展示彩虹图片。彩虹弯弯的，有各种颜色：红、橙、黄、绿、青、蓝、紫。
②分发卡纸，鼓励幼儿使用蜡笔涂鸦，给幼儿观察和自由选择的时间，家长适当重复重点词语，引导幼儿画彩虹弯弯的形状。
③涂抹上一层薄薄的淡蓝色颜料。
④使用胶水，粘上白色棉花。
7. 拓展活动：彩色圆圈走走走。
家长带领幼儿，走进不同颜色的圆圈并说出其颜色名称，询问幼儿更喜欢停留在哪个圆圈。放音乐“THE FREEZE”，家长和幼儿随音乐走走停停，停留在不同颜色的圆圈内。
8. 派对时间。</td></tr>
</table>

续表

家长任务	1. 和幼儿一起寻找身边彩虹色的物品，在不是单一颜色的物品中仔细观察，认识彩虹色的细节。 2. 鼓励幼儿自己动手画出心中的彩虹色。 3. 在活动过程中，家长可使用平行谈话和自言自语技巧向幼儿输入相关词语及短句。

4 月主题

触觉感知

教学计划

一、主题说明

触觉感知是幼儿早期与世界接触、交流的重要途径。他们会用身体的各个部位去探索环境。幼儿最重要的触觉感知就是通过手指触摸不同材质的物品，感受各种触觉的不同。因此，本月我们将开展触觉感知主题活动，让幼儿感受物品的不同材质，丰富幼儿的触觉感知体验，培养幼儿敏感的感官功能，促进幼儿的触觉感知发育。

二、主题目标

（一）幼儿学习目标

1. 通过多种感官探索软硬不同的物品。

2. 通过身体触摸冰袋和热水，初步感知物品的冷和热。

3. 愿意去探索、体验物品粗糙和光滑的触感，增强手部的敏感度。

4. 艺术创作中，使用毛茸茸的羽毛作为工具，进行绘画和粘贴，增强幼儿的审美力和想象力，通过自己创作作品，进一步理解“毛茸茸”。

5. 愿意模仿，跟随音乐的节奏做简单的动作，喜欢参加集体的韵律活动和音乐游戏。

6. 用身体的各部位探索“刺刺的”运动器材，感受“刺刺的”触感，锻炼身体平衡力。

7. 参与音乐游戏，模仿农场小羊，跟着音乐一起做动作，培养自身的想象力。

（二）家长指导目标

1. 在触觉感知体验中，鼓励幼儿尝试用手去触摸，适时向幼儿输入“触觉”等相关词语，帮助幼儿匹配相应的触觉。

2. 在音乐活动中，家长多示范和引导，在欢快、柔和的旋律中让幼儿感受律动节奏带来的快乐。

3. 给幼儿多感官的刺激和发展，培养幼儿的审美能力、认知能力和专注力。

4. 家长选择不同材质的物品，刺激幼儿的触感，增加触觉辨识能力，使幼儿感受不同材质的体验。

三、周主题设置

4 月第 1 周：软和硬；冷和热。

4 月第 2 周：光滑与粗糙；毛茸茸。

4 月第 3 周：黏稠；刺刺的。

4 月第 4 周：暖融融；软绵绵。

教学活动示范

4 月第 1 周：软和硬；冷和热

教学活动示范表——软和硬

课程目标	1. 通过触摸软硬物品感受软和硬的区别。 2. 在有趣的音乐游戏中感受软软的丝巾。 3. 让幼儿通过行走、爬行、跳跃等方式探索软硬不同的触感。 4. 在运动游戏中锻炼幼儿四肢的协调、身体平衡等能力。 5. 让幼儿体验丰富的艺术创作材料，培养幼儿的动手能力、专注能力、审美能力和认知能力。

续表

教学准备 （教玩具、材料）	1. 音乐:《看见你》。 2. 绘本:《身体里软软硬硬的骨头》。 3. 其他：神秘袋，软物品，硬物品，软垫子、硬积木等软硬不一的爬行道具，轻黏土，石头实物，彩色小石头。
教学过程	1. 问候活动:《你好歌》。 2. 热身活动：蹲下起立。 3. 导入活动：出示神秘袋，让幼儿先用手轮流抽取和感受软硬不一的物品，并鼓励家长进行描述和语言输入。 4. 音乐律动:《看见你》。 看见你，看见你，啦啦啦啦啦啦啦。看见你，看见你，啦啦啦啦啦。 我和你呀你和我，我和你呀你和我。看见你，看见你，啦啦啦啦啦。 从神秘袋取出丝巾前，可以使用声学强调教学技巧，强调“软软的”。随后，家长和幼儿通过舒缓的音乐，用手上下左右摇摆丝巾，用手和脸去感受柔软的丝巾，在幼儿感受时可以使用重复教学技巧，向幼儿输入“软软的”等词。 5. 绘本故事:《身体里软软硬硬的骨头》。 ①通过绘本中的图片，引导幼儿摸一摸自己身体的相应部位，感知自己身体上软软的、硬硬的部位在哪里。 ②在探索身体软硬的活动中积累相关经验，触摸并了解身体不同部位的软硬及功能。 ③家长需要在幼儿观察和触摸的时候强调软和硬的概念，帮助幼儿匹配相应的触感。 6. 运动游戏：软硬走走走。 ①引导幼儿通过行走、爬行、跳跃等方式探索软硬不同的触感。

续表

教学过程	②在行走过程中家长向幼儿输入相关词语，让幼儿用脚部感受不同软硬的触觉，同时锻炼幼儿四肢的协调、平衡等能力。 7. 艺术创作：软和硬。 ①鼓励幼儿使用轻黏土，用揉、捏等方式，感受“软软的”触觉。家长引导幼儿捏出不同的造型（避免具体的形象）。 ②教师出示石头实物，使用自言自语的技巧，引导幼儿观察石头并倾听“硬硬的石头”掉落的声音。 ③将彩色小石头镶嵌在轻黏土表面。 ④展示作品。 8. 派对时间。
家长任务	1. 家长将感知物品的软硬融入各活动环节中进行，与幼儿一起探索身体各部位的软硬，丰富幼儿的触觉感知。 2. 在家里跟幼儿一起寻找软的物品和硬的物品，一起摸一摸，敲一敲，踩一踩。 3. 引导幼儿在软硬触感经验的基础上，对物品进行简单分类（软的、硬的），能够区分软软的、硬硬的。

教学活动示范表——冷和热

课程目标	1. 用身体触摸冰袋和热水，感受它们的不同，初步感知物品的冷和热。 2. 让幼儿伴随着欢快的旋律，模仿冷和热的表情，感受冷和热。 3. 让幼儿在游戏中感受和体验冷和热，并在生活中养成知冷知热的习惯。 4. 在艺术创作中，通过特殊的创作材料，感受物质状态的变化及活动带来的快乐，培养幼儿的艺术感知力及想象能力。

续表

教学准备（教玩具、材料）	1. 音乐：《热和冷》。 2. 图片：冷和热的相关图片。 3. 其他：装有热水和冷水的瓶子，冰袋，彩色冰块，白色卡纸。
教学过程	1. 问候活动：《你好歌》。 2. 热身活动：蹲下起立。 3. 导入活动：冷冷的、热热的。 ①教师出示冰袋进行触摸，用身体做出冷冷的动作和表情，引导幼儿观察，并使用重复技巧说出“冷冷的”。 ②教师出示热水瓶，用适当夸张的语言和动作表示“热热的”。 ③家长鼓励幼儿反复去握冰袋和热水瓶子，使用声学强调的技巧向幼儿输入语言，“这是冷的 / 这是热的，冷得让宝贝的小手冷冷的 / 热得让宝贝的小手暖和了”，引导幼儿进行触摸，体验冷、热给身体带来的不同感受，重复向幼儿输入关键词“冷的”“热的”。 ④在幼儿感知冷热的基础上，家长用盆装上冷水和热水，让幼儿用手去摸一摸，同时家长要分别告诉幼儿哪个是冷水，哪个是热水。 4. 音乐律动：《热和冷》。 热和冷，热和冷，热巧克力热乎乎。 热和冷，热和冷，冰激凌冷冰冰。 ①导入热巧克力和冰激凌等相关图片，向幼儿重点输入“热”和“冷”等词。 ②跟着音乐节奏一起哼唱，唱到“热乎乎”时，教师用夸张的动作表示“热”；唱到“冷冰冰”时，教师双手抱肩表示“冷”。在哼唱过程中，家长积极引导幼儿模仿。

续表

教学过程	5. 艺术创作：五彩冰块画。 ①出示彩色冰块，邀请幼儿摸一摸冰块，感受冷冰冰。 ②提供画纸给幼儿，让幼儿用冰块在纸上作画。 ③引导幼儿观察冰块在纸上的变化。 ④一起欣赏作品。 6. 派对时间：彩虹伞。
家长任务	1. 引导幼儿摸一摸装有冷水和热水的瓶子，让幼儿认真感受，尝试进行冷和热的指认。 2. 在生活中，和幼儿一起探索和感知冷热，可以玩穿脱衣服的游戏，吃不同温度的食物，或者做小实验等。 3. 在家里跟幼儿一起找一找冷的物品和热的物品，并向幼儿输入相关词语。

4 月第 2 周：光滑与粗糙；毛茸茸

教学活动示范表——光滑与粗糙

课程目标	1. 感知物品的粗糙和光滑，通过游戏活动体验不一样的触觉感受。 2. 愿意去探索，感受粗糙、光滑的物品，增强手部的敏感度。 3. 伴随着欢快的旋律，探索粗糙的海绵，想象自己在洗澡。 4. 引导幼儿享受艺术乐趣的同时，加深其对“光滑”和“粗糙”的认识。
教学准备 （教玩具、材料）	1. 音乐：《我爱洗澡》。 2. 其他：A4 纸，刷子，光滑的球，海绵，砂纸，表面光滑的物品，表面粗糙的物品，圆圈，亮片纸，胶水，蜡笔。

续表

教学过程	1. 问候活动:《你好歌》。 2. 热身活动：蹲下起立。 3. 导入活动：以粗糙的、光滑的物品导入。 ①用纸张发出声音吸引幼儿。 ②邀请家长和幼儿都闭上眼睛，伸出手。 ③用刷子在幼儿手上刷，球放在幼儿手上滑动，并提问幼儿有什么感受。 ④让家长和幼儿睁开眼睛，教师引出主题“粗糙的”“光滑的”。 4. 音乐律动:《我爱洗澡》。 噜啦啦噜啦啦噜啦噜啦咧，噜啦噜啦噜啦噜啦噜啦咧。 我爱洗澡乌龟跌倒，小心跳蚤好多泡泡，潜水艇在祷告。 我爱洗澡皮肤好好，戴上浴帽唱唱跳跳。美人鱼，想逃跑。 上冲冲下洗洗左搓搓右揉揉，有空再来握握手。 上冲冲下洗洗左搓搓右揉揉，我家的浴缸好好坐。 家长和幼儿手拿海绵，跟随音乐做揉搓、拍打等动作。 5. 主题游戏 1：光滑滚滚滚。 ①展示表面滑滑的球。 ②邀请幼儿围坐，一起滚一滚滑滑的球。 ③平坐屈膝，将球放至膝盖自由滑落。 主题游戏 2：光滑粗糙踩踩踩。 ①引导幼儿用手分别探索光滑和粗糙的各种物品。 ②让幼儿光脚，按顺序排队踩在不同材质的圆上，探索光滑和粗糙，使用平行描述技巧向幼儿输入语言。 6. 艺术创作：光滑粗糙。 ①出示砂纸，引导幼儿倾听砂纸发出的声音。 ②邀请幼儿摸一摸，让幼儿感受不一样的粗糙度，使用重复与声学强调技巧进行输入语言。

续表

教学过程	③提供蜡笔，请幼儿在粗糙的砂纸上画一画。 ④提供光滑的亮片纸，请幼儿摸一摸，贴一贴，家长与幼儿一起装饰。 ⑤一起欣赏作品里的粗糙和光滑。 7. 派对时间：彩虹伞。
家长任务	1. 课堂上，家长引导幼儿分别感受粗糙和光滑的物品，用不同触感的材料触碰幼儿身体的不同部位，让幼儿有充分的触觉感知。 2. 在家里跟幼儿一起找一找光滑的物品和粗糙的物品，跟幼儿一起用手摸一摸或者用脚踩一踩，并向幼儿输入与主题相关的词语。

教学活动示范表——毛茸茸

课程目标	1. 通过视觉、听觉、触觉等，感受“毛茸茸”触感，理解相关词语。 2. 在艺术创作过程中，使用毛茸茸的羽毛作为工具进行绘画和粘贴，初步感受“毛茸茸”的质感，培养幼儿的审美力和想象力。 3. 愿意参与音乐律动，尝试跟着模仿简单的动作。
教学准备（教玩具、材料）	1. 音乐：《小绵羊》。 2. 图片：毛茸茸的动物的图片。 3. 绘本：《孔雀和蜂鸟》。 4. 其他：毛茸茸的物品，小鸟状卡纸，彩色羽毛，胶水。
教学过程	1. 问候活动：《你好歌》。 2. 热身活动：蹲下起立。 3. 导入活动：教师出示神秘袋，从袋中逐个取出毛茸茸的动物图片及物品，引导幼儿观察和体验，强调形容词“毛茸茸的”。

续表

教学过程	4. 音乐律动：《小绵羊》。 可爱小羊羔，喜欢咩咩叫。 身上毛茸茸，可爱小羊羔。 柔软的绒毛送呀送给你， 送给那小男孩住在小巷里。 5. 绘本故事：《孔雀和蜂鸟》。 ①观察孔雀美丽的羽毛和蜂鸟可爱多变的形象，使用声学强调等技巧强调“毛茸茸”。 ②感知孔雀表现出来的骄傲；理解蜂鸟想和对方做朋友时的心情。体会失落难过、快乐自信等情感。 6. 艺术创作：毛茸茸的小鸟。 ①分发小鸟状卡纸、彩色羽毛。 ②请幼儿将彩色羽毛粘贴到小鸟身上，家长协助幼儿并使用自言自语、声学强调技巧输入与主题相关的词语及短语。 ③展示作品，请幼儿用手摸一摸，体验羽毛毛茸茸的触觉感受。 7. 派对时间：彩虹伞。
家长任务	1. 和幼儿一起寻找家里毛茸茸的物品，探索和感知“毛茸茸”，适时向幼儿输入与主题相关的词语及短句，如“毛茸茸的小鸡”等。 2. 伴随音乐律动《小绵羊》和幼儿进行亲子互动。 3. 可在课堂上的神秘袋环节引导幼儿摸一摸不同材质的物品，鼓励幼儿找到毛茸茸的物品，然后拿出来。

4月第3周：黏稠；刺刺的

教学活动示范表——黏稠

课程目标	1. 引导幼儿认识不同物品表面会有不一样的触觉感受，体验黏稠的触感。 2. 愿意与同伴一起游戏，体验音乐游戏的快乐。 3. 让幼儿从视觉、嗅觉、触觉上充分认识黏稠，刺激幼儿手部神经的同时，锻炼幼儿手部的控制力和精细动作。 4. 让幼儿感受黏稠质地颜料的同时，探索和享受用手来进行自由艺术创作的乐趣，培养幼儿的创造能力和审美意识。
教学准备（教玩具、材料）	1. 音乐：《口香糖》。 2. 图片：蜗牛图片。 3. 其他：面霜，棉签，形状沙球，面粉，水，小碗，触角模型，活动眼睛，胶水。
教学过程	1. 问候活动：《你好歌》。 2. 热身活动：蹲下起立。 3. 导入活动：闻一闻、摸一摸。 ①邀请幼儿闻一闻教室中有没有什么特殊的味道。 ②出示面霜，邀请幼儿闻一闻之后打开面霜，使用声学强调技巧，告诉幼儿这是香香的、黏黏的面霜。 ③用棉签将面霜放在幼儿和家长的手上，感受面霜的黏稠质地。 4. 音乐律动：《口香糖》。 吃吃吃，吃吃，口香糖， QQQ，软软，香香香。 黏黏黏黏黏口香糖，最怕它黏在身体上。 口香糖，黏哪里？黏手掌，黏肚子，黏屁股，手掌肚子。 口香糖，黏哪里？黏鼻子，黏肩膀，黏脚底，黏完全身。

续表

<table>
<tr><td>教学过程</td><td>家长引导幼儿跟随音乐有节奏地运动，音乐中唱到口香糖黏哪里，就指到身体的相应部位。
5. 主题活动：黏稠搅一搅。
①出示面粉，引导幼儿观察。
②出示水，将水放进面粉里。
③示范搅拌，使用自言自语技巧，引导幼儿观察和触摸。
④教师分发面粉、小碗和水，鼓励幼儿进行搅拌，搅拌后摸一摸，体验黏黏滑滑的感觉。家长使用声学强调、重复、平行谈话等技巧向幼儿输入与主题相关的词语，并在一旁协助幼儿完成。
6. 艺术创作：黏黏的小蜗牛。
①展示黏黏的小蜗牛的图片。
②引导幼儿找找教室里黏黏的蜗牛。
③出示颜料，鼓励幼儿用手触碰黏黏的颜料，体验颜料在手上的感觉，让幼儿将颜料直接涂抹在小蜗牛身上。及时使用重复及声学强调技巧向幼儿输入与主题相关的词语。
④给幼儿分发触角和眼睛，请幼儿拼贴在黏黏的小蜗牛身上。
⑤展示作品。
7. 派对时间：彩虹伞。</td></tr>
<tr><td>家长任务</td><td>1. 课堂上，积极跟幼儿互动，适时向幼儿输入与主题相关的重点词语。
2. 让幼儿自己用手抹一抹家里的面霜，也帮妈妈抹一抹，向幼儿重复输入与主题相关的词语、句子。
3. 在家里制作面食时，鼓励幼儿积极参与，在面粉中逐渐倒入适量的水，观察面粉如何变得黏黏的。</td></tr>
</table>

教学活动示范表——刺刺的

课程目标	1. 帮助幼儿认识到不同物品表面会有不一样的触觉感受，让幼儿认识刺刺的、尖尖的触感，体验尖尖刺刺的、痛痛的感觉。 2. 重点向幼儿输入“刺”“刺刺的”等词。 3. 愿意参与活动，并随音乐做简单律动。 4. 开展运动游戏，让幼儿通过身体探索“刺刺的”运动器材，感受“刺刺的”触感，锻炼身体平衡力。 5. 通过特别的艺术材料，锻炼幼儿的精细动作，培养幼儿的创造能力和审美意识。
教学准备（教玩具、材料）	1. 音乐：《小刺猬》。 2. 其他：小刺猬教具，触感球，绿色胶泥，牙签，节奏棒，篮子，杯子。
教学过程	1. 问候活动：《你好歌》。 2. 热身活动：蹲下起立。 3. 导入活动：出示小刺猬教具。让小刺猬“爬”到每个幼儿身边，让幼儿触摸，教师使用重复及声学强调技巧向幼儿输入相关语言“刺刺的”。 4. 音乐律动：《小刺猬》。 小刺猬呀小刺猬呀，叽里咕噜咕噜。 小刺猬呀小刺猬呀，全身都是刺呀。 引导幼儿跟随音乐模仿小刺猬的形态有节奏地运动。 5. 运动游戏：摸一摸、踩一踩。 ①鼓励幼儿爬过触感球，用手和脚体验凸起来刺刺的感觉。 ②将刺刺的触感小球投入目标中，控制身体保持平衡。 6. 艺术创作：小小仙人掌。 ①教师分发绿色的胶泥，引导幼儿揉捏胶泥，活动手指、手掌、手腕，锻炼精细动作。 ②将胶泥放入杯子中。家长协助幼儿完成。

续表

教学过程	③将尖尖的“刺”（牙签）插入绿色胶泥中，将它想象成尖尖刺刺的绿色仙人掌。家长协助幼儿完成，并用声学强调、平行谈话的技巧向幼儿输入与主题相关的词语及句子。 ④完成后进行触摸感受，家长使用重复及声学强调技巧对幼儿输入语言。 7. 派对时间。
家长任务	1. 将干净的牙签拿出来给幼儿触摸感受，将多一些牙签倒在地面上，鼓励幼儿将牙签收拾进容器中，锻炼幼儿手部精细动作。过程中，家长注意小心看护，不要让幼儿把牙签塞到嘴里或刺到其他部位，以免发生危险。 2. 复习音乐律动《小刺猬》。

4月第4周：暖融融；软绵绵

教学活动示范表——暖融融

课程目标	1. 引导幼儿辨识绵羊的叫声、颜色，感知绵羊毛的手感。 2. 语言领域重点输入“咩咩咩”“白色”“暖融融”。 3. 开展运动游戏，让幼儿跟着音乐一起做剪羊毛动作，培养幼儿的想象力。 4. 艺术作品部分让幼儿学会揉搓动作，体验棉花柔软的触感。
教学准备（教玩具、材料）	1. 音乐:《剪羊毛》。 2. 图片：小绵羊图片。 3. 其他：神秘袋子，小绵羊仿真玩具手偶，仿真玩具草，纸杯，雪条棒，白色轻黏土，方盘，黑色毡布，胶水。

续表

教学过程	1. 问候活动：《你好歌》。 2. 热身活动：蹲下起立。 3. 导入活动：出示神秘袋，采用听觉优先技巧，依次取出小绵羊仿真玩具手偶和仿真玩具草。 4. 音乐律动：《剪羊毛》。 河那边草原呈现白色一片， 好像是白云从天空飘临！ 你看那周围雪堆像冬天， 这是我们在剪羊毛，剪羊毛。 锋利的剪子咔嚓响， 洁白的羊毛像丝绵。 只要我们大家努力来劳动， 幸福生活一定来到，来到！ 充分调动幼儿参与音乐律动的积极性，引导幼儿模仿教师用双手做剪刀动作，想象自己在剪羊毛。 5. 艺术创作：暖融融的小绵羊。 ①教师展示小绵羊的图片，引导幼儿观察小绵羊身上白色的毛，一卷一卷的。 ②教师拿出纸杯，纸杯提前用四根雪条棒固定在杯口处。 ③教师拿出白色轻黏土，示范如何帮小羊做一卷一卷的羊绒衫。 ④教师发小羊纸杯，提示家长在一旁协助幼儿，使用重复、平行谈话的技巧鼓励幼儿用蜡笔在纸杯上画花纹。 ⑤教师发方盘和轻黏土，幼儿用揉搓的方式将轻黏土做成一个个圆球。 ⑥幼儿将白色轻黏土圆球直接按压粘贴在纸杯上。 ⑦教师发用黑色毡布剪好的小羊的头。 ⑧家长引导幼儿将小羊的头粘好即可。 6. 派对时间。

续表

家长任务	1. 课堂上积极跟幼儿互动，适时向幼儿输入与主题相关的重点词语。 2. 和幼儿一起寻找生活中暖融融的物品（如棉花等）。

教学活动示范表——软绵绵

课程目标	1. 引导幼儿认识绵羊的身体形态、毛发颜色及身体质感。 2. 语言领域重点输入“绵羊”“白色”“软绵绵”。 3. 引导幼儿感受澳大利亚民歌，一起模仿和想象大草原上的绵羊。 4. 在艺术创作中让幼儿感受棉花质感，通过揉搓的方式来进行艺术创作。
教学准备（教玩具、材料）	1. 音乐:《剪羊毛》。 2. 图片：小绵羊的图片。 3. 绘本:《摸一摸，软绵绵》。 4. 其他：小绵羊手偶，仿真玩具草，用黑色卡纸剪好的小羊剪影（小羊打好一个孔），棉花，胶水，颜料圆盘，活动眼睛，绳子，方盘。
教学过程	1. 问候活动:《你好歌》。 2. 热身活动：蹲下起立。 3. 导入活动：出示神秘袋，使用听觉优先技巧，向幼儿输入“绵羊”“软绵绵”等与主题相关的词语与句子，从袋中依次取出小绵羊手偶和仿真玩具草。 4. 音乐律动:《剪羊毛》。 5. 绘本故事:《摸一摸，软绵绵》。 ①欣赏绘本故事，家长引导幼儿认真听故事，鼓励幼儿摸一摸绘本中软绵绵的动物及物品。 ②体验不一样的触觉感受，采用自言自语的技巧，向幼儿输入与主题相关的词语及句子。

续表

教学过程	6. 艺术创作：小绵羊。 ①教师展示小绵羊的图片，小绵羊身上白色的羊毛一卷一卷的。 ②教师拿出用黑色卡纸剪好的小羊剪影（小羊打好一个孔），说“好冷呀，请小朋友帮小羊穿上衣服”。 ③教师拿出棉花，扯上一小团，双手揉搓成小圆球，采用平行谈话、自言自语的技巧，告诉幼儿这个小圆球的手感是毛毛的、软绵绵的。 ④教师发方盘和棉花，提示家长在一旁协助幼儿，采用重复、平行谈话的技巧向幼儿输入与主题相关的词语及句子。让幼儿将棉花扯下做出若干棉花球团。 ⑤教师发放小羊剪影、胶水和颜料圆盘。 ⑥幼儿把搓好的棉花团蘸取胶水给小羊穿上衣服，贴上活动眼睛。 ⑦教师给做好作品的幼儿发绳子，让幼儿可以牵着小羊回家。 7. 派对时间。
家长任务	1. 课堂上积极跟幼儿互动，适时向幼儿输入与主题相关的重点词语。 2. 复习儿歌《剪羊毛》，引导幼儿伴随欢快的节奏用小手做剪的动作，想象自己在剪羊毛。

5 月主题

日常概念

教学计划

一、主题说明

幼儿天生对富有动感的对象有着浓厚的兴趣。在生活中，幼儿对大、小之间的转变惊叹不已。通过多角度、多感官深入地观察、对比，认识事物的“大和小”“里和外”“上和下”等相对的概念，培养幼儿主动探索的精神，引导幼儿充分发挥自己的想象力，认识生活中物品的相对概念。

二、主题目标

（一）幼儿学习目标

1. 使用不同速度拍打乐器，感受声音的快慢。

2. 通过参与游戏，体验生活中的快和慢。

3. 学会安静地倾听绘本，认识绘本中大大小小的物品。

4. 通过音乐游戏，引导幼儿跟随音乐节奏，模仿教师用身体做大大小小的圆。

5. 在音乐游戏中，通过小手小脚和身体其他部位的上下位置，初步感知“上”和“下”。

6. 在运动游戏中发展投掷动作技能，锻炼上肢力量。

7. 在主题游戏中，自主探索，培养空间认知能力，初步感知“里”和“外”。

（二）家长指导目标

1. 家长积极示范，通过有节奏地拍打乐器，让幼儿初步感知声音的节奏。

2. 和幼儿重复阅读绘本，观察绘本中大大小小的物品，将绘本生活化，引导幼儿观察生活中大大小小的物品，如大大小小的鞋和袜子，适时向幼儿输入相关词语。

3. 引导幼儿练习投掷，用“打开关上”的游戏鼓励幼儿练习投掷，锻炼幼儿的上肢力量。

三、周主题设置

5 月第 1 周：上和下；开和关。

5 月第 2 周：里面和外面；翻越和钻过。

5 月第 3 周：快和慢 1；快和慢 2。

5 月第 4 周：大和小；大小圆圈。

教学活动示范

5 月第 1 周：上和下；开和关

教学活动示范表——上和下

课程目标	1. 通过歌曲《上呀上》，利用手、脚和身体其他部位的上下位置，让幼儿感受“上”和“下”的概念。 2. 通过运动游戏，锻炼幼儿的动态平衡能力。 3. 让幼儿在斜坡上攀爬，锻炼下肢力量和四肢协调能力。让幼儿行走在狭长的轨道上，锻炼幼儿的上肢力量、协调和平衡能力，以及体验“上”和“下”的位置。 4. 引导幼儿通过自己身体的部位、玩具的方位感知“上”和“下”。
教学准备（教玩具、材料）	1. 音乐：《上呀上》。 2. 其他：木板，木桥，蓝色圆筒，小球，斜坡，沙包，丝巾。

续表

教学过程	1. 问候活动：《你好歌》。 2. 热身活动：蹲下起立。 3. 音乐律动：《上呀上》。 噜噜噜噜噜噜，噜噜噜噜噜噜，噜噜噜噜噜噜噜，噜噜噜噜噜噜。 啦啦啦啦，小小手上呀上，啦啦啦啦，小小手下呀下。 引导幼儿跟随音乐的节奏，模仿教师由上到下的简单动作。 4. 运动游戏：上上下下的小飞机。 ①当幼儿爬上光滑的木质斜坡，家长适当使用声学强调和重复的技巧强调“上”，匹配幼儿的动作“上”。 ②幼儿转身向下，家长用声学强调、平行谈话的技巧巩固概念“下”。 ③幼儿往下滚小球，家长用声学强调、平行谈话的技巧巩固概念“下”。 5. 运动游戏：上上下下的火车轨道。 ①家长引导幼儿观察上上下下的火车轨道。 ②引导幼儿踩在轨道上面，并在家长的协助下行走，家长使用平行谈话的技巧描述幼儿在往下走。 ③增加小山坡，让幼儿走上轨道上坡下坡。 ④增加锥体上的小球，引导幼儿走上去拿。 6. 运动游戏：“马鞍”上上下下。 ①用声音吸引幼儿，引导幼儿观察软软的马鞍（家长的背），玩躲猫猫。 ②引导幼儿爬到家长的背上并坐在上面，由家长协助往下滑，家长使用平行谈话的方式描述幼儿的方位。 ③增加沙包和丝巾放在家长的背上，引导幼儿去拿，并使用重复技巧强调“上”或“下”。 7. 派对时间。

续表

家长任务	1. 课堂上，引导幼儿能正确找到自己的上、下位置，使幼儿了解上、下。 2. 用幼儿在家里最喜欢的玩具跟幼儿玩上下的方位游戏，可以将毛绒玩具放置在头上或者比较高的位置让幼儿观察，帮助幼儿认识“上”；还可以将小玩具放在脚下或桌子下，帮助幼儿认识“下”。

教学活动示范表——开和关

课程目标	1. 通过音乐律动，引导幼儿模仿小手开合动作，理解感受“开”和“关”的概念。 2. 在运动游戏中发展幼儿投掷动作技能，锻炼幼儿的上肢力量。 3. 幼儿在“小小投弹手”游戏中进行有目标的投掷，尝试向前方挥臂投物，增强身体的协调性与敏捷性。
教学准备（教玩具、材料）	1. 音乐：《开开关关》。 2. 其他：胶带蜘蛛网，海洋球，一次性纸杯，纸箱，纸球。
教学过程	1. 问候活动：《你好歌》。 2. 热身活动：蹲下起立。 3. 导入活动：打开关上。 教师示范双手打开合上，引导幼儿模仿，引入主题开和关，适当使用声学强调技巧。 4. 音乐律动：《开开关关》。 开开关关，开开关关，小手轻轻拍拍拍。 开开关关，开开关关，相反游戏好好玩。 开呀关，开呀关，小手张开，开开开。 开呀关，开呀关，小手关上，关关关。

续表

教学过程	5. 主题游戏：神奇蜘蛛网。 ①教师示范，运用上肢力量用海洋球投掷在“蜘蛛网”上，家长引导幼儿观察手掌的张开和闭合，用声学强调、平行谈话技巧向幼儿输入“开”和“关”的概念，适当使用重复技巧。 ②家长示范，鼓励幼儿进行投掷练习，提高幼儿上肢力量，增强其身体协调性与敏捷性。 6. 主题游戏：小小投弹手。 ①在一次性纸杯上系上绳子，挂在自制的纸箱上，根据幼儿能力，让幼儿与纸杯保持一定距离，教师示范将纸球进行投掷，家长引导幼儿练习，锻炼幼儿上肢力量。 ②当幼儿开合手部时，强调“开”和“关”的概念，适当使用重复技巧。 7. 派对时间。
家长任务	1. 在家里，家长利用可操作的物品或纸箱制作投掷的玩具，和幼儿进行投掷的游戏。 2. 复习歌曲《开开关关》，用声学强调技巧，适当重复关键词。 3. 找一找家中有“开”和“关”功能的物品，理解“开”和“关”的概念。 4. 在课堂中鼓励幼儿进行游戏，以正面鼓励为主。幼儿不愿配合完成时，家长可尝试积极多做示范。

5月第2周：里面和外面；翻越和钻过

教学活动示范表——里面和外面

课程目标	1. 让幼儿跟随音乐做简单的律动，感受“里面”和“外面”的概念，体验音乐游戏带来的乐趣。 2. 让幼儿在运动游戏中，掌握简单的空间方位及相应的词语，初步理解“里”和“外”的概念。 3. 在主题游戏中，引导幼儿自主探索，体验和感受“里面”和“外面”的空间差异，初步感知并分辨“里”和“外”。
教学准备（教玩具、材料）	1. 音乐：《放一只手进去》。 2. 绘本：《里面外面》。 3. 其他：纸箱（在中间剪一个洞），积木，儿童帐篷，动物玩偶等各种类型的小玩具。
教学过程	1. 问候活动：《你好歌》。 2. 热身活动：蹲下起立。 3. 导入活动：奇妙的箱子。 ①在纸箱上剪开一个洞，将积木放入纸箱摇动发出声音，使用声学强调技巧提醒幼儿把积木放在箱子“里面”，示范从箱子中取出积木，重点强调积木在箱子“外面”，让幼儿获得里外的空间认知。教师可使用自言自语和重复的技巧进行语言输入。 ②家长示范操作，引导幼儿观察将积木放入箱子或取出，并输入相关词语。 ③幼儿自由探索，把玩具放进箱子里或拿出，家长跟随幼儿动作，使用平行谈话及声学强调的技巧，向幼儿输入词语“里面”或“外面”。 4. 音乐律动：《放一只手进去》。 放一只手进去，放一只手进来，把一只手放进去，大家一起摇呀摇呀摇。

续表

教学过程	来做这些动作，再转一转，大家一起转一转。 放两只手进去，放两只手进来，放你的两只手进去，大家一起摇呀摇呀摇。 来做这些动作，再拍拍手，大家一起拍拍手。 鼓励幼儿跟随音乐的节奏，模仿把手放进去的简单动作。 5. 绘本故事:《里面外面》。 ①故事以一个小男孩正在进行的活动为线索，描绘房子的里面和外面随着季节的变换而发生的种种变化。 ②通过门口，我们从里面来到外面，从外面回到了里面；通过窗口，我们从里面看见外面，从外面看见了里面。来来回回，幼儿由此建立起对“里面”和“外面”的认识。阅读绘本时可以使用扩展的技巧描述里面与外面的事物。 6. 主题游戏：谁在房子里和外。 ①教师分别在“小房子”里外放上小动物，幼儿和家长一起探索谁在房子里，谁在房子外。家长示范将小动物放到房子里面，发出动物叫声如“喵——”“汪汪汪”等，吸引幼儿放进去或拿出来。家长进行语言输入，使用停顿与等待的技巧，鼓励幼儿观察；使用重复的技巧，强调里面及外面的概念。 ②家长和幼儿一起观察房子的外面还有哪些小动物，帮助幼儿初步理解外面的空间。 ③让幼儿自主进“小房子”里去探索，区分里面和外面。 7. 派对时间。
家长任务	1. 在活动中，家长结合幼儿的动作向幼儿进行语言输入。 2. 在家里，家长可以利用纸箱与幼儿玩“里面和外面”的空间方位游戏，如家长示范把玩具放到纸箱里，语言输入“玩具在盒子的里面”，再把玩具从盒子里拿出来，多次重复，帮助幼儿理解“里面”和“外面”的概念。

教学活动示范表——翻越和钻过

课程目标	1. 通过音乐游戏，鼓励幼儿跟随音乐的变化，模仿做简单的律动。 2. 在运动游戏中提供大小不一的“洞”，鼓励幼儿钻过去，加深幼儿对空间的认知，锻炼幼儿解决问题的能力。 3. 开展“翻山越岭爬山坡”的游戏，让幼儿翻越高高的山坡障碍，加深幼儿对“翻越”的理解，锻炼幼儿身体协调能力，进行力量训练。
教学准备（教玩具、材料）	1. 音乐：《小小小火车》。 2. 绘本：《我要钻过去啦》。 3. 其他：彩虹隧道，半圆柱，各种形状的软包积木，山坡垫子。
教学过程	1. 问候活动：《你好歌》。 2. 热身活动：蹲下起立。 3. 导入活动：翻越和钻过、翻越彩虹隧道、钻过软包积木半圆柱。 4. 音乐律动：《小小小火车》。 小小小火车，小小小火车，小小小火车钻过长长的山洞，翻越过山坡，马上又下坡，小小小火车唱着“火车”，“woo-woo——” 家长和孩子跟随音乐节奏翻越高高的山坡或钻过长长的山洞。 5. 绘本故事：《我要钻过去啦》。 ①在阅读过程中，鼓励幼儿把手指钻进洞里，捏一捏，拿起好吃的蔬果。 ②声学强调“钻过去”，帮助幼儿理解，激发幼儿对“钻”这个动作的兴趣与好奇心。

续表

教学过程	6. 主题游戏：翻山越岭爬山坡。 引导幼儿翻越高高的障碍物，培养幼儿的钻爬能力。家长及教师使用重复、平行谈话的技巧向幼儿输入与主题相关的词语及句子。 7. 主题游戏：钻过小山洞。 ①摆放长长的高低不同的小山洞，让幼儿有足够的空间，引导幼儿选择自己要钻的山洞。 ②家长们踊跃钻山洞，让幼儿观察学习调整身体的高度和钻过去的速度，控制身体，使用平行谈话的方式描述幼儿的行为与方位，帮助幼儿理解。 8. 派对时间。
家长任务	1. 在主题游戏中，幼儿对于障碍物可能会出现畏难情绪，家长应多鼓励幼儿，增强幼儿的自信心，待幼儿翻过障碍物时，可给予幼儿亲吻、拥抱等奖励。 2. 在家里设置翻越和钻过的障碍，例如被子山坡和床单隧道，让幼儿在体能上练习翻越和钻过的能力，在认知上理解“翻越”和“钻过”的概念和行为。

5 月第 3 周：快和慢 1；快和慢 2

教学活动示范表——快和慢 1

课程目标	1. 让幼儿感受速度的变化，进行快、慢概念认知。 2. 在运动中，通过行走的速度，在体能上感知快和慢，尝试控制身体，通过运动理解“快”和“慢”的概念。 3. 在游戏过程中，通过动作感知节奏的快慢。
教学准备（教玩具、材料）	1. 音乐：《小小自行车》。 2. 其他：大型积木器材拼搭，皮球。

续表

教学过程	1. 问候活动:《你好歌》。 2. 热身活动：蹲下起立。 3. 导入活动：教师示范快快走和慢慢走，使用声学强调技巧，引出主题快和慢。 4. 音乐律动:《小小自行车》。 我有小小自行车，骑来又骑去，当我看见绿灯亮，知道向前进。(快！) 我有小小自行车，从商店里买，当我看见红灯亮，马上停下来。(停！) 家长和幼儿排成一排，跟随音乐节奏快快走或放慢速度停下来。 5. 主题游戏：快慢木桥。 ①家长及幼儿围在大型积木设备周围，一起用手拍节奏，家长使用声学强调的技巧引导幼儿学习“快和慢”。 ②幼儿走在设备上，进行体能探索，跺脚发出快或慢的声响，家长需要根据幼儿行走的快慢，用平行谈话的技巧，描述幼儿正在做的游戏。 ③幼儿从斜坡上滚小球下来，家长记得要强调“快”，与速度匹配起来。 6. 主题游戏：快慢小径。 ①幼儿在由长长的独木桥和小点点构成的路径上，或快或慢通行。 ②家长根据幼儿的速度，用平行谈话的技巧，描述幼儿正在做的动作，重点向幼儿输入“快”“慢”等词。 7. 派对时间。

续表

家长任务	在家或户外可以引导幼儿进行一些快或慢的体能上的挑战，例如在狭窄的路、上坡或下坡时进行。狭窄的路上我们会慢慢走，家长可以快快拍手带动节奏，输入“快快快快快”，感受快节奏的同时引导幼儿加快速度通行。下坡的时候身体可能会不自觉向前冲，家长带领幼儿看看能否慢慢地走。慢慢走对身体控制会有更高的要求，家长引导幼儿怎么让自己慢下来。

教学活动示范表——快和慢 2

课程目标	1. 通过音乐节奏的快慢调整步行的速度，感受快与慢的变化，加强概念认知。 2. 在运动中，鼓励幼儿尝试控制身体运动的速度。 3. 在游戏中，通过敲敲打打制造快和慢的声音，感受节奏的变化，加深对“快”和“慢”的理解。
教学准备（教玩具、材料）	1. 音乐：《慢慢走快快走》。 2. 其他：大鼓，大型积木（拼搭斜坡），皮球，蓝色滚筒。
教学过程	1. 问候活动：《你好歌》。 2. 热身活动：蹲下起立。 3. 导入活动：教师示范在鼓上用手快快拍或慢慢拍，使用声学强调技巧，引出主题快和慢。 4. 音乐律动：《慢慢走快快走》。 慢慢慢慢慢慢走，小小宝贝慢慢走。 慢慢慢慢慢慢走，慢慢走。（慢！） 快快快快快快走，小小宝贝快快走。 快快快快快快走，快快走。（快！） 围成一个圈，跟随音乐节奏快快走或慢慢走。

续表

教学过程	5. 主题游戏：快慢斜坡。 ①鼓励幼儿慢慢爬上斜坡，上坡可以锻炼幼儿的下肢力量和抓握能力。能力弱的幼儿，家长可协助幼儿完成。 ②在幼儿慢慢往上爬的过程中强调“慢”“慢慢爬”，形容速度和动作，开展平行谈话，帮助幼儿匹配和理解“慢”的概念。 ③鼓励幼儿快速滑下滑梯，强调概念“快”，观察小球快速滑下。 6. 主题游戏：快慢摇摆船。 ①引导幼儿在摇摆船（蓝色滚筒）上坐着或趴着进行摇摆练习。家长协助教师。 ②调整速度，由慢到快，注意幅度和速度，使用重复与停顿的技巧进行语言输入，在安全的情况下鼓励幼儿保持平衡。 7. 派对时间。
家长任务	1. 找一个户外空地，跟幼儿一起行走，快快地走或者控制速度慢慢地走，甚至进行坡度练习，记得进行语言输入。用平行谈话及声学强调的技巧向幼儿输入与主题相关的词语。 2. 拍一拍家里物品（例如桌椅、罐子等），发出声响，引导幼儿感受速度变化，调整拍打速度，强调概念“快”和“慢”。

5月第4周：大和小；大小圆圈

教学活动示范表——大和小

课程目标	1. 引导幼儿认真倾听绘本，认识绘本中出现的大大小小的物品。 2. 引导幼儿尝试用视觉的方法比较大小，获得“大”和“小”的理解。 3. 引导幼儿跟随音乐节奏，能够跟着教师用身体做大大小小的圆。 4. 引导幼儿在“大巨人和小矮人”游戏中借助光影观察大小的变化。 5. 引导幼儿尝试进行大小配对游戏。
教学准备（教玩具、材料）	1. 音乐：《大小圆圈》。 2. 绘本：《大大的，小小的》。 3. 其他：袋鼠手偶，手电筒，不同大小的海洋球，不同大小的箱子，不同大小的积木，方形桌子。
教学过程	1. 问候活动：《你好歌》。 2. 热身活动：蹲下起立。 3. 导入活动：绘本《大大的，小小的》。 ①引导幼儿跟随绘本中爸爸和宝宝的起床节奏，认识大大小小的牙刷、梳子、杯子等，熟悉常见的生活物品，进行大小比较。 ②使用声学强调的技巧，引导幼儿观察不同大小的物品。 4. 音乐律动：《大小圆圈》。 做个大大的圆圈，大圆圈，大圆圈。做个大大的圆圈，啦啦啦啦啦啦。 做个小小的圆圈，小圆圈，小圆圈。做个小小的圆圈，啦啦啦啦啦啦。

续表

教学过程	①家长和幼儿围成一个圆圈，跟随音乐节奏用身体表示大和小。 ②幼儿坐在大大的彩虹伞内，家长和教师手抓彩虹伞的边，玩大风吹和小风吹的游戏，最后包一个大包子。 5. 主题运动游戏：大巨人和小矮人。 ①出示袋鼠手偶，在教室制造一个黑暗的环境，用变魔术的形式进行光影游戏，用手电筒照在墙上将袋鼠变大或变小，引导幼儿观察。 ②跟随音乐节奏，幼儿轮流玩大巨人和小矮人的游戏，观察自己身体变化的同时感受声音的大小。家长使用平行谈话的技巧描述幼儿身体的大小变化。 6. 主题游戏：大小配配对。 ①教师示范将大小积木进行配对，引导幼儿手拿大小积木钻过或爬过方形桌子，走进或跳进大小圆圈，家长使用平行谈话、声学强调的技巧进行语言输入。 ②到达终点时鼓励幼儿将大小积木进行配对，放到相应的大小箱子里。 ③出示大小海洋球，进行传球游戏。当音乐停止时，幼儿要把手里的海洋球按大、小分类，分别放入大、小箱子里。家长协助幼儿完成。 7. 派对时间。
家长任务	1. 引导幼儿在课堂上比较大、小的物品，培养幼儿观察、比较的能力。 2. 在家里的物品中寻找大的和小的物品与幼儿进行命名、指认的游戏，物品最好选择同一种类，比如大大小小的碗、大大小小的鞋子等。

教学活动示范表——大小圆圈

课程目标	1. 引导幼儿通过视觉、听觉、触觉感知圆形的特征。 2. 引导幼儿在绘本中或在周围的环境中，寻找圆形物品，感知圆形在生活中的应用。 3. 引导幼儿通过观察，从许多图形或物品中找出圆形。 4. 引导幼儿学习用圆形连续拼贴的方式制作毛毛虫，锻炼幼儿精细动作，培养幼儿的观察力和想象力。
教学准备（教玩具、材料）	1. 音乐:《大小圆圈》。 2. 图片：毛毛虫的图片。 3. 绘本:《圆形骨碌碌》。 4. 其他：魔术袋，各种圆形物品，各种颜色的圆形卡纸，圆形贴贴纸。
教学过程	1. 问候活动:《你好歌》。 2. 热身活动：蹲下起立。 3. 导入活动：出示神秘袋，使用听觉优先的技巧，依次呈现袋里不同大小的圆形物品。 4. 音乐律动:《大小圆圈》。 做个大大的圆圈，大圆圈，大圆圈。做个大大的圆圈，啦啦啦啦啦啦。 做个小小的圆圈，小圆圈，小圆圈。做个小小的圆圈，啦啦啦啦啦啦。 家长和幼儿围成一个圈，跟随音乐节奏做大圆圈或小圆圈。 5. 绘本故事:《圆形骨碌碌》。 ①通过绘本，引导幼儿发现不同颜色、不同大小的圆，将它们进行不同的组合，变成生活中常见的物品。

续表

教学过程	②运用声学强调的技巧，帮助幼儿理解“大”“小”的概念。 6. 主题游戏：找一找圆形。 ①在教室四周摆放各种圆形的物品。 ②家长引导幼儿在教室周围寻找生活中的圆形物品，让幼儿指出来，并使用平行谈话、声学强调的技巧描述幼儿正在进行的活动。 ③家长引导幼儿一起去寻找和发现生活中的圆形。 ④分发礼物奖励（圆形贴贴纸或圆形饼干），感谢幼儿帮助圆形找到那么多的好朋友。 7. 艺术创作：毛毛虫。 ①出示毛毛虫图画，家长和幼儿一起观察毛毛虫的身体特征。 ②家长引导幼儿用圆形卡纸拼贴成可爱的毛毛虫。 ③家长观察幼儿表现，在制作过程中可以适量使用平行谈话输入语言，适时输入“圆圆的”等词，并给予幼儿及时的鼓励与肯定。 8. 派对时间。
家长任务	1. 和幼儿一起去观察和发现生活中圆形的实物，通过看、摸、玩等多种方式，让幼儿初步感知圆形的主要特征。 2. 如果幼儿已经认识圆形，家长可以提高难度，通过比较的方式让幼儿去辨识哪些是圆形。

6 月主题

户外探索

教学计划

一、主题说明

亲近自然有助于幼儿健康快乐地成长。夏天，户外是幼儿探索学习的重要场所，户外有阳光、昆虫、山坡、植物，也适合做球类、石头类等游戏活动。幼儿对周围世界充满着好奇，因此，本月将进行户外探索主题，带幼儿感受夏天大自然中的元素和乐趣，享受阳光挥洒汗水，观察身边的自然世界。

二、主题目标

（一）幼儿学习目标

1. 认识树的外形特征，向幼儿重点输入名词“树”“树枝”“树叶”等。

2. 尝试爬上高高的“山坡”，锻炼幼儿手的抓握力及脚的支撑力。

3. 艺术创作过程中，引导幼儿使用塑料袋和颜料等丰富的材料，体验不同触感，认知不同颜色，想象山坡以及山坡上的事物，激发幼儿的想象力和创造力，提高幼儿的思考能力。

4. 感知石头的特征，通过观察知道石头是多种多样的。

5. 通过手、脚、乐器的重复拍打，让幼儿感受歌曲里舒缓稳定的节奏。

（二）家长指导目标

1. 在户外活动中引导幼儿观察大树的枝干，家长通过身体动作和语言描述大树的形态。

2. 通过一系列爬的游戏，锻炼幼儿四肢的协调能力。

3. 在石头主题活动中，引导幼儿观察石头的多样性，并和幼儿一起寻找身边的石头，触摸石头的不同质感及形状，感受光滑、粗糙、圆圆、三角等丰富的触觉和视觉体验。

三、周主题设置

6 月第 1 周：高高的山坡；越过山坡。

6 月第 2 周：夏天 1；夏天 2。

6 月第 3 周：大树；翻山越岭。

6 月第 4 周：多彩的石头；一起去野餐。

教学活动示范

6 月第 1 周：高高的山坡；越过山坡

教学活动示范表——高高的山坡

课程目标	1. 通过丰富的绘本、图片等工具，认识山坡高高的、蜿蜒连绵的特点，拓展幼儿的词汇量和对生活的感知。 2. 艺术创作过程中，采用特殊的美术材料进行主题创作，激发幼儿对美术活动的兴趣。 3. 开展大运动游戏“爬山坡”，帮助幼儿用身体感受坡度的陡和缓，进一步认识山坡，锻炼幼儿身体的协调性和想象能力。
教学准备（教玩具、材料）	1. 音乐：《小熊越过山坡》。 2. 图片：山坡图片。 3. 绘本：《男孩，气球和小狗》。 4. 其他：节奏棒，山坡形状的白色卡纸，蜡笔，颜料，塑料袋。

续表

教学过程	1. 问候活动:《你好歌》。 2. 热身活动:蹲下起立。 3. 导入活动:图片导入,引导幼儿观察山坡上主要的植物颜色、“高高的山坡”、连绵不绝的山坡等,使用声学强调的技巧输入相关词汇。 4. 音乐律动:《小熊越过山坡》。 小熊越过山坡,小熊越过山坡,小熊越过山坡,看一看有什么。 看一看有什么,看一看有什么,小熊越过山坡……看一看有什么。 引导幼儿跟随音乐的节奏做简单的动作。 5. 绘本故事:《男孩,气球和小狗》。 ①引导幼儿观察和聆听绘本故事中小狗和男孩扔球,带领人们上山坡下山坡的情节,感受到狗狗和人类的友谊。 ②在绘本中,幼儿可以直观地看到山坡的坡度和景色。使用重复与声学强调的技巧输入语言,让幼儿对山坡有初步的认识。 6. 艺术创作:连绵的山坡。 ①出示山坡图片,引导幼儿观察图片,说一说看到了什么。运用重复、声学强调的技巧向幼儿输入与主题相关的词语及句子。 ②分发山坡卡纸,引导幼儿在自己的“小山坡”上,使用蜡笔涂鸦,感受山坡的宽广和线条。 ③引导幼儿用塑料袋拍打、涂抹颜料在连绵的山坡上,给山涂上底色,呈现出山的纹理和整体颜色。 ④引导幼儿用按压的方式,给山坡点缀上彩色的“花朵”“树叶”“房屋”“公路”“汽车”等元素。 ⑤让幼儿将每个小山坡贴在墙上,形成连绵的山脉。 7. 派对时间:彩虹伞。

续表

家长任务	1. 课堂上积极跟幼儿互动，适时向幼儿输入与主题相关的重点词语。 2. 家长多示范，及时给予幼儿鼓励和肯定。 3. 在床上或爬爬垫上搭建小山坡（软或硬）让幼儿翻越，留意翻越的高度和难度，注意安全。

教学活动示范表——越过山坡

课程目标	1. 让幼儿乐于参与音乐游戏活动，充分体验音乐游戏带来的快乐。 2. 引导幼儿尝试爬上高高的“山坡”，锻炼幼儿手的抓握力和脚的支撑力。 3. 在艺术创作中，让幼儿根据自己的想法描绘山坡的风景。
教学准备（教玩具、材料）	1. 音乐：《小熊越过山坡》。 2. 其他：海洋球，大型积木（拼搭山坡），保鲜膜，颜料，画笔。
教学过程	1. 问候活动：《你好歌》。 2. 热身活动：拉个圆圈走走。 3. 音乐律动：《小熊越过山坡》。 小熊越过山坡，小熊越过山坡，小熊越过山坡，看一看有什么。 看一看有什么，看一看有什么，小熊越过山坡……看一看有什么。 引导幼儿想象翻越山坡时的动作，跟随音乐的节奏舞动起来。 4. 主题活动：爬山坡。 ①将海洋球放在拼搭的山坡顶上当作水果，教师示范爬上山顶，讲解山顶上有什么，幼儿要做什么，引导幼儿爬上山顶摘“水果”。家长采用平行谈话和声学强调的技巧向幼儿描述正在进行的游戏。

续表

教学过程	②让幼儿在山顶上进行向山下传递水果的游戏。 5. 艺术创作：我眼里的山坡。 ①出示保鲜膜，引导幼儿摸一摸。 ②将保鲜膜拉长至 5 米的长度，鼓励幼儿在保鲜膜上作画。 ③在作画过程中，鼓励幼儿发挥想象力，用画笔画出山坡上的花草树木。家长协助幼儿完成作品，采用平行谈话、自言自语的技巧，描述幼儿正在进行的美术活动。 6. 派对时间。
家长任务	1. 课堂上积极跟幼儿互动，适时向幼儿输入与主题相关的重点词语。 2. 和幼儿一起做相关动作，复习儿歌《拉个圆圈走走》，培养幼儿的反应能力及专注力。 3. 和幼儿到户外观察和探索夏天都有哪些变化，用绘画或者拍摄的方式记录下来。

6 月第 2 周：夏天 1；夏天 2

教学活动示范表——夏天 1

课程目标	1. 引导幼儿认识夏天和夏天受欢迎的运动——游泳。 2. 向幼儿重点输入动词“游泳”，名词“水”，拟声词“扑通扑通”“哗啦啦”等。 3. 引导幼儿感受音乐节奏、旋律的变化，学习、模仿用动作表现音乐的情感，激发幼儿聆听的兴趣。 4. 让幼儿自己动手设计漂亮游泳衣，锻炼幼儿用手着色的绘画技巧，粘贴亮片时锻炼幼儿手眼协调能力和手指精细动作，培养幼儿的审美能力、想象力。 5. 降落伞环节丰富亲子互动和与同伴互动的方式，增添乐趣。

续表

教学准备 （教玩具、材料）	1. 音乐：《拉个圆圈走走》，《游泳》，欢快的背景音乐。 2. 图片：夏天图片，泳衣图片。 3. 绘本：《爷爷和我去游泳》。 4. 其他：感统圈，白卡纸，笔刷，颜料，亮片。
教学过程	1. 问候活动：《你好歌》。 2. 热身活动：拉个圆圈走走。 3. 导入活动：提问现在是什么季节，用听觉优先的技巧，依次出示夏天的图片（阳光、沙滩、大海），引出夏天的主题。 4. 绘本故事：《爷爷和我去游泳》。 ①重点引导幼儿通过观察熊爷爷和小熊去游泳的故事，认识夏天的运动——游泳。 ②向幼儿重点输入动词“游泳”，名词“水”，拟声词“扑通扑通”“哗啦啦”等。 5. 音乐律动：《游泳》。 大大深深的游泳池里面，小小可爱的小鱼和妈咪。 游呀游呀小鱼快游快游，快快游呀游呀，哗啦啦啦。 家长和幼儿套上感统圈，跟随音乐节奏想象自己在游泳池里游泳。 6. 艺术创作：漂亮游泳衣。 ①展示沙滩上游泳的场景和泳衣的图片。 ②给幼儿分发预备好的白色卡纸泳衣。 ③家长协助幼儿假装穿上泳衣，并一起交流，想象泳衣的颜色。 ④将泳衣贴在墙上。 ⑤用大笔刷给泳衣上色。 ⑥给泳衣贴亮片。 ⑦泳衣秀（放音乐）。 7. 派对时间。

续表

家长任务	1. 引导幼儿观察。阅读绘本时，及时向幼儿输入与本节课有关的词语。 2. 在确保幼儿安全的情况下跟幼儿一起游泳，或者让幼儿看别人游泳，也可以在家里拿游泳圈一起假装游泳，玩想象游戏。

教学活动示范表——夏天 2

课程目标	1. 通过活动，使幼儿感知夏天的特征，激发幼儿对大自然的热爱之情。 2. 发现绘本中重复出现的对话内容，感受角色的心理。 3. 艺术创作过程中，引导幼儿用喜欢的颜色、材料和工具进行美术活动，激发幼儿的想象力，提高幼儿的兴趣和思考能力。 4. 在热身与音乐环节增强幼儿的律动能力，通过搬运游戏丰富幼儿的想象能力和合作能力。 5. 降落伞环节丰富亲子互动和与同伴互动的方式，增添乐趣。
教学准备（教玩具、材料）	1. 音乐：《拉个圆圈走走》《好热的夏天》。 2. 图片：夏天的相关图片，冰激凌图片。 3. 绘本：《好安静的蟋蟀》。 4. 其他：皮球，大桶，冰激凌纸，彩色笔，轻黏土，黄豆，绿豆，雪糕棍，冰箱玩具。
教学过程	1. 问候活动：《你好歌》。 2. 热身活动：拉个圆圈走走。 3. 导入活动：呈现图片，根据图片内容，和幼儿一起谈谈夏天常见的活动。 4. 绘本故事：《好安静的蟋蟀》。 ①引导幼儿观察绘本中出现的昆虫，并描述外形特征。

续表

教学过程	②在阅读过程中，教师模拟昆虫发出的叫声，吸引幼儿注意。 ③引导幼儿认真倾听教师朗读绘本中重复出现的句子“一点儿声音也没有”，并做相应的动作引导幼儿观察、模仿。 5. 音乐律动：《好热的夏天》。 夏天夏天太热了，知了知了别叫了，太阳太阳别晒了，想到泳池游个泳。 夏天夏天太热了，空调风扇都开了，想咬一口冰激凌，再吃一口大西瓜。 引导幼儿跟随音乐节奏做简单的律动。 6. 主题运动：搬运大西瓜。 ①将“西瓜”顶在头上，投进大桶。 ②合作，用工具一起搬运。 7. 艺术创作：美味的冰激凌。 ①展示各种颜色、各种口味的冰激凌的图片。 ②让幼儿选择不同形状的冰激凌纸，向幼儿提问是什么口味，发放彩色笔涂鸦。 ③教师发放轻黏土给幼儿粘贴到冰激凌纸上，发放绿豆黄豆，镶嵌在轻黏土上。 ④粘上雪糕棍，完成美味的冰激凌，放进冰箱玩具内冷冻。 8. 派对时间。
家长任务	1. 协助幼儿完成亲子活动，向幼儿输入重点词语，并帮助幼儿理解。 2. 在大自然中，和幼儿找找夏天的小昆虫。在夏天的街道上，找一找关于夏天的美食。 3. 家长和幼儿尝试在家制作冰凉的食物，如雪糕、水果捞等。

6月第3周：大树；翻山越岭

教学活动示范表——大树

课程目标	1. 引导幼儿认识树的外形特征，向幼儿重点输入名词“树”“树枝”“树叶”等。 2. 通过手、脚、乐器的重复拍打，让幼儿听到和感受歌曲里舒缓稳定的节奏，重点输入歌词里的“E——A——E——A”四拍子的节奏，让幼儿感知音的强弱并尝试发音。 3. 通过想象游戏帮助幼儿进行符号联想，发展幼儿的想象力和合作能力。 4. 艺术作品部分让幼儿尝试用合作的方式来进行创作，在增强幼儿社交互动能力和社交意识的同时，提高幼儿的审美能力和着色的技巧。
教学准备（教玩具、材料）	1. 音乐：《哈拉树》。 2. 图片：大树图片，树林图片。 3. 绘本：《树真好》。 4. 其他：树干模型，白色大卡纸，笔刷，绿色颜料，剪好的海绵纸水果、叶子，自制教具大果树。
教学过程	1. 问候活动：《你好歌》。 2. 热身活动：蹲下起立。 3. 导入活动：使用听觉优先技巧，出示大树图片。 4. 音乐律动：《哈拉树》。 哈拉树呀真可爱，E——A——E——A。 摇一摇呀随风摆，E——A——E——A。 小小树呀快长高，E——A——E——A。 一起随着浪花飘，E——A——E——A。 引导幼儿跟随音乐的节奏做简单的动作。

续表

教学过程	5. 绘本故事:《树真好》。 ①重点引导幼儿观察大树的形态特征以及出现在大树身边的人和动物。 ②使用声学强调及重复技巧，向幼儿重点输入名词“大树”“树叶”“树枝”等。 6. 音乐想象游戏：摇果树。 ①出示大果树教具，邀请幼儿摸一摸，抱一抱。 ②将果子采摘到彩虹伞中。 ③大家一起拉着彩虹伞的一角听着音乐，跟着节奏一起摇彩色果树（彩虹伞）。 ④一起分享摇下的水果。 7. 艺术创作：树林。 ①展示树林图片。 ②出示树干模型。让家长引导幼儿观察树干颜色和形状并向幼儿输入关键词。 ③将树干贴在准备好的画纸上，并引导幼儿观察其他树干。 ④向幼儿提供笔刷和颜料画树叶。 ⑤引导幼儿粘贴剪好的叶子和圆形水果。 ⑥家长引导幼儿完成作品。完成作品后，带领幼儿欣赏其他幼儿的果树。 ⑦一起唱《哈拉树》。 8. 派对时间。
家长任务	1. 课堂上积极跟幼儿互动，适时向幼儿输入与主题相关的重点词语。 2. 家长带着幼儿去寻找家附近的树，引导幼儿一起通过视觉、嗅觉、触觉认识树，给幼儿做充分的语言描述，进一步提高幼儿对大树的认识。

教学活动示范表——翻山越岭

课程目标	1. 通过音乐律动“YOO　HOO”，用重复演唱和轻拍的方式给幼儿输入乐句“YOO　HOO”，帮助幼儿发现律动中的动作规律。 2. 在课堂活动中，通过丰富的儿歌律动和游戏，及时向幼儿输入各种丰富的声音和词语，高质量陪伴幼儿，建立稳固亲密的亲子关系。 3. 开展“小熊过山坡”和“翻山越岭”游戏，引导幼儿感知不同高低和不同触感的物品，给幼儿不一样的骑乘体验和身体动态平衡的练习，丰富幼儿的触觉体验。 4. 通过翻山越岭的体能活动，引导幼儿通过障碍通道，增强幼儿对身体的控制，感受山坡带来的挑战。
教学准备（教玩具、材料）	1. 音乐：“YOO　HOO”。 2. 其他：爬梯，圆柱，斜坡，网绳，沙，豆袋，软三角，可移动垫子。
教学过程	1. 问候：《你好歌》。 2. 热身活动：蹲下起立。 3. 主题介绍：介绍山坡及在山上的活动，如爬山、山歌对唱等，展示山歌对唱。 4. 音乐律动：“YOO　HOO”。 　　有个人住在高高山坡，我想知道是谁。 　　有个人住在高高山坡，我想知道是谁。 　　YOO　HOO，YOO　HOO，我想知道是谁。 　　家长跟着教师一起将重音节奏通过演唱、拍打、敲击乐器等方式给幼儿输入“YOO　HOO”的音。 5. 主题游戏：小熊过山坡。 　　①观察幼儿看到不同高低、不同软硬度的小山坡时的反应。 　　②引导幼儿用爬、走的方式翻过山坡的各个部分。

续表

教学过程	6. 主题游戏：翻山越岭。 引导幼儿探索较高的障碍通道，挑战身体的控制力，在高处停驻挥手，或向下面的同伴打招呼，或使用吆喝的方式引起他人注意，锻炼四肢的协调能力和力量。 7. 主题游戏：越过沼泽地。 引导幼儿探索穿过柔软不平滑的物品表面，想象山坡泥土柔软，挑战身体的控制力，增强幼儿身体对不同触感物品表面的感知力。 8. 派对时间。
家长任务	1. 在家中的爬爬垫上，可以搭设单个软硬结合的简易障碍，引导幼儿安全翻越，给幼儿提供丰富的触觉体验。 2. 在家中堆积建立高低不平的小障碍，引导幼儿翻越这些小障碍，家长注意这些障碍物的稳定性和难度，记得在幼儿身旁仔细观察和保护。可以用家里低矮的沙发或床，引导幼儿遇到高低落差时转身向下，脚先着地，用安全的方式落地，保护自己。

6月第4周：多彩的石头；一起去野餐

教学活动示范表——多彩的石头

课程目标	1. 引导幼儿在寻找石头的过程中通过视觉认识石头多种多样的形状，感受石头粗糙、尖锐、坚硬的触感。 2. 引导幼儿在石头上涂鸦时，感受在立体物品上涂鸦的不同之处，培养幼儿的艺术创造能力和想象力。 3. 引导幼儿在传石头的过程中感受音乐律动，观察传递的过程，培养幼儿轮替与等待意识。

续表

教学准备（教玩具、材料）	1. 音乐：《传石头》。 2. 图片：多种形状石头的图片。 3. 其他：石头实物（不同形状、触感），蜡笔，颜料，小水桶，水，笔刷，彩虹伞，泡泡液。
教学过程	1. 问候活动：《你好歌》。 2. 热身活动：蹲下起立。 3. 导入活动：石头是什么。 ①用听觉优先技巧，图片导入，引导幼儿观察各种形状的石头。 ②展示石头，引导幼儿摸一摸石头的表面是光滑的还是粗糙的。 4. 主题游戏：我喜爱的石头。 ①鼓励幼儿寻找自己喜欢的石头，家长使用自言自语的技巧向幼儿输入语言，对石头进行简单介绍，引导幼儿进行观察。 ②引导幼儿探索石头的玩法，搭建石头或摆石头造型（圆圈、爱心等）。 ③分发小水桶，引导幼儿给石头"洗澡"，洗干净后摆放好进行晾晒，家长使用平行谈话输入语言。 5. 艺术创作：美丽的石头。 ①鼓励幼儿给石头穿上漂亮的衣服，使用蜡笔、颜料在石头上画出五颜六色的花纹图案。 ②将石头摆放在空地上晾干，相互分享作品。 6. 音乐律动：《传石头》。 传呀传石头啦啦传呀传石头，传呀传石头啦啦传呀传石头。 大家围成一个圆圈，用不同的方式进行传递石头的游戏，培养幼儿的合作和等待能力。 7. 派对时间。

续表

家长任务	1. 家长和幼儿一起探索石头的多种玩法。 2. 家长和幼儿一起探索生活中还有哪些石头，用拍照或绘画的方式记录下来。

◉ 教学活动示范表——一起去野餐

课程目标	1. 引导幼儿认识野餐，让幼儿享受和小伙伴一起在户外野餐的乐趣。 2. 向幼儿重点输入名词“野餐”以及相关食物的名称。 3. 在音乐律动环节，激发幼儿的想象力，让幼儿将自己想象成蝴蝶，模仿蝴蝶飞舞，并重点让幼儿倾听和练习脚部踏步动作发出的特别声音。 4. 通过想象游戏帮助幼儿进行符号联想，将道具想象成独木桥，将球想象成果树，发展幼儿的想象力，锻炼幼儿身体的协调能力和控制力，培养规则意识。 5. 艺术作品部分让幼儿锻炼用蜡笔和小画刷着色的技巧，立体的作品呈现，丰富幼儿艺术体验和审美感受，拓展幼儿的艺术创新思维。
教学准备（教玩具、材料）	1. 音乐:《野餐开始啦》。 2. 图片：野餐图片。 3. 绘本:《一起去野餐》。 4. 其他：神秘袋，野餐物品，大型积木，野餐盒，蜡笔，颜料，轻黏土。
教学过程	1. 问候活动:《你好歌》。 2. 热身活动：蹲下起立。 3. 导入活动：用听觉优先技巧，告知幼儿今天要去野餐，出示神秘袋（内有野餐物品、野餐图片）。 4. 绘本故事:《一起去野餐》。

续表

教学过程	①帮助幼儿认识“野餐”，观察绘本里出现的环境、人物、食物等。 ②使用重复技巧，重点输入名词“野餐”以及相关的食物名称。 ③通过绘本故事，增强幼儿的社交意识，让幼儿享受跟同伴和家人在一起的快乐时光。 5. 音乐律动:《野餐开始啦》。 今天天气真叫好，我们大家来野餐，三明治，香喷喷，啊呜啊呜吃掉它。 今天天气真叫好，我们大家来野餐，大苹果，甜又甜，咔嚓咔嚓吃掉它。 引导幼儿跟随音乐的节奏，模仿教师的动作进行律动。 6. 想象游戏：过独木桥去野餐。 ①由家长示范引导幼儿想象大家一起去野餐。 ②引导幼儿边行走边想象穿过独木桥等障碍。 ③强调活动规则，引导幼儿排队，强化幼儿的等待意识。 7. 艺术创作：野餐盒。（培养幼儿的创造力、想象力、审美能力，锻炼幼儿的精细动作） ①展示野餐图片。 ②引导幼儿用蜡笔和颜料装饰分发的野餐盒外观。 ③分发轻黏土，让幼儿进行食物制作及着色。 ④引导幼儿分享做好的野餐食物，放入野餐盒。 8. 派对时间。
家长任务	1. 阅读绘本时，引导幼儿观察绘本中的人物要去做什么，向幼儿输入目标词“野餐”。 2. 天气适宜时，与幼儿约上幼儿的小伙伴一起去野餐，并和幼儿一起准备野餐时用到的物品，引导幼儿积累生活经验。

7 月主题

我的身体和我的情绪

教学计划

一、主题说明

0—3 岁幼儿对周围世界充满兴趣和好奇，他们探索世界是从自己的身体开始的。因此，我们创设丰富的活动，让幼儿去感受自我，引导幼儿对身体进行进一步探索，认识身体各部分，认识家庭中的人。让幼儿在探索中发现身体的功能，在游戏中萌发对身体的初步探索兴趣。

对于幼儿来说，直接给他们灌输情绪的概念他们很难理解。为了让幼儿认识情绪，表达情绪，将情绪形象化，我们通过音乐游戏、绘本、图片及与主题相关的游戏活动形象表达生活中常见的情绪。通过设置的相关活动，帮助幼儿用身体动作和表情进行情绪的表达，了解情绪。

二、主题目标

（一）幼儿学习目标

1. 初步认识身体的主要部位，知道头、手、脚的主要作用。
2. 积极参加游戏活动，在音乐游戏中能用相应的身体部位做动作。
3. 感受身体的奇妙，乐于参与游戏活动。
4. 认识开心、生气、难过等情绪。
5. 在游戏中认识日常生活中开心和生气的表情。
6. 通过观察别人的表情和动作，了解别人的情绪。

7. 培养乐观的情绪和生活态度，使自己处在快乐的情绪中。

8. 了解各种情绪，认识到不良的情绪带来的不良影响。

（二）家长指导目标

1. 家长在游戏中积极示范，引导幼儿观察模仿。

2. 在音乐游戏中帮助幼儿认识自己的身体部位。

3. 家长在生活中应该帮助幼儿认知情绪，“我现在感觉如何，我现在心情如何”，让幼儿知道辨别情绪是控制情绪很重要的一步。

三、周主题设置

7 月第 1 周：我的身体最神气；我的小手小脚。

7 月第 2 周：我的脸；我的家庭。

7 月第 3 周：我爱洗手刷牙；我的小情绪。

教学活动示范

7 月第 1 周：我的身体最神气；我的小手小脚

教学活动示范表——我的身体最神气

课程目标	1. 引导幼儿初步认识自己的身体部位，愉快参与活动，并能指出身体的相应部位。 2. 引导幼儿在游戏活动中认识身体各部位的名称。 3. 艺术和游戏环节培养幼儿想象力及模仿能力。 4. 引导幼儿在音乐律动中通过观察模仿，能用相应的身体部位跟着音乐节奏做动作。
教学准备（教玩具、材料）	1. 音乐：《我的身体》。 2. 绘本：《从头动到脚》。 3. 其他：身体部位卡片，白色大卡纸，沙包，彩色笔，彩色海绵纸。

续表

教学过程	1. 问候活动：《你好歌》。 2. 热身活动：蹲下起立。 3. 导入活动：出示身体部位卡片，玩“找一找”游戏，请幼儿指认身体部位。 4. 音乐律动：《我的身体》。 快快跟我一起来拍拍手，快快跟我一起来点点头。 然后跟我一起摸摸小肚子，看看宝宝吃饱了没有。 快快跟我一起来拍拍手，快快跟我一起来跺跺脚。 然后和我一起来扭一扭小屁股，我们一起动动身体吧。 家长和幼儿跟着音乐节奏做相对应的动作，帮助幼儿认识自己身体的部位及其名称，培养幼儿的模仿能力和身体协调能力。 5. 绘本故事：《从头动到脚》。 ①用听觉优先技巧，向幼儿输入核心词语“脖子”“肩膀”“手臂”“胸”“背”“屁股”“膝盖”“腿”“脚趾”等，重点引导幼儿认识绘本中提到的身体部位的名称。 ②观察绘本中幼儿的身体和动物的身体的变化并充分描述，鼓励幼儿进行模仿。 6. 模仿游戏：照镜子。（提高幼儿自我肢体控制能力、协调能力和动作模仿能力） ①幼儿模仿教师身体动作，锻炼体能，例如单脚站立、抬手、倾斜等。 ②围一个社交圈，家长轮流做动作示范，引导幼儿认真观察，做同样的动作，相互模仿。 ③引导幼儿把沙包放在身体部位上，或配合歌曲完成相应动作。 7. 艺术创作：另一个我。 ①教师示范躺或靠在白色大卡纸上摆出一个姿势，让幼儿靠近并描绘出教师的身体。

续表

教学过程	②幼儿躺或靠在白色大卡纸上摆出姿势，家长迅速用笔将幼儿的轮廓勾画在纸上，边画边告诉幼儿画的是身体的哪个部位。 ③展示艺术作品，家长和幼儿观察卡纸上的身体轮廓，并指出自己身体的相应部位。 ④幼儿用彩色笔在自己身体的轮廓填上自己喜欢的颜色，进行涂鸦。 ⑤教师分发大小不一的彩色形状，让幼儿自己决定贴在“身体”的哪个部位，家长观察幼儿喜欢怎么贴，并给予及时的鼓励与肯定。 8. 派对时间：彩虹伞。
家长任务	1. 家长说出身体部位的名称，和幼儿一起指认。 2. 玩“我说你指”游戏，家长说出身体部位的名称，幼儿进行指认。 3. 家长和幼儿比赛，说出身体部位，看谁能够最快找到。 4. 家长和幼儿继续进行艺术创作，相互画对方的身体轮廓，并进行身体部位的匹配。

教学活动示范表——我的小手小脚

课程目标	1. 引导幼儿观察认识小手小脚，锻炼幼儿观察、认知和模仿的能力。 2. 重点向幼儿输入“手”“脚”等词语，发展幼儿的听觉语言能力。
教学准备（教玩具、材料）	1. 音乐：《拍拍手，跺跺脚》。 2. 图片：小手小脚图片。 3. 绘本：《大脚丫跳芭蕾》。 4. 其他：神秘袋，胶泥，白色卡纸，颜料，胶水，亮片。

续表

教学过程	1. 问候活动：《你好歌》。 2. 热身活动：蹲下起立。 3. 导入活动。 ①出示神秘袋，向幼儿提问袋子里装的是什么，引导幼儿摸出卡片。 ②出示图片，引导幼儿观察图片上的身体部位，教师运用重复的技巧向幼儿输入“手”和“脚”等词语。 4. 音乐律动：《拍拍手，跺跺脚》。 如果感到快乐你就拍拍手，如果感到快乐你就拍拍手。 如果感到快乐你就跺跺脚，如果感到快乐你就跺跺脚。 家长和幼儿跟随音乐节奏拍拍手、跺跺脚。 5. 绘本故事：《大脚丫跳芭蕾》。 从大脚丫贝琳达坚持学习跳芭蕾的故事中，观察身体部位大脚丫。 6. 主题游戏：小手印章。 ①使用胶泥，自由揉捏压，活动手指手腕。在揉压的过程中一起哼唱：“用我们的小手压一压，压一压，压一压，用我们的小手压一压，啦啦啦啦啦。” ②在压扁的胶泥上印出手掌印、拳头印、手指印等，和家长一起比一比，看一看。 7. 艺术创作：可爱的小脚丫。 ①在白色卡纸上用黑笔描画出幼儿的小脚丫，一起观察并描述脚掌、脚趾。 ②用小手涂抹颜料在小脚丫作品上，使用平行描述的方式，和幼儿一起涂抹辨认“脚掌”“脚趾”等。 ③涂抹胶水，将亮片粘贴在小脚丫上，鼓励幼儿均匀涂抹和粘贴。 8. 派对时间。

续表

家长任务	和幼儿在家玩小手小脚印章。 1. 用面粉和水准备两个小面团，家长一个，幼儿一个，自由揉捏压等，活动手指手腕，并哼唱："用我们的小手压一压，压一压，压一压，用我们的小手压一压，啦啦啦啦啦。"将面团压扁，印出手掌印。数一数每个手掌有几根手指。 2. 用同样的方法玩小脚印章，数一数每个脚掌有几根脚趾。

7月第2周：我的脸；我的家庭

教学活动示范表——我的脸

课程目标	1. 引导幼儿观察"脸"，认识脸部五官，锻炼幼儿的观察和模仿能力，增强幼儿的自我认知。 2. 在绘本故事中，观察脸部的情绪变化，充分认识五官。 3. 向幼儿输入"眼睛""鼻子""嘴巴""耳朵""眉毛"等词语，发展幼儿的听觉语言能力。 4. 在主题游戏中，通过镜子和面粉进行有趣互动，增强幼儿对五官的认识。
教学准备（教玩具、材料）	1. 音乐：《眼睛、鼻子、耳朵、嘴巴》。 2. 图片：各种脸的图片。 3. 绘本：《脸，脸，各种各样的脸》。 4. 其他：镂空卡纸，镜子，面粉，各种脸的图片，圆形纸碟，黑色卡纸，五官贴纸。
教学过程	1. 问候活动：《你好歌》。 2. 热身活动：蹲下起立。 3. 导入活动。 ①在卡纸上准备一个与脸大小相同的洞。

续表

<table>
<tr><td>教学过程</td><td>
②教师将脸放到洞里，让幼儿观察洞中的脸，使用声学强调技巧，重点引导幼儿观察五官特征，生动描述“眼睛”“嘴巴”“鼻子”“耳朵”“眉毛”“牙齿”等。
③家长和幼儿尝试将自己的脸放在卡纸洞里面，让幼儿相互观察。
4. 音乐律动：《眼睛、鼻子、耳朵、嘴巴》。
眼睛，这是我的眼睛，看到小草青。
鼻子，这是我的鼻子，闻到花儿香。
耳朵，这是我的耳朵，听到妈妈呼唤我。
嘴巴，这是我的嘴巴，快快大声喊出来。
眼睛、鼻子、耳朵、嘴巴。
家长和幼儿跟随音乐节奏用手指出脸上相应的部位。
5. 绘本故事：《脸，脸，各种各样的脸》。
①重点引导幼儿指认五官。
②让幼儿观察绘本里脸部的表情变化并模仿，充分认识脸部表情。
③使用声学强调技巧，向幼儿输入核心词语“脸”以及五官的名称。
6. 观察游戏：我们的脸。
①家长们用镜子跟幼儿一起观察脸，充分描述脸部特征，向幼儿输入重点词语。
②用准备好的面粉或小东西放在自己脸上的各个部位，玩“看看妈妈（爸爸）的脸上有什么？”“妈妈（爸爸）的鼻子上有什么？”，观察并描述变化，家长和幼儿可以相互抹着玩，进行角色互换。
③引导幼儿使用道具，放在身体部位上，或配合歌曲完成。
7. 艺术创作：可爱的脸。
</td></tr>
</table>

续表

教学过程	①展示各种脸蛋的图片，跟幼儿一起观察，给幼儿做充分的描述。 ②出示圆形纸碟，告诉幼儿这是一张可爱的圆圆的“脸”，引导幼儿想象：这是谁的脸呢？ ③引导幼儿用小手将准备好的黑色卡纸撕成条状，作为“头发”，并将“头发”粘贴在头上。 ④家长根据幼儿的进度，询问幼儿“脸上还有什么呢”，在圆圆的脸上和幼儿一起指一指，比画出“眼睛”“鼻子”“嘴巴”“耳朵”的位置，随后可以让幼儿自由摆放“五官”，不一定要很对称，最后将“五官”粘贴起来。 ⑥粘贴好之后，将做好的作品展示给幼儿，结合各个部位，和幼儿一起观察指认，哼唱儿歌《眼睛、鼻子、耳朵、嘴巴》。 8. 派对时间。
家长任务	1. 家长说出身体部位的名称，和幼儿一起指认。 2. 做“我说你指”游戏，家长说出身体部位的名称，幼儿进行指认。 3. 家长和幼儿比赛，说出身体部位，看谁能够最快找到。 4. 和幼儿面对面玩小游戏，“咕噜噜噜噜，一二三四五，这是我的鼻子”，继续帮助幼儿认识可爱的脸。

教学活动示范表——我的家庭

课程目标	1. 引导幼儿观察小手小脚，锻炼幼儿的观察、认知和模仿能力。 2. 重点输入“爸爸”“妈妈”“爷爷”“奶奶”等词语，发展幼儿的语言理解及表达能力。 3. 艺术和游戏环节帮助幼儿锻炼精细动作以及进一步提高幼儿的认知能力。

续表

教学准备 （教玩具、材料）	1. 音乐：《手指一家人》。 2. 图片：每个家庭的全家福照片。 3. 绘本：《我的家》。 4. 其他：纸箱，胶水，彩色笔，绳子。
教学过程	1. 问候活动：《你好歌》。 2. 热身活动：蹲下起立。 3. 导入活动：呈现全家福照片，强调家庭称呼“爸爸”“妈妈”“奶奶”“爷爷”“我”。 4. 音乐律动：《手指一家人》。 手指爸爸手指爸爸在哪里？在这里，在这里，你好吗？（大拇指） 手指妈妈手指妈妈在哪里？在这里，在这里，你好吗？（食指） 手指哥哥手指哥哥在哪里？在这里，在这里，你好吗？（中指） 手指姐姐手指姐姐在哪里？在这里，在这里，你好吗？（无名指） 手指宝宝手指宝宝在哪里？在这里，在这里，你好吗？（小拇指） 家长和幼儿伸出双手，跟随音乐哼唱，进行手指律动。唱到哪只手指时，便伸出相应的手指打招呼。 5. 绘本故事：《我的家》。 ①使用声学强调技巧，输入核心词语“爸爸”“妈妈”“姐姐”“哥哥”“爷爷”“奶奶”，重点引导幼儿认识绘本中提到的家庭成员的称呼。 ②引导幼儿观察绘本里小兔子在介绍他的家人的时候，充分描述家人的衣服，喜欢做什么。也可以适时延伸到幼儿的家庭成员，开展“你的爸爸喜欢做什么呀”“穿什么颜色的衣服”等提问或描述。

续表

教学过程	6. 主题游戏：爱的圈圈。 ①围成一个爱的社交圆圈，一边唱一边原地缓慢转圈圈。“爱的大圈圈，我们转圈圈，哎呀哎呀，都摔倒啦”“××转圈圈，××转圈圈，哎呀哎呀，都摔倒啦！”（××为幼儿名字） ②唱到最后一句歌词的时候，一起假装摔倒在地上。 ③相互扶起来，重复游戏，加快或减慢歌曲速度或者改变转圈圈的方向和方式。 7. 艺术创作：家的印记。 ①浏览家庭成员照片，适当做描述和讲解，告知幼儿我们需要给珍贵的相片做个相框。 ②让幼儿选择想要的形状，进行涂鸦和粘贴，在背板上画出全家福。 ③家长们帮助幼儿将背板粘贴起来，将相框相连，再穿上绳子，可以使用自言自语的方式进行讲解。 8. 派对时间。
家长任务	和幼儿认真观察家庭照片并说出成员们的称呼，然后引导幼儿根据称呼找出照片中的家庭成员并指认。

7月第3周：我爱洗手刷牙；我的小情绪

教学活动示范表——我爱洗手刷牙

课程目标	1. 引导幼儿通过唱儿歌、读绘本，认识到洗手的重要性，学习洗手的正确方法。 2. 引导幼儿了解饭前、便后、手脏时要洗手。 3. 让幼儿体验刷牙的乐趣并养成早晚刷牙的好习惯。 4. 在游戏中培养幼儿养成良好的生活卫生习惯。

续表

教学准备（教玩具、材料）	1. 音乐：《一起来洗手》。 2. 图片：牙齿图片（过塑）。 3. 绘本：《根本就不脏嘛》。 4. 其他：牙刷，牙齿模具，大嘴巴小熊教具，海绵纸碎片（黑色、棕色等）。
教学过程	1. 问候活动：《你好歌》。 2. 热身活动：蹲下起立。 3. 导入活动：依次出示牙齿图片、牙齿模具、牙刷，使用声学强调技巧。 4. 音乐律动：《一起来洗手》。 一起来洗洗手，一起来洗洗手，一起来洗洗手，摇一摇，转个圈。 伸出你的右手，收回你的右手，一起来洗洗洗，爱干净的小朋友。 家长和幼儿跟随欢快的音乐律动模仿洗手动作。 5. 绘本故事：《根本就不脏嘛》。 ①引导幼儿仔细观察画面细节，联系生活实际，了解做哪些事情手上会带有细菌。 ②引导幼儿感受图画中小女孩说的“好烦”“无聊”时的感受，明白洗手的重要性。 6. 主题活动：我爱刷牙。 ①情景导入：小熊爱吃各种各样的零食，没有养成刷牙的习惯。教师扮演蛀牙怪兽吃牙齿，引导幼儿意识到刷牙的重要性。 ②围一个圈，教师示范如何正确刷牙。 7. 艺术创作：赶走牙细菌。 ①出示牙齿模具，鼓励幼儿积极地刷牙。

续表

教学过程	②展示过塑好的牙齿图片，在牙齿周围画出各种颜色的污垢表示细菌。 ③教师用牙刷示范将牙齿上的细菌刷干净。 ④幼儿用彩色笔在画好的牙齿上涂上不同的颜色，表示细菌，教师分发牙刷给幼儿进行“刷牙”，家长观察幼儿表现，并给予及时的鼓励与肯定。 8. 派对时间。
家长任务	1. 在日常生活中，家长引导幼儿学会正确的洗手方法，可以通过绘本或者视频的形式让幼儿直观感受洗手的重要性。 2. 让幼儿尝试自己刷牙，体验刷牙的乐趣，养成早晚刷牙的好习惯。

教学活动示范表——我的小情绪

课程目标	1. 帮助家长在情绪认知和表达上对幼儿进行引导，增进亲子关系。 2. 引导幼儿了解情绪名称并进行辨别，了解自己的情绪，提高自我认识和情绪认知能力。 3. 引导幼儿在社交圈里观察同伴和家长的表情，关注彼此，增强幼儿的社交意识和模仿能力。 4. 在绘本和艺术环节中锻炼幼儿的专注力，让幼儿在涂鸦活动当中锻炼动手能力。
教学准备 （教玩具、材料）	1. 音乐：《各种各样的脸》。 2. 图片：情绪图片。 3. 绘本：《我不想生气》。 4. 其他：人物情绪纸片，吸管，胶水，一次性纸杯，蜡笔。

续表

教学过程	1. 问候活动:《你好歌》。 2. 热身活动：蹲下起立。 3. 导入活动：情绪图片导入，如笑、哭、嘟嘴、脸红等，呈现出各种情绪，如开心、生气、害羞、伤心等。提问幼儿生活中还有哪些情绪，进行谈话引导。 4. 音乐律动:《各种各样的脸》。 一伤心我就哇哇哭，peekaboo，peekaboo，哇哇哇。 一开心我就嘻嘻笑，peekaboo，peekaboo，嘻嘻嘻。 一害羞我就红红脸，peekaboo，peekaboo，嗯嗯嗯。 一惊讶我就张张嘴，peekaboo，peekaboo，哇唔唔。 一生气我就嘟嘟嘴，peekaboo，peekaboo，哼哼哼。 一得意我就笑哈哈，peekaboo，peekaboo，哈哈哈。 ①教师示范脸部的情绪表达，配合较夸张的肢体动作，引导幼儿模仿。 ②家长跟幼儿一起哼唱，跟随音乐节奏做相应的动作。 5. 绘本故事:《我不想生气》。 ①故事情节：小兔子生气的时候肚子里像装着一个大火球要爆炸，还会使劲跺脚。我们会因为很多事情而生气，会发现每个人都有生气的时候，然而生气的时候我们可以怎么做呢？可以“呼”“吸”，可以安静一会儿，可以表达出来。很快地，火球会在不知不觉中泄气，好像自己也忘记了为什么而生气。 ②引导幼儿感受绘本故事中的情绪和变化，学习情绪表达方式，增强幼儿对自我情绪的认知能力。 ③使用声学强调技巧，重点输入词语“生气”，认识“生气”这样一个常见的每个人都会有的情绪。家长在生活中应该帮助幼儿认识自己的情绪，“我现在感觉如何，我现在心情如何”，让幼儿知道辨别情绪是控制情绪很重要的一步。 6. 分类辨识游戏：这是一张什么样的脸。

续表

教学过程	①引导幼儿观察开心和不开心的表情，认识和分辨之后进行分类。 ②围成一个社交圈，玩“咕噜咕噜变脸”小游戏。“咕噜咕噜变，这是一张开心的脸！”“咕噜咕噜变，这是一张伤心的脸！”引导幼儿观察同伴的表情，相互模仿。 7. 艺术创作：小小情绪杯。 ①引导幼儿给人物涂鸦，在涂鸦过程中，教师重复情绪的相关词语。 ②引导幼儿将涂鸦好的人物形象粘贴在纸杯上，完成之后一起重复歌曲并用自己的作品玩 peekaboo 的游戏（把脸隐藏后闪现以逗幼儿的游戏）。 8. 派对时间。
家长任务	1. 陪伴幼儿阅读情绪类绘本，引导幼儿仔细观察，了解不同情绪及不同情绪的表达方式。 2. 和幼儿玩“咕噜咕噜变脸”小游戏。

下编　苗苗班（2—3岁）

第三章　苗苗班上学期

学期总目标与月主题说明

一、幼儿教学总目标

1. 认识身边熟悉的物品，丰富幼儿的词汇量，通过不断学习加强幼儿看物辨别上下、里外、大小、快慢等概念。

2. 通过实际操作和亲身体验来感知、发现天气与植物生长变化的密切关系，感受秋冬季节的明显特征，对四季变化有初步的认识。

3. 通过美食制作环节，充分释放幼儿对食材的好奇、了解和探索，引导幼儿感受食材的不同特质。

4. 通过主题活动，能说出几种常见的小动物、交通工具等的名称及相应声音的拟声词。

5. 语言方面，能听懂一些熟悉的词语和简单的指令，能做出一些反应。

6. 艺术创作方面，继续通过撕、贴、印、画等方式锻炼幼儿的精细动作，激发幼儿的想象力与创作力。

7. 音乐感知方面，激发幼儿对音乐的兴趣和积极性，感知音乐节奏、旋律。

8. 通过运动游戏，让幼儿练习攀爬，双脚跳跃，沿曲线、直线走和跑等，锻炼幼儿的大肌肉运动和身体协调能力、平衡能力、敏捷性。

9. 社交方面，学会观察同伴和家长的表情，关注彼此，增强社交意识，增强模仿能力。

10. 引导幼儿在游戏中尝试等待与轮替。

二、家长指导总目标

1. 引导家长重视亲子课程和亲子陪伴，意识到良好的亲子关系更有利于幼儿学习和疏导幼儿情绪。

2. 通过课堂的主题学习，学会如何用更多、更丰富的语言描述向幼儿进行语言输入。

3. 在生活中对学过的内容进行复现，把在课堂中学习到的游戏运用在生活中，和幼儿一起寻找与课堂相关的事物、概念。

4. 在幼儿精细动作的锻炼中，家长需要培养幼儿的专注力，以鼓励为主，为幼儿创造活动持续性的条件。

5. 在游戏中，引导幼儿发音或表达。

6. 家长认真对待，肯定和鼓励幼儿，积极参与活动，做幼儿的观察者、引导者。

7. 学习认知活动的教学步骤及方法。

8. 培养幼儿的良好行为习惯。

三、本学期各月教学主题设置

9 月主题：各种各样的交通工具。

10 月主题：美丽的秋天。

11 月主题：活力的大自然。

12 月主题：好玩的游戏。

1 月主题：欢欢喜喜过大年。

9 月主题

各种各样的交通工具

教学计划

一、主题说明

幼儿对周围世界充满好奇，汽车、公交车、卡车等又是生活中熟悉的交通工具，无论在日常生活中还是在绘本故事中都十分常见。本月通过对交通工具主题学习，进一步认识交通工具的外形特征、结构、作用等，激发幼儿的好奇心和探索愿望。

二、主题目标

（一）幼儿学习目标

1. 观察各种交通工具的特征，能进行简单的分类。

2. 激发幼儿对交通工具的喜爱与兴趣。

3. 乐于参与音乐游戏活动，在艺术活动中培养幼儿的合作意识。

4. 了解交通规则，初步培养幼儿的交通安全意识。

5. 在艺术活动中，尝试用绘画、建构、手工等方式，表现交通工具特征，激发幼儿的想象力。

（二）家长指导目标

1. 引导幼儿观察交通工具的外形特征。

2. 课后家长带领幼儿观察马路上的车辆，扩展认知。

3. 家长带幼儿过马路时，引导幼儿观察人们是怎么过马路的，教育幼儿要注意安全，遵守交通规则。

4. 家长引导幼儿听故事，发挥想象力，有趣地进行游戏实验，丰富游戏趣味性，通过拟声词刺激幼儿听觉。

5. 引导孩子在运动游戏中尝试等待与轮替。

三、周主题设置

9 月第 1 周：小火车呜呜呜；小汽车嘀嘀嘀。

9 月第 2 周：小汽车快快跑；能干的消防车。

9 月第 3 周：小船的旅行；拥挤的公交车。

9 月第 4 周：直冲云霄的飞机；我知道的交通工具。

教学活动示范

9 月第 1 周：小火车呜呜呜；小汽车嘀嘀嘀

教学活动示范表——小火车呜呜呜

课程目标	1. 认识交通工具，手拉手，模仿长长的火车。 2. 在音乐律动中，通过身体模仿火车做相应动作，并发出“choo——choo——”声。 3. 在活动中，通过合作搭建、排列长长的“火车”。 4. 在艺术创作中进行有序的排列，锻炼幼儿的动手能力。
教学准备（教玩具、材料）	1. 音乐：《长长小火车》。 2. 图片：火车图片。 3. 其他：各种火车模型，方块纸片，彩泥，画笔，圆形海绵印，积木彩色颜料，颜料盘，双面胶，圆形卡纸。
教学过程	1. 问候活动：《你好歌》。 2. 热身活动：彩虹绳。 3. 导入活动。 ①听觉优先技巧，展示火车图片。

续表

教学过程	②观看图片：各种各样的火车。 4. 音乐律动：《长长小火车》。 长长小火车，长长小火车，长长小火车开在高高的山坡，向上爬上坡，向下爬下来。 长长小火车唱着 choo——choo——choo，choo——choo—— ①教师示范用手作“火车”，爬上“高高的山坡”（肩膀），沿手臂作“下坡”。 ②家长及幼儿跟随音乐节奏一起做动作。 5. 艺术创作：长长小火车。 ①教师示范将方块纸片当作车厢粘贴在墙上，重点强调“车厢”一个连着一个。 ②幼儿与家长进行“火车车厢”的连接。 ③将圆形卡纸粘贴在“车厢”的下方，作“火车”的“轮子”。 ④幼儿自由选择艺术创作的工具，装饰自己的“火车”。 6. 拓展游戏：积木搭建。 ①教师分发积木，引导幼儿进行搭建。 ②鼓励幼儿和同伴一起叠积木，叠到一定高度时，一起数“1，2，3”将积木推倒，然后再叠高，再推倒。 ③家长和幼儿将积木排列成长长的“小火车”向前推移，并发出火车的声音“choo——choo——”。 7. 派对时间。
家长任务	1. 课堂上积极跟幼儿互动，适时向幼儿输入与主题相关的重点词语。 2. 在活动过程中，家长多示范，及时鼓励和肯定幼儿的积极参与。 3. 家长在家和幼儿复习歌曲《长长小火车》，练习圆唇，发元音 o、u。

教学活动示范表——小汽车嘀嘀嘀

<table>
<tr><td>课程目标</td><td>1. 感受音乐活泼、欢快的情绪，随音乐有节奏地开汽车。
2. 在活动中模仿发出汽车的“嘀嘀”声，学会看交通信号灯。
3. 培养幼儿与他人合作的意识。
4. 在主题活动中，通过形状搭建，在实践中观察和发现汽车的轮子是圆形的。</td></tr>
<tr><td>教学准备
（教玩具、材料）</td><td>1. 音乐：《小汽车》。
2. 绘本：《我的交通工具是什么》。
3. 其他：各种小汽车玩具，呼啦圈，交通信号灯教具，积木。</td></tr>
<tr><td>教学过程</td><td>1. 问候活动：《你好歌》。
2. 热身活动：彩虹绳。
3. 导入活动：绘本《我的交通工具是什么》。
①运用听觉优先的技巧，教师发出汽车的“嘀嘀”声，吸引幼儿注意。
②引导幼儿观察各种汽车玩具，认识我们生活中常见的汽车。
4. 音乐律动：歌曲《小汽车》。
嘀嘀嘟嘟我的小汽车，嘀嘀嘟嘟好朋友。
嘀嘀嘟嘟无论去哪里，嘀嘀嘟嘟飞快过去。
①教师示范，双手做握方向盘的动作，启动小汽车，跟随音乐向左或向右开。
②家长和幼儿观察并模仿教师，做相应的动作。
③从坐态到动态的过程：坐在原地做动作，然后站起来在教室里“开汽车”。
5. 主题活动：开汽车。
①观察汽车轮子，围成圆圈，幼儿轮流开小汽车，在没有轮到自己开时，家长引导幼儿耐心等待。
②拿着小小呼啦圈想象手握方向盘，在教室内做开汽车的动作，模仿汽车发出“嘀嘀”的声音，在遇到交通信号灯时，让幼儿知道汽车、行人在马路上要遵守交通规则，根据红绿灯的指示过马路。</td></tr>
</table>

续表

教学过程	6. 拓展游戏：滚车轮。 ①引导幼儿用积木搭建小汽车，在搭建过程中观察幼儿的表现，适时对幼儿进行鼓励和表扬。 ②家长可以适时参与幼儿的活动，和幼儿一起搭建，让幼儿用正方形或三角形的积木搭建汽车轮子，和幼儿一起在实践中观察和发现汽车的轮子是圆形的，圆形的积木才可以滚动起来。 7. 派对时间。
家长任务	1. 课堂上积极跟幼儿互动，适时向幼儿输入与主题相关的重点词句，如“汽车”“嘀嘀嘀”“圆圆的轮胎”等。 2. 课下做延伸活动，例如，在路边观察小汽车，和幼儿一起玩开汽车的游戏。在游戏活动中多做示范，用及时鼓励和肯定的方式引导幼儿。

9月第2周：小汽车快快跑；能干的消防车

教学活动示范表——小汽车快快跑

课程目标	1. 认识交通工具汽车，了解汽车的外形，感知轮子的转动。 2. 在音乐的旋律和歌声中，通过歌曲重复拟声词“布布”，巩固所学的词语“小汽车”“跑”等。 3. 在活动中尝试等待与轮替，一起合作开动小汽车。 4. 使用新奇的工具创作小汽车，培养幼儿的好奇心与想象力。
教学准备（教玩具、材料）	1. 音乐：《小汽车》。 2. 图片：各种汽车图片。 3. 绘本：《小汽车，快快跑》。 4. 其他：各种形状、各种颜色的纸（拼接成小汽车），雪条棍，绿色卡纸，剪刀，胶水，轮胎，彩虹伞。

续表

<table>
<tr><td>教学过程</td><td>1. 问候活动:《你好歌》。
2. 热身活动: 彩虹绳。
3. 导入活动。
①运用听觉优先技巧，教师发出汽车的声音吸引幼儿。
②展示各种汽车图片，向幼儿介绍汽车的外形特征。
4. 绘本故事:《小汽车，快快跑》。
引导幼儿观察绘本中各种汽车及它们的功能，了解汽车的有关知识。
5. 音乐律动:《小汽车》。
布布布布，布布布布。
小小汽车，布布布布。
布布布布，布布布布。
小小汽车，布布布布。
我们天天快乐地开着小汽车呀，
到处跑呀，布布布布。
布布布布，布布布布。
小小汽车，布布布布。
家长和幼儿跟随音乐律动，模仿教师做相应动作，想象在开小汽车。
6. 艺术创作: 汽车开来了。
①教师示范: 运用已剪成各种形状的材料，粘贴成小汽车，在小汽车的后面贴上雪条棍，用一张卡纸在中间剪一条直线，把小汽车插在直线里，移动雪条棍，使小汽车行走。
②幼儿操作，家长协助完成。
7. 拓展游戏: 骑乘。
将轮胎放至彩虹伞中包裹起来，幼儿坐在轮胎中，拖动“开车”，鼓励幼儿一起帮忙“开车”。“开车”时别忘记发出“布布布”的声音哦！“来吧来吧，汽车开啦，小小汽车开呀开。来吧来吧，汽车开啦，小小汽车开呀开。”</td></tr>
</table>

续表

教学过程	8. 派对时间。
家长任务	1. 家长带幼儿过马路时，引导幼儿观察人们是怎么过马路的，教育幼儿要注意安全，遵守交通规则。 2. 在家里让幼儿坐在宽大的抱枕或毛毯中间，家长轻轻拖动“开车”，还可以“拐弯”及“刹车”，别忘记发出“布布布”的声音。注意“减速”和“安全行驶”。 3. 亲子阅读所欣赏过的绘本。

教学活动示范表——能干的消防车

课程目标	1. 认识消防车的外部特征。通过游戏，使幼儿懂得防火的粗浅知识，增强防火意识。 2. 在绘本故事中认识消防车工具箱里的工具及相应的功能作用。 3. 在音乐律动中，把自己想象成消防车，跟随音乐节奏向左或向右行驶。
教学准备（教玩具、材料）	1. 音乐:《消防车》。 2. 图片：动物手偶，着火图片。 3. 绘本:《快跑，云梯消防车》。 4. 视频：关于消防员出警、救火情景的视频。 5. 其他：消防车玩具，消防员制服，灭火器、水管、斧头等玩具，丝巾，大型泡沫积木，水枪，剪好的红色消防车车身（分三段），马克笔，白纸。
教学过程	1. 问候活动:《你好歌》。 2. 热身活动：彩虹绳。 3. 导入活动。 ①使用听觉优先技巧，教师模仿发出消防车的警报声，吸引幼儿。

续表

教学过程	②出示消防车玩具，引导幼儿观察消防车的外部特征，向幼儿输入词语“红色”。 ③观看视频片段：关于消防员出警、救火情景。 ④展示消防员救火情景图片，以及制服、消防车的图片，让幼儿观察并回答简单问题。 4. 音乐律动：《消防车》。 消防车有个新任务，咿呀咿呀哟。它启动警报大声叫，咿呀咿呀哟。 左边让一让，右边让一让，让一让。 向前跑、快快向前跑呀，消防车有个新任务，咿呀咿呀哟。 家长和幼儿跟随音乐，想象成自己在驾驶消防车，双手握方向盘，左右转弯。 5. 绘本故事：《快跑，云梯消防车》。 ①听觉输入消防车拟声词“呜——呜”。 ②通过提问“谁来了”，引出问题“消防车”。 ③观察绘本中消防车工具箱里都有哪些工具，讨论它们的功能。了解消防车的作用。 6. 情景游戏：小小消防员。 ①准备大型泡沫积木搭建的楼梯、桥及装有水的水枪。 ②教师吹口哨引起幼儿注意，用夸张动作示意幼儿对面的“房子”着火啦，让幼儿扮演成消防员前去救火。救火过程中观察幼儿表现，适时引导和鼓励。 ③引导幼儿爬上搭好的大型泡沫积木，通过障碍，到达房子，救火。 ④加入动物手偶，扮演成被困的小动物。小消防员救出被困的小动物时及时表扬幼儿的行为。 7. 艺术创作：红色的消防车。 ①准备：剪好的红色消防车车身（分三段）。

续表

教学过程	②教师示范，幼儿操作。拼接消防车，粘贴在纸上。贴好后，可以引导幼儿添加云梯。 8. 延伸活动：红色消防车。 ①到消防部门参观真正的消防车，认真听消防员叔叔介绍消防车的工具箱。 ②观看消防员演示如何使用水管及灭火器。 ③家长带领幼儿实操使用灭火器。 9. 派对时间。
家长任务	1. 课堂上积极跟幼儿互动，在日常活动中适时向幼儿输入与主题相关的词语、短语和简单问句。 2. 结合日常生活，给幼儿普及一些消防常识。家长要让幼儿了解防火、救火常识，增强幼儿的防火意识。 3. 亲子阅读所欣赏过的绘本。

9月第3周：小船的旅行；拥挤的公交车

教学活动示范表——小船的旅行

课程目标	1. 认识交通工具船，了解船是在水上航行的。 2. 通过歌曲重复输入词汇“摇呀摇”和动词“摇”，在音乐律动中感受摇小船的乐趣。 3. 在主题活动中通过吹小船的游戏引导幼儿乐于进行呼吸训练。 4. 通过艺术环节创作帆船，培养幼儿的审美与想象力，锻炼幼儿的精细动作。
教学准备（教玩具、材料）	1. 音乐：《摇摇摇小船》。 2. 图片：各种船的图片。 3. 其他：帆船模型，泡沫板，用牙签和彩纸做的帆，一些小物件，盛水的碟子或脸盆，胶泥，吸管，彩纸，蓝色颜料。

续表

教学过程	1. 问候活动:《你好歌》。 2. 热身活动：彩虹绳。 3. 导入活动。 ①出示帆船模型，引导幼儿观察，教师描述船的外部特征。 ②展示各种船的图片，引导幼儿说出船的类型，描述它们分别长什么样子。 4. 音乐律动:《摇摇摇小船》。 摇摇摇小船，缓缓地流进小溪，轻轻地，轻轻地，轻轻地，轻轻地，人生如梦境。 跟随音乐，幼儿坐在家长前面做小船摇摆的动作，然后家长和幼儿面对面手拉手做摇摆动作，再到站立拉手摇船，慢慢增加难度。 5. 艺术创作：小帆船。 ①教师先做示范，将三角形粘贴至吸管上，制作成船帆。 ②将胶泥揉捏成小船，将船帆插至“船”上。 ③用蓝色颜料涂抹纸碟，创作蓝色的大海。 ④将小船放至“大海”上。 ⑤家长辅助幼儿进行操作。 6. 主题活动：帆船开了。 过程中请家长发出小船“轰轰”的声音，使用听觉联系，丰富游戏趣味性，刺激幼儿听觉。家长们积极示范吹气，鼓励幼儿模仿和练习。 ①制作帆船，将小红旗插到泡沫板上。 ②将小船放到装水的盘子里，吹气让小船行驶。 ③将物品放至船上运输至对岸。 7. 派对时间。

续表

家长任务	1. 课堂上积极跟幼儿互动，在日常活动中适时向幼儿输入与主题相关的词语、短语和简单问句。 2. 将物品放在小碗上，看物品跟随小碗漂浮过“河”。进一步实验，看装多少物品会导致小船下沉。 3. 亲子阅读所欣赏过的绘本。

教学活动示范表——拥挤的公交车

课程目标	1. 观察公交车的外部特征，对公交车有初步的认知。 2. 教师和幼儿模仿公交车轮子转动，模仿公交车发出“嘀嘀嘀，嘟嘟嘟”的声音。 3. 培养幼儿的公德意识及良好的公共场所礼仪行为。
教学准备（教玩具、材料）	1. 音乐:《公交车的轮子转呀转》。 2. 公交车的图片及视频。 3. 其他：公交车教具（含有动物卡片），彩虹伞，小椅子，钱币，老爷爷、老奶奶的头饰。
教学过程	1. 问候活动:《你好歌》。 2. 热身活动：彩虹绳。 3. 导入活动。 ①展示各种公交车的图片，引导幼儿观察公交车的颜色及外形。 ②观看上下公交车的视频。 4. 主题游戏：下一站是谁要上车。 ①出示公交车教具，以动物们乘坐公交车导入，引导幼儿观察第一位乘客是谁，下一位又是谁，谁下车了，通过提问的方式让幼儿说出动物的名称。 ②情境表演：小动物请上车。幼儿和家长扮演乘客，并拿地点牌。教师扮演司机。教师开车，开到幼儿身旁，说“下一站，××站，有去××的小动物请上车”。

续表

教学过程	5. 音乐律动：《公交车的轮子转呀转》。 公交车的轮子转呀转， 转呀转，转呀转， 公交车的轮子转呀转， 转过街道…… ①家长和幼儿合作用肢体模仿圆圆的车轮转呀转。 ②围成一个圆圈，教师点到哪名幼儿的头这名幼儿就依次跟在老师的后面，围成圆圆的车轮转呀转。 ③用彩虹伞当作“公交车”，模仿和想象坐在车上前后左右摇晃。 6. 情景游戏：乘坐公交车。 ①将准备好的小椅子排成一排，前面第一名幼儿扮演司机，家长扮演售票员。 ②模拟乘坐公交车，上车前引导幼儿排好队上车，上车时引导幼儿把准备好的“零钱”交给售票员，乘车时不推不挤，不大声吵闹。 ③教师扮演老人，上车时看到座位坐满后观察幼儿反应，引导幼儿主动让座，对主动让座的幼儿给予表扬。 7. 派对时间。
家长任务	1. 课堂上积极跟孩子互动，在日常活动中适时向幼儿输入与主题相关的词语、短语和简单问句。 2. 在家里，和幼儿一起玩乘坐公交车的游戏，并复习律动儿歌。 3. 在日常生活中，引导幼儿观察公交车、尝试文明乘坐公交车，并通过观察公交车、阅读绘本、观看视频、查看图片的形式进一步认识公交车。

9月第4周：直冲云霄的飞机；我知道的交通工具

教学活动示范表——直冲云霄的飞机

<table>
<tr><td>课程目标</td><td>1. 认识飞机，观察飞机的模型，了解飞机构造。
2. 锻炼幼儿的大臂肌肉，引导幼儿体验玩小飞机的乐趣。
3. 学习制作纸飞机，引导幼儿体验放纸飞机的乐趣。
4. 在音乐律动中，用肢体模仿飞机飞行的样子，激发幼儿想象力。
5. 引导幼儿乐意参加音乐律动。</td></tr>
<tr><td>教学准备
（教玩具、材料）</td><td>1. 音乐：《小飞机》。
2. 绘本：《第一次坐飞机》。
3. 其他：地球仪，飞机玩具，彩色卡纸，大型泡沫积木。</td></tr>
<tr><td>教学过程</td><td>1. 问候活动：《你好歌》。
2. 热身活动：彩虹绳。
3. 导入活动：绘本《第一次坐飞机》。
①利用听觉优先，展示飞机声音吸引幼儿注意。
②观察飞机外形，认识飞机外部特征。
4. 音乐律动：歌曲《小飞机》。
乘着飞机去旅行，去旅行，去旅行。
你的目的地在哪里，啦啦啦啦啦啦。
①跟随音乐节奏，张开双臂作飞机机翼，左右摇晃。
②站立做飞机飞行的动作，跟随音乐节奏自由“飞行”，选择飞行的目的地。在活动中可以适当提问幼儿：“你想飞去哪里呀？”
5. 运动游戏：化身小飞机。
①出示地球仪，引导幼儿选好目的地，一起去环球旅行。
②围成大圆圈，手臂张开，化身小飞机一起环球旅行（练习直线走、曲线走、转圈走）。</td></tr>
</table>

续表

教学过程	③用大型泡沫积木做成飞机跑道，让幼儿在“跑道”上“降落”飞机。 6. 艺术创作：纸飞机，飞起来。 ①家长和幼儿合作制作纸飞机，在制作过程中鼓励幼儿对折纸，压一压。 ②家长和幼儿一起到户外放纸飞机。 7. 派对时间。
家长任务	1. 课堂上积极跟幼儿互动，在日常生活中适时向幼儿输入与主题相关的词语、短语和简单问句。 2. 家长和幼儿在家里用不同大小的纸折飞机，并一起到户外做实验，看哪种纸飞机飞得又高又远。

教学活动示范表——我知道的交通工具

课程目标	1. 巩固所学的交通工具名称及特点，尝试根据拟声词分辨不同的交通工具，培养幼儿的注意倾听习惯。 2. 通过肢体运动，感受歌曲的韵律和节奏。 3. 通过大运动训练，提高幼儿的身体控制能力。 4. 体验和他人分享的快乐。
教学准备（教玩具、材料）	1. 音乐：《一辆大卡车》。 2. 图片：卡车图片。 3. 绘本：《各种各样的交通工具》。 4. 其他：常见交通工具模型，幼儿从家中带来的玩具（交通工具类）。
教学过程	1. 问候活动：《你好歌》。 2. 热身活动：彩虹绳。

续表

教学过程	3. 导入活动。 使用听觉优先技巧，教师用声音模仿交通工具鸣笛，引导幼儿猜一猜教师模仿的是什么交通工具。 4. 主题游戏：坐卡车。 ①卡车图片导入，观察卡车“高”“大”的特点，卡车有个装载货物的大箱子，强调箱子装载货物的功能。 ②初步体能探索，上车过程中注意排队与等待。 ③坐上泡沫圆形大滚筒“翻斗车”，被“倒下来”，锻炼幼儿的动态平衡能力与身体控制能力。 ④根据事先准备好的路线（直线、曲线、跨障碍物），搬运货物“石头”（篮球），将货物投掷到大箱子里。 5. 绘本故事：《各种各样的交通工具》。 ①你认识哪些交通工具？（出示交通工具，请幼儿回答） ②欣赏绘本。 ③谈话活动：根据绘本内容提问。 6. 音乐律动：《一辆大卡车》。 一辆卡车，有大大的箱子。 一辆卡车，有大大的箱子。 大卡车，轰轰轰。 一辆卡车，装满了货物。 教师扮演卡车，幼儿扮演货物。播放音乐，幼儿跟在教师后面，想象成是装满货物的卡车行驶在路上。 7. 玩具分享：分享交通工具玩具。 ①请幼儿向大家介绍自己带来的是什么交通工具玩具，尝试说一说交通工具在哪里行驶，怎么玩，大家共同欣赏。 ②大家一起玩带来的交通工具玩具，感受分享的快乐。 8. 派对时间。

续表

家长任务	1. 课堂上积极跟幼儿互动，在日常活动中适时向幼儿输入与主题相关的词语、短语和简单问句。 2. 家长在家可以和幼儿使用废的纸箱一起制作大卡车，可以问问幼儿想要搬运什么东西，让幼儿想象和思考。 3. 通过听觉优先，让幼儿先听拟声词或名词，出示各种交通工具图片，让幼儿巩固所学过的交通工具。尝试角色互换，让幼儿做小老师，进行游戏。

10 月主题

美丽的秋天

教学计划

一、主题说明

秋天是一个绚丽多彩的季节，也是一个丰收的季节。金秋送爽，秋天的变化引起了幼儿的好奇与关注。为了让幼儿感知秋天的季节特征，观察动物、植物的变化，我们设置了本月主题。通过开展“找秋天”“秋天的颜色”“秋天的果实”“秋天的昆虫”等活动，和幼儿一起开启秋天的探索之旅。

二、主题目标

（一）幼儿学习目标

1. 能感受秋天的特征，知道秋天是一个美丽和丰收的季节。

2. 激发幼儿对“上下”“里外”等概念的认知和理解。

3. 通过投掷、走、跑等的锻炼方式，提高幼儿的动作协调能力。

4. 引导幼儿参加集体活动，在活动中知道轮替和等待，并能主动和同伴一起玩，且乐意与同伴分享快乐。

5. 用身体模仿简单动作，跟着律动做简单动作。

6. 认识常见的美术工具，在成人的帮助下，简单使用美术工具进行创作。

（二）家长指导目标

1. 引导幼儿学会认识和区分不同的季节。

2. 引导幼儿对不同季节的特点有感知能力。

3. 引导幼儿理解“上下”“里外”等概念。

三、周主题设置

10 月第 1 周：找秋天；秋天的颜色。

10 月第 2 周：秋天的果实；树叶跳舞。

10 月第 3 周：秋天水果大聚餐；秋季运动。

10 月第 4 周：秋天的昆虫；秋天，丰收的季节。

教学活动示范

10 月第 1 周：找秋天；秋天的颜色

教学活动示范表——找秋天

课程目标	1. 在观察和体验中感受秋天的特征与美好。 2. 在音乐律动中，引导幼儿乐于用肢体动作表现树叶飘落的姿态。 3. 安静倾听绘本。通过绘本，观察秋天到来时周围环境的变化。
教学准备（教玩具、材料）	1. 音乐：《小落叶》。 2. 绘本：《秋天到了！》。 3. 其他：小袋子，各种落叶，沙锤，胶带，绳子，彩色纸，镜子，眼镜框，小篮子。
教学过程	1. 问候活动：《你好歌》。 2. 热身活动：彩虹绳。 3. 导入活动。 ①和幼儿到户外观察秋天的树木，感受秋天的变化。 ②采集各种落叶，放入小篮子，和大家分享自己捡到的树叶。教师适时向幼儿提问：捡到的树叶是什么颜色？什么形状？

续表

教学过程	4. 音乐律动：《小落叶》，使用沙锤（想象风吹叶落的声音）。 慢慢慢慢慢慢落，小小树叶慢慢落。 快快快快快快落，小小树叶快快落。 ①教师示范树叶飘落的动作。 ②家长和幼儿跟随音乐节奏，用晃动沙锤的频率表示树叶快快或慢慢落下的景象。 5. 绘本故事：《秋天到了！》。 引导幼儿欣赏绘本中的内容，进而联想：秋天到了，大山、森林、田野、大海、湖边、城市、公园等地方会发生什么变化。 6. 艺术创作：秋天的教室。 ①用收集的树叶装扮教室。 ②引导幼儿观察桌面提供的材料：胶带、绳子、彩色纸等，分组制作。第一组用树叶在彩色纸上拼贴图案。第二组用树叶做树叶项链。第三组用树叶装饰教室的门、窗户等。 7. 派对时间。
家长任务	1. 复习今天的音乐律动《小落叶》，在家里用丝巾或纸张进行亲子互动，感受秋天的落叶。 2. 家长和幼儿到户外去观察秋天的树叶，除了黄色，还有什么颜色呢? 3. 捡拾落叶带回家里，家长和幼儿对落叶进行艺术创作。

教学活动示范表——秋天的颜色

课程目标	1. 欣赏秋天的图片，感受美丽秋天的变化。 2. 通过粘贴、绘画的方式表达秋天，体验创作的快乐。 3. 安静倾听绘本，观察绘本中哪只小动物长出了翅膀。 4. 在律动中，用肢体动作模仿树叶飘落。
教学准备（教玩具、材料）	1. 音乐：《请你帮落叶排排队》。 2. 图片：秋天风景的图片。

续表

教学准备（教玩具、材料）	3. 绘本：《秋天的翅膀》。 4. 其他：沙锤，白色圆形卡纸，黑色笔，黄色、橘色颜料，棉签。
教学过程	1. 问候活动：《你好歌》。 2. 热身活动：彩虹绳。 3. 导入活动。 教师出示秋天的图片，引导幼儿观察图片中秋天的树叶都有什么颜色，引出主题。 4. 手指律动：《请你帮落叶排排队》。 秋天到，秋风吹， 落叶片片满天飞， 请你帮落叶排排队。 大、大、小、小、大…… 请你帮落叶排排队。 小、小、大，小、小…… 家长和幼儿一起跟随音乐律动，双手左右摇摆，表现秋天的落叶。念到“大、大、小、小、大……”时，家长和幼儿面对面相互拍拍手，可根据律动改编动作或者加入乐器，如沙锤。 5. 绘本故事：《秋天的翅膀》。 观察故事中风婆婆一吹，漫天飞舞的落叶变成了秋天的翅膀。在阅读过程中，引导幼儿说出哪只小动物瞬间长出可爱的翅膀，在秋风中自由自在地飞翔。 6. 艺术创作：秋天的小树林。 ①教师示范将棉签蘸上黄色、橘色颜料，印在提前画好的树干上，呈现秋天树叶的景象。 ②分发白色圆形卡纸、黑色笔、棉签、颜料（黄色、橘色），让家长和幼儿合作，一起描绘秋天的树及树叶。 ③教师依次邀请幼儿上来分享其所描绘的秋天。 7. 派对时间。

续表

家长任务	1. 在户外找一找秋天，复习所学有关秋天的词语、短语等。 2. 在户外一起找一找秋天的颜色，巩固所学的红色、橙色、黄色等。 3. 和幼儿一起阅读关于秋天的绘本。

10月第2周：秋天的果实；树叶跳舞

教学活动示范表——秋天的果实

课程目标	1. 通过图片，感受秋天水果丰收的喜悦。 2. 重点输入词语“秋天”“苹果树”“橘子”“雪梨”等。 3. 通过用印压和粘贴的方式创作，发展幼儿的想象力、动手能力。 4. 通过音乐律动，培养幼儿的想象力。
教学准备（教玩具、材料）	1. 音乐：《秋天到》。 2. 图片：故事中秋天的图片，故事中动物的图片，果树图片。 3. 绘本：《果子熟了：汉英对照》。 4. 其他：苹果、橘子、雪梨等秋天成熟的仿真水果玩具，围兜，白色圆形卡纸，提前剪裁好的棕色树干（每个孩子两个），圆形海绵印章，颜料盘，黄色、橙色颜料，胶水，红色、黄色、橙色的黏土。
教学过程	1. 问候活动：《你好歌》。 2. 热身活动：彩虹绳。 3. 导入活动。 ①出示秋天各种果实成熟的图片。 ②使用听觉优先技巧进行描述，再展示苹果、橘子、雪梨等秋天成熟的仿真水果玩具。

续表

教学过程	4. 绘本故事：《果子熟了：汉英对照》。 ①出示故事中秋天的图片、故事中动物的图片。 ②欣赏故事。 ③谈话活动。 5. 艺术创作：丰收的果树。 ①展示各种秋天结果的果树图片，认识秋天的果树。（颜色、形状） ②教师分发围兜，家长辅助幼儿穿好围兜，教师分发白色圆形卡纸。 ③待幼儿穿好围兜后，分发教师提前剪裁好的棕色树干，每个幼儿两个树干。 ④幼儿粘贴好树干后，教师分发画刷和颜料盘，挤上橙色、黄色颜料。 ⑤老师分发圆形海绵印章，让幼儿用圆形海绵印章蘸取颜料后，印在树干上。 ⑥教师给幼儿分发红色、黄色、橙色黏土，引导幼儿将黏土做成果实形状，放在枝头，作为成熟的果子。 ⑦将完成的作品放置一旁晾干。 6. 手指律动：《秋天到》。 秋天到，丰收了，甜甜石榴开口笑。 红红苹果枝头摇，还有橘子和葡萄。 各种水果大又好，宝宝想要不想要。 家长和幼儿伸出小手跟着教师一起做手指律动。 7. 派对时间。
家长任务	1. 课堂上积极跟幼儿互动并进行摘水果的想象，适时向幼儿输入与主题相关的重点词语。 2. 巩固学到的一些秋季常见的水果名称，帮助幼儿通过各种感官认识水果。 3. 复习今天的律动《秋天到》，和幼儿在家里进行亲子互动。

教学活动示范表——树叶跳舞

课程目标	1. 通过动作感知、语言匹配、视觉观察，感知“上”和“下”这两个方位。 2. 观察绘本中落叶造型、表情，激发幼儿模仿的兴趣。 3. 锻炼幼儿动态平衡，观察幼儿保持平衡的方式，幅度由小到大慢慢增加难度。 4. 能感受秋天的季节特征，尝试用不同的动作表现树叶落下的姿态。
教学准备（教玩具、材料）	1. 音乐律动：《把小手举起来》。 2. 绘本：《落叶跳舞》。 3. 其他：树叶，电钢琴。
教学过程	1. 问候活动：《你好歌》。 2. 热身活动：玫瑰花圈圈。 3. 导入活动。 教师出示树叶，将树叶向上吹，引导幼儿观察树叶飘落，引出“会跳舞的树叶”。 4. 绘本故事：《落叶跳舞》。 ①和幼儿观察绘本中的落叶，落叶以一种拟人化的独特方式呈现，感受落叶的千姿百态。 ②在阅读过程中可适时邀请幼儿模仿落叶的动作。 5. 运动游戏：风吹树叶。 ①幼儿坐在家长的脚上，双手环抱家长小腿。 ②家长强调“树叶向上飞”，小腿抬起来，把孩子举高。“树叶飞下来了”，小腿放下，让幼儿回归坐姿。 尝试抬腿，放下，向左、向右倾斜在大人的腿上保持平衡。 ③摇摆之后一起往下，家长强调概念“下”。

续表

教学过程	6. 音乐律动：《把小手举起来》。 把小手举起来，把小手举起来，举起来。 上呀上呀上呀上，上呀上呀上呀下。 ①家长和幼儿跟随音乐节奏将手举过头顶，或放下来。 ②加入树叶，跟随音乐旋律改编，如“把树叶吹起来，把树叶吹起来，吹起来……”，将树叶向上吹，或放手让树叶飘落。 7. 派对时间。
家长任务	1. 上下楼梯、上下坡的时候，伴随幼儿的脚步，和幼儿一起“上楼梯”“下楼梯”“跑上去”“走下来”等，与幼儿行动进行匹配帮助其认知。 2. 复习今天的音乐律动，和幼儿在家里进行亲子互动。 3. 家长和幼儿利用闲暇时间到户外捡拾落叶，通过粘贴、印画等方式制作落叶精灵。

10 月第 3 周：秋天水果大聚餐；秋季运动

教学活动示范表——秋天水果大聚餐

课程目标	1. 继续认识秋天的各种水果，能运用感官感知水果的特征。 2. 在音乐律动中，跟随音乐节奏，感受“里面”和“外面”的变化，体验音乐游戏带来的乐趣。 3. 在游戏中，让幼儿初步掌握简单的空间方位及相应的词语，帮助幼儿初步理解“里”“外”的空间认知。 4. 通过分享水果，感受集体分享的快乐。
教学准备（教玩具、材料）	1. 音乐：《小手动动》。 2. 绘本：《第一次发现丛书·透视眼系列·植物类·好吃的水果》。

续表

教学准备（教玩具、材料）	3. 其他：水果若干种，篮子，纸箱5个，水果头饰，水果模型，帐篷（房子）。
教学过程	1. 问候活动：《你好歌》。 2. 热身活动：彩虹绳。 3. 导入活动：出示神秘袋。 ①教师简单描述水果的外形特征，引导幼儿猜一猜袋子里是什么。 ②邀请个别幼儿揭晓答案。 ③展示全部水果模型，和幼儿一起观察、认识秋天的水果。 4. 主题游戏：奇妙的盒子。 纸箱剪开一个洞，将水果放入纸箱摇动发出声音，强调水果放在盒子"里面"；示范从纸箱中取出水果，水果从盒子"里"拿出来了，重点强调水果在盒子"外面"。让幼儿感知"里""外"的空间认知。幼儿模仿教师的动作，将水果放入篮子里，将水果取出，放外面。 5. 音乐律动：《小手动动》。 放一只手进去，放一只手出来，放一只手放进去，我们shake shake shake，可爱小手跟着节拍动一动，我们一起shake shake shake。 放两只手进去，放两只手出来，放两只手进去，我们shake shake shake，可爱小手跟着节拍动一动，我们一起shake shake shake。 ①家长和幼儿跟随音乐节奏，将手伸到面前或收回，唱到"shake shake shake"时，双手做甩的动作。 ②可进行简单创编，如放一个梨进去…… 6. 主题游戏：水果躲猫猫。 ①带自己喜欢的水果头饰。

续表

教学过程	②助教躲到房子（帐篷）里面，教师和幼儿一起观察水果宝宝不见了，水果宝宝躲在哪里？（房子里面） ③家长告诉幼儿谁在房子的外面，输入重点词语，强调“外面”“里面”。 ④幼儿自主进到房子里面，探索里面和外面的不同，亲身感受里面和外面的空间感。 7. 绘本故事:《第一次发现丛书·透视眼系列·植物类·好吃的水果》。 ①引导幼儿认识绘本中水果的名称、外形、吃法等。 ②利用绘本故事中出现的水果，向幼儿展示实体水果，鼓励幼儿摸一摸、闻一闻。 ③教师用刀切开水果，引导幼儿观察水果的剖面和绘本上的水果剖面是否一样。 ④品尝水果。品尝水果的过程中，家长通过自言自语技巧描述水果的味道。 8. 派对时间。
家长任务	1. 家长可以利用鞋盒和幼儿玩“里面和外面”的空间方位游戏，例如，家长示范把玩具放到鞋盒里，并进行语言输入“玩具在盒子的里面”，再把玩具从盒子里拿出来，多次重复，帮助幼儿认知“里面”和“外面”。 2. 玩躲猫猫的游戏，让幼儿亲身感受和体验在里面或者外面。

教学活动示范表——秋季运动

课程目标	1. 在运动游戏中发展投掷动作技能，锻炼幼儿的上肢力量。 2. 游戏中进行有目标的投掷，幼儿尝试向前方挥臂投物，增强身体的协调性与敏捷性。 3.《捡豆子》活动中，锻炼幼儿三指捏及手眼协调能力。 4. 通过开展亲子体育运动，体验游戏的快乐，激发幼儿对体育活动的兴趣。

续表

<table>
<tr><td>教学准备
（教玩具、材料）</td><td>1. 音乐：《开开关关》。
2. 其他：空纸箱 4 个，雨伞 1 把，海洋球，豆子，小推车，皮球，空瓶子，碗。</td></tr>
<tr><td>教学过程</td><td>1. 问候活动：《你好歌》。
2. 热身活动：玫瑰花圈圈。
3. 音乐律动：《开开关关》。
开开关关，开开关关，小手轻轻拍拍拍。
开开关关，开开关关，相反游戏好好玩。
开呀关，开呀关，小手张开，开开开。
开呀关，开呀关，小手关上，关关关。
家长和幼儿跟随音乐律动用双手做“开开关关”的游戏。
4. 运动游戏 1：投掷。
①教师示范，运用上肢力量将海洋球投掷在纸箱里。
②家长示范，引导幼儿进行投掷练习，提高幼儿上肢力量，增强身体协调性与灵活性。
③提问“还可以投什么”。（投小皮球）
根据幼儿能力调整幼儿与纸箱的距离，教师示范进行投掷皮球，家长引导幼儿练习，锻炼幼儿上肢力量。
5. 运动游戏 2：运水果。
幼儿分 2 组，把水果放进小推车，然后运送到对面的箱子里，将水果放好后再推小推车回来。
6. 认知游戏：捡豆子。
①准备一碗豆子和一个空瓶子，教师示范三指捏运豆子的动作，家长和幼儿观察。
②幼儿练习，家长引导和鼓励幼儿完成运豆子任务，锻炼幼儿三指捏及手眼协调能力。
7. 派对时间。</td></tr>
</table>

续表

家长任务	1. 协助幼儿完成亲子活动，向幼儿输入重点词语，帮助幼儿理解和想象。 2. 家长和幼儿在家里进行练习投掷的游戏。 3. 家长引导幼儿每天一起做体育游戏。

10 月第 4 周：秋天的昆虫；秋天，丰收的季节

教学活动示范表——秋天的昆虫

课程目标	1. 通过歌曲《蚂蚱跳呀跳》，幼儿跟随音乐节奏模仿蚂蚱跳一跳，体验音乐游戏带来的乐趣。 2. 通过绘本故事，幼儿观察故事中各种的小动物，并进行模仿弹跳动作。 3. 在语言上输入“beng”音节，刺激幼儿听觉语言发展。 4. 在运动游戏中，让幼儿初步掌握弹跳的技巧，锻炼幼儿弹跳的大动作。 5. 初步认识秋天常见的几种昆虫。
教学准备 （教玩具、材料）	1. 音乐:《蚂蚱跳呀跳》。 2. 绘本:《蹦！》。 3. 其他：彩虹伞，和绘本对应的动物模型，铃鼓，秋天昆虫（蚂蚱、蟋蟀、蜻蜓等）模型。
教学过程	1. 问候活动:《你好歌》。 2. 热身活动：彩虹绳。 3. 导入活动。 ①神秘袋：出示蚂蚱、蟋蟀、蜻蜓等昆虫模型。（2—3 种） ②初步学习昆虫的部位名称。 4. 绘本故事:《蹦！》。 ①在绘本中，我们可以看到小动物们跳起来的搞笑动作，家长和幼儿一起观察小动物们是如何跳的。

续表

教学过程	②在念出小动物的名称时故意延迟一会儿，引导幼儿一起念出“beng”这个音节。 ③在念出某一种小动物名称时，家长和幼儿一起模仿该动物跳起来的动作，掌握弹跳的技巧，锻炼幼儿弹跳的大动作，在过程中建立幼儿等待的游戏规则。 5. 音乐律动:《蚂蚱跳呀跳》。 跳啊，小小蚂蚱跳呀跳呀， 跳啊，小小蚂蚱跳呀跳呀。 跳啊，小小蚂蚱跳呀跳呀， 还在唱着跳跳跳。 请家长与幼儿跟随音乐模仿蚂蚱跳呀跳。 6. 主题游戏 1：一起蹦起来。 ①铺开彩虹伞，把动物手偶放在彩虹伞上，听教师的指令，当教师说“蚂蚱跳”，幼儿让小昆虫蹦起来（向上抛，在昆虫模型落下时接住它）。这个游戏可以锻炼幼儿身体的协调性和视觉的敏锐性。 ②在念出小动物名称时，延迟一会儿，观察幼儿表现，引导幼儿一起念出“beng”这个音节。感受停顿的变化，让幼儿学会等待。 7. 主题游戏 2：落叶的游戏。 ①“秋天来了，秋风吹，小树会怎么样。”引导幼儿用肢体模仿小树摇动，再模仿落叶飘飘。 ②游戏：教师摇铃，幼儿听指令做动作。 风大了：加速摇铃，家长带领幼儿自由跑。 风小了：慢慢摇铃，幼儿慢慢走。 旋风来了：幼儿和家长手拉手原地转圈。 风停了：蹲下休息。 8. 派对时间。

续表

家长任务	1. 在家里，家长可以利用毯子或者迷你降落伞，把沙滩球放在中间，向上抛，在球落下时接住它。这个游戏可以锻炼幼儿身体的协调性和视觉的敏锐性，同时培养幼儿的合作意识。 2. 在床上用被子叠起一定高度，在保证安全的前提下，尝试让幼儿从被子上跳下来，锻炼幼儿的弹跳能力。 3. 通过绘本、故事书认识一些秋天常见的昆虫，如蝈蝈、蝗虫等。

教学活动示范表——秋天，丰收的季节

课程目标	1. 继续认识一些秋天常见的农作物和水果，知道秋天是丰收的季节。 2. 教育幼儿尊重他人的劳动成果。 3. 培养幼儿良好作画习惯。 4. 能跟着教师做简单的模仿动作，乐意参加音乐活动。
教学准备（教玩具、材料）	1. 音乐：《秋天到》。 2. 视频：农民田间农作的场景。 3. 其他：白卡纸，马克笔，圆形海绵印章，树叶，绿色、橘色颜料，水粉笔，彩色海洋球，圆形垫，彩虹隧道，斜坡垫，双面胶，透明胶，画好的大树（果园）。（注意：提前将海洋球贴在大树上）
教学过程	1. 问候活动：《你好歌》。 2. 热身活动：玫瑰花圈圈。 3. 导入活动。 ①演示视频，观看秋收的景象。 ②谈话活动：农民伯伯在做什么？秋天有很多好吃的水果，你最喜欢吃什么？ ③神秘袋：出示教学过程 2—4 中常见的农作物和水果。

续表

教学过程	4. 手指律动：《秋天到》。 秋天到，丰收了，甜甜石榴开口笑。红红苹果枝头摇，还有橘子和葡萄。各种水果大又好，宝宝想要不想要。 家长和幼儿跟随教师动动手，做相应的动作。 5. 艺术创作：拓印画《秋天的橘子》。 ①教师示范：用马克笔在白色卡纸上画出树枝，用圆形海绵印章印出橘子。拿出准备好的树叶，用绿色颜料涂上去，然后印在画纸上。 ②幼儿操作，家长协助。 ③将作品摆放在作品区，一起欣赏秋天丰收的果实。 6. 主题游戏：小刺猬运水果。 ①教师示范扮演小刺猬，走过石子路（圆形垫），钻过山洞（彩虹隧道），爬上山坡（斜坡垫），到达果园，摘下果子（海洋球），运送到仓库里存放。 ②分发小桶，引导幼儿有序排队钻过山洞，爬上山坡，摘下果子。在游戏过程中适时提问幼儿摘到的是什么水果，鼓励幼儿用语言表达。 7. 派对时间。
家长任务	1. 协助幼儿完成亲子活动，向幼儿输入重点词语，帮助幼儿理解和想象。 2. 在家里和幼儿进行练习投掷的游戏。

11 月主题

活力的大自然

教学计划

一、主题说明

自然界变化万千，奇趣盎然。本月主题设置以幼儿的直接经验为基础，通过亲身体验对比强烈的不同触感，让幼儿在平时生活中能感知并区分。幼儿通过不断调整自己的身体，提高控制能力和加强大肌肉的锻炼。观察大自然中的树、蚂蚁、瓢虫和蝴蝶等，培养幼儿对大自然的亲近与喜爱。

二、主题目标

（一）幼儿学习目标

1. 让幼儿能初步认识与了解“刺刺的”“冷冷的”“热热的”感受。

2. 通过运动游戏让幼儿加强大肌肉的锻炼，激发幼儿对运动的热情。

3. 乐于参与音乐游戏活动，感受音乐的旋律及节奏。

4. 在艺术创作中，通过不同材质的作品、不同的材料，发挥幼儿的想象力和创造力。

（二）家长指导目标

1. 在课堂及生活中，通过实体物品引导幼儿学会认识和区分“刺刺的”“冷冷的”“热热的”感受。

2. 运用不同的方式、方法，与幼儿一同爬行不同高度的山坡。

3. 引导幼儿认识大自然中的动物、植物。

4. 培养幼儿阅读习惯。

三、周主题设置

11 月第 1 周：仙人掌与刺猬；太阳与冰激凌。

11 月第 2 周：山坡 1；山坡 2。

11 月第 3 周：高高的大树；小小的蚂蚁。

11 月第 4 周：多彩的瓢虫；毛毛虫与蝴蝶。

教学活动示范

11 月第 1 周：仙人掌与刺猬；太阳与冰激凌

教学活动示范表——仙人掌与刺猬

课程目标	1. 通过对仙人掌和刺猬的认识，让幼儿知道它们的主要外形特征，了解不同物品表面会有不一样的触觉感受，认识刺刺的触感，体验刺刺的、痛痛的感觉。 2. 音乐律动中，伴随着欢快的旋律和节奏，体验音乐律动带来的乐趣。 3. 锻炼精细动作，培养幼儿的创造能力和审美意识。
教学准备（教玩具、材料）	1. 音乐：《小刺猬》。 2. 动画：《仙人掌与刺猬》。 3. 其他：仙人掌模型和小刺猬模型，光滑的物品，刺刺的物品，小篮子，各种形状的海绵印章（圆形、花形、椭圆形），记号笔，颜料，画纸（纸上画有花盆）。
教学过程	1. 问候活动：《你好歌》。 2. 热身活动：彩虹绳。 3. 导入活动。 ①观看动画《仙人掌与刺猬》。 ②根据动画片内容进行简单提问。

续表

<table>
<tr><td>教学过程</td><td>③运用声学强调技巧总结仙人掌和刺猬的外形特征——摸起来都是刺刺的。
④运用听觉优先的技巧输入相关词语，再出示仙人掌模型和小刺猬模型，给幼儿感受刺刺的触感。
⑤分类游戏：按触感“光滑的”与“刺刺的”将篮子里的物品进行分类。
4. 音乐律动：《小刺猬》。
小刺猬呀小刺猬呀，叽里咕噜咕噜。
小刺猬呀小刺猬呀，全身都是刺呀。
“小刺猬”可以“爬”到每个幼儿身边，幼儿进行触摸，加深幼儿对刺刺的触感的理解。
5. 艺术创作：拓印画《小小仙人掌》。
①教师示范：用海绵印章蘸上喜欢的颜料，印在纸上，让花盆长出各种形状的仙人掌；再用记号笔画上小刺。教师运用自言自语技巧重复词语“仙人掌”。家长运用平行谈话技巧输入课堂中的词语“仙人掌”。
②幼儿操作，家长协助。
③作品欣赏。
6. 派对时间。</td></tr>
<tr><td>家长任务</td><td>1. 让幼儿触摸干净牙签，体验“刺刺的”感觉，鼓励幼儿将牙签插入牙签盒中。
2. 和幼儿寻找还有什么东西是“刺刺的”。
3. 在课堂中乐于与幼儿进行亲子游戏，在教师示范下掌握平行谈话的教学技巧。</td></tr>
</table>

教学活动示范表——太阳与冰激凌

<table>
<tr><td>课程目标</td><td>1. 感受“热热的”和“冷冷的”触感，初步感知冷和热的物品。
2. 向幼儿输入“冷冷的”“热热的”等相关词语。</td></tr>
</table>

续表

课程目标	3. 通过拿取、粘贴小贴纸的活动，锻炼幼儿手部的精细动作，培养幼儿的创造能力和审美意识。
教学准备（教玩具、材料）	1. 音乐：《太阳与冰激凌》。 2. 图片：冷热物品图片。 3. 其他：冰袋，热水袋（热水瓶），红蓝垫子，卡纸5张，颜料。
教学过程	1. 问候活动：《你好歌》。 2. 热身活动：彩虹绳。 3. 音乐律动：《太阳与冰激凌》。 在音乐游戏活动中，感受柔和舒缓的音乐风格，并运用丝巾表达自己的心情。通过身体的不同动作来体现炎热的太阳和冰冰凉凉的冰激凌。 4. 导入活动。 ①出示冰袋，教师用双手进行触摸，并做出“冷冷的”动作和表情引导幼儿观察，运用重复技巧输入词语“冷冷的”。 ②出示热水袋，教师用适当夸张的语言和动作展示“热热的”，运用重复的教学技巧输入词语“热热的”。 ③让幼儿自己尝试去触摸冰袋、热水袋（热水瓶），并出示冷热物品图片进行介绍，同时向幼儿重复输入短语“冷冷的 × ×”“热热的 × ×”，加深幼儿对冷、热的理解。 ④主题活动：区分冷热。 出示红色垫子和蓝色垫子，分别代表热和冷，教师进行示范将上一环节出示的冷热物品图片进行分类，引导幼儿拿到“冷冷的”物品图片要站在蓝色垫子上，拿到“热热的”物品图片要站在红色垫子上。幼儿按规则进行游戏，家长适时引导和鼓励，让幼儿进一步掌握冷热的概念。 5. 艺术创作：冰激凌。

续表

教学过程	①提前打印好冰激凌的图片，让幼儿自主选择贴贴纸。 ②通过粘贴的方式制作美味的冰激凌。 6. 派对时间。
家长任务	1. 在生活中，和幼儿一起感知冷热并进行探索，比如，可以玩穿脱衣服的游戏，吃冷的或热的食物，或者进行与冷热相关的小实验等。 2. 引导幼儿理解热的时候可以扇扇子，冷的时候可穿棉衣、烤火等。 3. 可以和幼儿在家中制作冰激凌。

11 月第 2 周：山坡 1；山坡 2

教学活动示范表——山坡 1

课程目标	1. 通过丰富的绘本、图片等工具，复习之前学过的花、树以及相关颜色，认识山坡“高高的、长长的”特点，丰富词汇量。 2. 艺术创作过程中，引导启发幼儿想象山坡的形状及山坡上的事物，提供新的创作方式，使用塑料袋、颜料等工具，激发幼儿的想象力和创造力。 3. 大运动游戏“爬山坡”，帮助幼儿用身体感受不同的斜度的山坡，进一步认识山坡，锻炼身体的协调性。 4. 在音乐律动中，跟随音乐律动想象翻越山坡。
教学准备 （教玩具、材料）	1. 音乐:《小熊越过山坡》。 2. 图片：相关动物、轮胎图片。 3. 绘本:《快乐轮胎》。 4. 其他：节奏棒，彩虹绳，蜡笔，颜料，塑料袋，爬爬垫，斜坡、拱门，海洋球。

续表

教学过程	1. 问候活动:《你好歌》。 2. 热身活动: 彩虹绳。 3. 导入活动: 图片导入，引导幼儿观察图片中的小朋友在山坡上做什么，山坡上有什么植物，山顶和山下有什么。输入词句“高高的山坡”“长长的山坡”。 4. 音乐律动:《小熊越过山坡》。 小熊越过山坡，小熊越过山坡，小熊越过山坡，看一看有什么。 看一看有什么，看一看有什么，小熊越过山坡……看一看有什么。 伴随音乐旋律摇动节奏棒。 5. 绘本故事:《快乐轮胎》。 ①神秘袋: 出示与绘本有关的轮胎、小动物图片。 ②介绍绘本封面。 ③欣赏故事。 ④通过故事，运用声学强调技巧输入巩固词语“圆圆的”“山坡”“滚”，以及巩固动物名称等。 6. 运动游戏: 摘果子。 将斜坡、拱门搭建成山坡和山洞，幼儿想象要翻过山坡，爬过山洞，去摘果子（放在终点的海洋球）。 7. 艺术创作: 山坡上的美景。 ①观察山坡图片，引导幼儿看到山坡上有美丽的花、树和小房子，并观察到各种物品的颜色。 ②让幼儿在自己画的小山坡上使用蜡笔涂鸦，感受山坡的高和长。 ③让幼儿用塑料袋蘸取颜料，涂抹在自己画的山坡上，给山坡涂上底色。

续表

教学过程	④让幼儿将户外捡到的叶子、花朵、草和课前准备好的图形（三角形、正方形等）拼成房屋、汽车，把它们贴在自己画的山坡上，装饰山坡。 ⑤教师将每幅小山坡画贴在墙上，形成连绵的山坡。 8. 派对时间。
家长任务	1. 在床上或爬爬垫上用枕头、被子等搭建“小山坡”（软或硬），留意翻越的高度和难度，注意安全。 2. 活动多示范，用及时鼓励和肯定技巧引导幼儿自主爬坡。 3. 课堂上家长要学习适当的鼓励技巧，鼓励幼儿克服困难。

教学活动示范表——山坡 2

课程目标	1. 幼儿能听指令“上坡”和“下坡”，乐于参与游戏活动。 2. 通过体育游戏，学习爬行上坡，培养幼儿的专注力和协调能力。 3. 在艺术创作中，培养幼儿的审美意识。
教学准备（教玩具、材料）	1. 音乐:《拉个圆圈走走》。 2. 图片：汽车图片，山坡图（大）。 3. 其他：大型积木，小汽车玩具，木制积木，雪梨纸，胶水。
教学过程	1. 问候活动:《你好歌》。 2. 热身活动：拉个圆圈走走。 3. 导入活动：小汽车嘀嘀嘀。 ①幼儿和家长一起用积木设计有上坡和下坡的汽车跑道。 ②幼儿在跑道上开小汽车，感受上坡与下坡的不同。 ③幼儿互换跑道开小汽车。 4. 运动游戏：小熊爬坡。 教师提前用大型积木架成一个斜坡，让幼儿学小熊爬上坡，再慢慢爬下坡。

续表

教学过程	5. 艺术创作：山坡上。 ①让幼儿将雪梨纸撕成小块。 ②教师将课前剪好的汽车图片分发给幼儿，让幼儿在汽车图片上贴上雪梨纸。 ③让幼儿将汽车图片粘贴在教师准备好的山坡图上。教师询问幼儿打算将汽车图片粘贴在上坡处还是下坡处。 6. 派对时间。
家长任务	1. 和幼儿一起练习儿歌《拉个圆圈走走》，锻炼幼儿的反应能力及专注力。 2. 寻找有坡度的草地，让幼儿独自上坡和下坡，加深对上坡、下坡的理解。 3. 在亲子游戏中，培养幼儿的动手能力，学习尊重幼儿的选择。

11 月第 3 周：高高的大树；小小的蚂蚁

教学活动示范表——高高的大树

课程目标	1. 通过绘本故事，让幼儿初步了解大自然中的植物、动物。 2. 巩固相关词语“树”“树叶”等。 3. 通过家长的动作将手想象成树枝在风中摇曳，让幼儿感受歌曲里舒缓稳定的节奏。 4. 引导幼儿进行符号联想，发展幼儿的想象力。 5. 通过绘画，锻炼幼儿小手肌肉的发展，提高审美能力。
教学准备（教玩具、材料）	1. 音乐：《哈拉树》。 2. 图片：大自然的“食物链”图，植树图片，树木图片。 3. 绘本：《上山种下一棵树》。

续表

教学准备 （教玩具、材料）	4. 其他：各种颜色、各种形状的卡纸（山、树），胶水，黑色签字笔。
教学过程	1. 问候活动：《你好歌》。 2. 热身活动：彩虹绳。 3. 导入活动：植物生长图。 ①出示视频，让幼儿观看植物生长的过程。 ②向幼儿出示大树的木嵌板，运用重复、自言自语的技巧输入“树叶”等词语。 4. 音乐律动：《哈拉树》。 哈拉树呀真可爱，E——A——E——A。 摇一摇呀随风摆，E——A——E——A。 小小树呀快长高，E——A——E——A。 一起随着浪花飘，E——A——E——A。 带领幼儿将手想象成树枝跟随节奏随风摆动。 5. 绘本故事：《上山种下一棵树》。 ①引起幼儿注意，出示植树的图片，提出问题：他们在干什么？重点引导幼儿观察大树的形态特征以及出现在大树身边的人物和动物。 ②欣赏故事。 ③出示大自然的“食物链”图，利用循环图及粘贴主要动植物、物品，方便幼儿理解绘本内容。 6. 音乐想象游戏：大果树。 出示大果树（彩虹伞），邀请幼儿先摸一摸树，抱一抱树，然后每个人拉着彩虹伞的一角听着音乐，跟着节奏一起摇动大果树（彩虹伞）。分享摇下的水果。 7. 艺术创作：树林。 ①展示树林图片。

续表

教学过程	②出示树干形状，让家长引导幼儿观察树干颜色和形状，运用重复、自言自语技巧向幼儿输入“树”“树叶”等词语。 ③用彩纸剪好各种形状的树（三角形、圆形等）、山，粘贴在大卡纸上。 ④让幼儿利用直线和曲线，画出树干、树枝、树叶。 ⑤点评。 ⑥一起唱《哈拉树》。 8. 派对时间。
家长任务	1. 家长带着幼儿去寻找树，通过视觉、嗅觉、触觉认知树枝、树干、树叶等，并给幼儿做充分的语言描述。 2. 用及时鼓励和肯定的方式引导幼儿，画出各种线条，锻炼幼儿手部精细动作。 3. 和幼儿一起种绿豆、黄豆，让幼儿观察植物生长的过程，并记录下来。 4. 适时开展分享活动，引导幼儿分享。

教学活动示范表——小小的蚂蚁

课程目标	1. 让幼儿初步了解蚂蚁的外形特征和生活习性。 2. 引导幼儿用身体模仿小蚂蚁的动作、活动特点，充分体验游戏带来的快乐。 3. 让幼儿通过音乐旋律感知欢快的音乐节奏。
教学准备（教玩具、材料）	1. 音乐：《蚂蚁搬豆》。 2. 绘本：《蚂蚁蚂蚁排排走》。 3. 其他：沙包，大型积木，彩虹伞，滚筒（蚂蚁粮仓）。

续表

教学过程	1. 问候活动:《你好歌》。 2. 热身活动：彩虹绳。 3. 音乐律动:《蚂蚁搬豆》。 一只蚂蚁在洞口，看见一粒豆，用力搬也搬不动，急得直摇头。 小小蚂蚁想一想，想个好办法，回洞请来好朋友一起抬着走。 在音乐中模仿小蚂蚁的动作爬一爬，手拉手想象合作搬豆子。 4. 导入活动：小蚂蚁。 ①出示蚂蚁仿真模型，教师用适当夸张的动作表现蚂蚁爬在身上的感受，引导幼儿观察。 ②一起来观察蚂蚁的身体。 5. 绘本故事:《蚂蚁蚂蚁排排走》。 ①欣赏绘本，了解蚂蚁搬运粮食的动作。 ②谈话活动。 6. 运动游戏：蚂蚁搬运粮食。 ①幼儿头戴蚂蚁头饰，学蚂蚁爬，家长把沙包放在幼儿的背上，小蚂蚁要保护好背上的粮食，不要掉下来，直至把粮食运到粮仓（滚筒）。 ②增加障碍物，继续让幼儿模仿蚂蚁搬运粮食。 ③分组比赛，以速度快的小蚂蚁获胜。 7. 派对时间。
家长任务	1. 在不干扰蚂蚁的情况下，观察蚂蚁的身体结构、生活习性等。 2. 制作蚂蚁观察小书，把观察到的蚂蚁的外形、生活习性用小书的形式记录下来。 3. 鼓励幼儿参与游戏，培养幼儿的竞赛意识。

11 月第 4 周：多彩的瓢虫；毛毛虫与蝴蝶

教学活动示范表——多彩的瓢虫

课程目标	1. 通过观察模型、图片等方式，让幼儿认识瓢虫，初步了解瓢虫的外形特征。 2. 通过故事情节，让幼儿了解瓢虫的一生，激发阅读的兴趣，重点向幼儿输入“瓢虫”“爬”“斑点”等词。 3. 让幼儿练习攀爬和双脚跳跃，锻炼大肌肉运动和身体协调、平衡能力。 4. 幼儿动手制作会往上爬行的瓢虫，锻炼动手能力并继续认知“瓢虫爬呀爬”，让幼儿跟着律动充满想象地“飞行”。
教学准备（教玩具、材料）	1. 音乐：《七星瓢虫》。 2. 绘本：《七星瓢虫，你好！》。 3. 其他：瓢虫模型，独木桥，呼啦圈，不同颜色的瓢虫小挂包及对应颜色的小筐，海绵印章，颜料，黑色卡纸剪的小圆形，黑色记号笔。
教学过程	1. 问候活动：《你好歌》。 2. 热身活动：彩虹绳。 3. 绘本故事：《七星瓢虫，你好！》。 ①使用听觉优先技巧导入，出示瓢虫模型。让幼儿认识瓢虫并观察瓢虫的外形特点。 ②欣赏故事，了解瓢虫的生活习性。 ③谈话讨论活动。 4. 运动游戏：瓢虫找家。 ①天黑了，小瓢虫（瓢虫小挂包）要回家咯！我们送小瓢虫回家吧！（以颜色配对的要求送小瓢虫回家） ②先进行攀爬（小瓢虫放在背上），然后走独木桥，张开双手（小瓢虫挂在脖子上），最后双脚跳进呼啦圈，送小瓢虫回家。

续表

教学过程	5. 艺术创作：海绵印章印画《小瓢虫》。 ①出示范画，引起幼儿兴趣。 ②教师示范，幼儿操作，用大小海绵印章印出叶子、瓢虫。 ③装饰瓢虫，用记号笔画出瓢虫的头（家长可以帮忙），用直线把圆形分半，粘贴黑色斑点。 6. 音乐律动：《七星瓢虫》。 带领幼儿跟着音乐在教室里“飞行”。 7. 派对时间。
家长任务	1. 课后和幼儿去找一找瓢虫，看它生活在哪里。 2. 和幼儿一起数数瓢虫身上有多少个斑点，和幼儿想象瓢虫在飞行。 3. 鼓励幼儿自主走独木桥，完成课堂运动。

教学活动示范表——毛毛虫与蝴蝶

课程目标	1. 通过实物观察、图片展示等方式认识毛毛虫和蝴蝶，初步了解毛毛虫和蝴蝶的外形特征。 2. 重点向幼儿输入“毛毛虫”“蝴蝶”“爬”“飞”等词。 3. 引导幼儿练习爬行，挥动双臂小跑，锻炼幼儿身体的协调性。 4. 让幼儿动手制作毛毛虫，感知鲜艳的色彩，培养美感。
教学准备（教玩具、材料）	1. 音乐：“LA　MARIPOSA”。 2. 视频：毛毛虫变蝴蝶的视频。 3. 绘本：《好饿好饿的毛毛虫：英汉对照》。 4. 其他：彩虹隧道，独木桥，丝巾，纸碟，玩具隧道，自制毛毛虫模型教具，活动眼睛，小棍子，轻黏土，颜料，水粉笔。

续表

教学过程	1. 问候活动:《你好歌》。 2. 热身活动: 彩虹绳。 3. 导入活动。 播放毛毛虫变蝴蝶的视频。 4. 绘本故事:《好饿好饿的毛毛虫: 英汉对照》。 ①出示自制毛毛虫模型，引起幼儿的兴趣。 ②通过自制的教学用具，运用声学强调、等待、完型等技巧讲述故事，强调毛毛虫、蝴蝶以及毛毛虫吃的食物。 ③谈话讨论活动。 5. 运动游戏: 会爬的毛毛虫。 ①练习爬行，注意手脚交替爬行。 ②游戏 1 : 爬行比赛。 ③游戏 2 : 直线爬行，曲线爬行，爬隧道，爬独木桥。 ④幼儿到达终点后，变成蝴蝶挥动翅膀，飞出来。 6. 音乐游戏: 蝴蝶舞。音乐用“LA MARIPOSA”。 ①挥动翅膀，随着音乐飞行。 ②使用丝巾，跟随音乐飞行。 ③在音乐中，想象自己变成小蝴蝶飞行。 7. 艺术创作: 会爬的毛毛虫。 ①用不同颜色的轻黏土揉成圆形，制作毛毛虫，用小棍子代替触角，用活动眼睛代替毛毛虫眼睛，运用重复、自言自语等技巧向幼儿输入词语“毛毛虫”。 ②制作纸碟花，让幼儿用颜料给花涂上自己喜欢的颜色。 ③把毛毛虫放到花朵上。 8. 派对时间。
家长任务	1. 和幼儿看科普卡片，观察毛毛虫如何变成蝴蝶。 2. 回家和幼儿听与蝴蝶相关的歌曲，一起拿丝巾模仿蝴蝶飞舞。

12月主题

好玩的游戏

教学计划

一、主题说明

经过一段时间的接触，幼儿们已经产生团体游戏的意识。在本月主题中，教师将为幼儿创造接触各类游戏的条件和机会，增加团体活动的经验，让幼儿体验与同伴一起做游戏的快乐，逐渐建立游戏规则意识。在美食游戏中，让幼儿在制作和品尝美食的同时，培养幼儿的动手能力，让幼儿知道美食来之不易，学会珍惜粮食。在音乐游戏中，让幼儿获得音乐感知力。在石头游戏中，引导幼儿感知大自然的创造力，理解“大”“小”的不同含义。

二、主题目标

（一）幼儿学习目标

1. 初步认识制作美食的食材，了解美食制作的过程。

2. 提供不同质地、不同大小的球，激发幼儿对球类游戏的兴趣，引导幼儿了解不同的体育游戏有不同的游戏规则。

3. 在游戏中，发展幼儿的大肌肉动作。

4. 乐于参与各类游戏活动，并能遵守游戏规则。

5. 丰富幼儿的词汇，向幼儿输入“大小”“石头”等词语。

（二）家长指导目标

1. 鼓励幼儿亲自或在家长帮助下尝试动手制作美食，享受制作的快乐。

2. 引发幼儿对球类游戏的好奇心，提升亲子关系，并在游戏中了解初步的游戏规则。

3. 带幼儿认识大自然中各种各样的石头，通过捡、丢、画、比等活动加深对石头的了解；运用重复、自言自语等技巧向幼儿输入常用词语。

三、周主题设置

12 月第 1 周：甜甜圈的游戏；蛋挞的游戏。

12 月第 2 周：球类游戏 1 ；球类游戏 2。

12 月第 3 周：音乐游戏 1 ；音乐游戏 2。

12 月第 4 周：石头游戏；“大和小”游戏。

教学活动示范

12 月第 1 周：甜甜圈的游戏；蛋挞的游戏

教学活动示范表——甜甜圈的游戏

课程目标	1. 幼儿认识甜甜圈的名称和外观特征。 2. 感受音乐的欢快旋律，会模仿教师动作。 3. 艺术环节，让幼儿活动小手，做出甜甜圈造型，锻炼小手精细动作。 4. 数概念：从 1 唱数到 3。
教学准备（教玩具、材料）	1. 音乐：《小手拍拍》，“WASH YOUR HANDS SONG”（《洗手歌》）。 2. 图片：甜甜圈图片。 3. 其他：玻璃纸碎片，碟子，甜甜圈，糖粉、肉松等，彩泥，叠叠乐。
教学过程	1. 问候活动：《你好歌》。 2. 热身活动：小手拍拍。

续表

教学过程	伴随音乐，模仿教师动作或自主创设动作。 3. 导入活动。 ①神秘袋：出示甜甜圈。（使用听觉优先技巧） ②展示甜甜圈图片，强调圆圆的，中间有个圆孔，各种颜色，上面有各样装饰。使用重复的技巧向幼儿输入词汇“甜甜圈”。 ③游戏：甜甜圈叠叠趣。 准备：叠叠乐玩具。教师摆一个，幼儿摆一个一模一样的，再手口一致点数 1—3。 4. 音乐律动：“WASH YOUR HANDS SONG”。 ①教师做动作。 ②幼儿模仿教师做动作。 5. 艺术创作：漂亮的甜甜圈。 ①揉一揉彩泥，将彩泥搓长条状。 ②将长条彩泥围成圆环状，做甜甜圈形状。 ③用亮片玻璃纸碎片装饰甜甜圈。 ④把制作好的甜甜圈放在碟子里。 整个活动过程可运用自言自语技巧输入词语“甜甜圈”。 6. 制作甜甜圈。 拿出烤好的甜甜圈胚，让幼儿自由选择糖粉、巧克力酱、肉松、海苔碎，装饰自己的甜甜圈，装饰后与家长分享美食。 7. 派对时间。
家长任务	1. 和幼儿用彩泥制作各种美食。 2. 能运用平行谈话的教学技巧复述幼儿制作甜甜圈的过程。 3. 培养幼儿节约粮食的意识，日常做到光盘。

教学活动示范表——蛋挞的游戏

课程目标	1. 向幼儿输入"蛋挞""鸡蛋""白糖"等词语，鼓励幼儿自主表达。 2. 锻炼幼儿的动手能力，引发幼儿参加集体活动的乐趣。 3. 了解蛋挞的基本制作过程，感受劳动的快乐，建立动手做家务的意识。
教学准备（教玩具、材料）	1. 音乐:《小手拍拍》《美味的蛋挞》。 2. 视频：制作蛋挞的相关视频。 3. 其他：鸡蛋8个，牛奶2盒，白糖1包，蛋挞皮1袋，水果、花草形状的贴纸，蜡笔，蛋挞皮。
教学过程	1. 问候活动:《你好歌》。 2. 热身活动：小手拍拍。 家长引导幼儿伴随音乐节奏做动作。 3. 音乐律动:《美味的蛋挞》。 一起做蛋挞，一起做蛋挞，啦啦啦啦啦啦啦。 敲一敲鸡蛋，撒一撒白糖，牛奶搅一搅，啦啦啦啦。 一起做蛋挞，一起做蛋挞，啦啦啦啦啦啦啦。 放进大烤箱，慢慢烤一烤，3、2、1，叮！蛋挞做好了。 家长引导幼儿伴随音乐节奏做动作。 4. 导入活动。 ①观看制作蛋挞视频。 ②引导幼儿观察制作的过程，运用声学强调技巧向幼儿输入视频中出现的"牛奶""鸡蛋""白糖"等词语。 ③出示实物鸡蛋、牛奶、白糖、蛋挞皮，巩固词语。教师示范制作蛋挞。 ④按组分配制作蛋挞的工具和材料，家长与幼儿一起制作蛋挞。家长鼓励幼儿自己搅拌碗中的鸡蛋液，搅拌后依次放入牛奶、白糖，然后将搅拌好的蛋液倒入蛋挞皮中。

续表

教学过程	⑤将家长和幼儿制作好的蛋挞统一放入烤箱，耐心等待。等待时一边听音乐《美味的蛋挞》，一边带领幼儿打扫桌面卫生。 ⑥烤制好后，观察蛋挞的颜色，闻一闻蛋挞的味道。 ⑦品尝蛋挞，尝一尝自己亲手制作的蛋挞。 5. 艺术创作：美味的蛋挞。 ①出示蛋挞简笔画图片。 ②用蜡笔给蛋挞涂色。 ③用水果、花草等各种形状的贴纸进行装饰。 6. 派对时间。
家长任务	1. 和幼儿讨论与复述做蛋挞的步骤。 2. 回家和幼儿尝试自己制作蛋挞或其他食物。 3. 引导幼儿做力所能及的家务，及时给予幼儿表扬及肯定。

12 月第 2 周：球类游戏 1；球类游戏 2

教学活动示范表——球类游戏 1

课程目标	1. 让幼儿了解不同球类游戏的名称，了解不同体育游戏有不同的规则。 2. 通过音乐游戏，让幼儿在小球上拍出音乐节奏，刺激幼儿听觉，培养幼儿乐感，锻炼幼儿合作游戏能力。 3. 通过两种球类主题游戏，锻炼幼儿的身体控制能力和规则意识。 4. 培养幼儿的团队意识。 5. 引导幼儿愿意大声地打招呼。
教学准备 （教玩具、材料）	1. 音乐：《球儿歌》《拉个圈圈走走》。 2. 其他：足球，足球门框，乒乓球，纸篓。

续表

教学过程	1. 问候活动:《你好歌》。 2. 热身活动：拉个圆圈走走。 3. 导入活动： ①使用听觉优先技巧向幼儿输入词语“球”。这是一种文体用品，它是圆圆的，可以拍一拍，也可以踢一踢，还能滚滚滚。 ②出示神秘袋，内装乒乓球和足球，使用声学强调技巧引导幼儿认识两种球的大小、颜色。 ③今天我们一起进行足球和乒乓球游戏。 4. 音乐律动:《球儿歌》。 球儿大，球儿小，球儿蹦蹦跳哟。球儿转，球儿滚，球儿圆溜溜哟。 踢呀踢，踢足球，打一打，打乒乓球。把小球传给你，把小球传给我。 幼儿按节奏拍球，音乐停止则传球到下一个幼儿手中。 5. 球类游戏 1：蚂蚁搬球。 ①幼儿分 2 组。 ②幼儿前面放 1 个纸篓，内装若干乒乓球，幼儿用双手捧住乒乓球，运到 5 米外的另 1 个纸篓里。每个幼儿 1 次，运球数不限，掉地不计数，也不能捡，以最后运进纸篓球数多的组获胜。 6. 球类游戏 2：踢踢球。 ①幼儿分 2 组。 ②距离球门 2—3 米，原地抬腿踢球，将球踢入球门。每个幼儿 1 次，进球数量多的组获胜。 7. 派对时间。
家长任务	1. 家长带着幼儿玩一种球类游戏，让幼儿了解游戏规则。 2. 和幼儿尝试玩大小不同的球，可原地踢球，或尝试助跑踢球，锻炼眼脚协调能力。 3. 鼓励幼儿与更多小朋友一起玩球类游戏。

教学活动示范表——球类游戏 2

课程目标	1. 让幼儿了解不同球类游戏的名称，了解不同体育游戏有不同的游戏规则。 2. 通过音乐游戏，让幼儿在大球上拍出稳定的音乐节奏，刺激幼儿听觉，培养幼儿乐感；音乐停止时再触碰球，培养幼儿的规则意识。 3. 通过球类主题游戏，锻炼幼儿的身体控制能力。 4. 艺术作品部分让幼儿使用气球画画，感受气球中的空气与气球本身的弹性，观察气球被按压出来的纹路。
教学准备（教玩具、材料）	1. 音乐：《篮球歌》。 2. 其他：障碍跑道，小篮球，篮球筐，气球，颜料，围兜，颜料圆盘，画纸。
教学过程	1. 问候活动：《你好歌》。 2. 热身活动：彩虹绳。 3. 导入活动：运用听觉优先技巧输入词语“篮球”——今天我们一起玩球类游戏，小朋友猜猜它是什么球？这是一个大球，它是圆圆的，可以拍，能发出“嘭嘭嘭”的声音。 4. 音乐游戏：《篮球歌》。 球儿大，球儿小，球儿蹦蹦跳哟。球儿转，球儿滚，球儿圆溜溜哟。 打一打，打篮球，打一打，打篮球。打呀打呀打呀打呀，打起我的小篮球哟。 可爱可爱球球，拍呀拍呀拍；可爱可爱球球，拍呀拍呀拍。 播放音乐，当音乐停止的时候才能拍球。 5. 球类游戏：篮球障碍赛。 ①抱着篮球通过长长的障碍通道，保持身体平衡。 ②将篮球投进篮筐。 6. 艺术创作：气球画。

续表

教学过程	①吹气球，气球充气后迅速放手，感受气球里充满了空气。 ②使用气球蘸颜料画出五颜六色的气球。 7. 派对时间。
家长任务	1. 在家和幼儿尝试用大小不同的球进行投篮，逐渐提高篮筐的高度或拉长与篮筐的距离。 2. 和幼儿探索怎样才能准确投进篮筐。 3. 鼓励幼儿与其他幼儿一起游戏。

12 月第 3 周：音乐游戏 1；音乐游戏 2

教学活动示范表——音乐游戏 1

课程目标	1. 通过爬、走斜梯锻炼幼儿的手脚协调和交替运动能力。 2. 引导幼儿聆听不同乐器，感受节奏的快慢与强弱。 3. 引导幼儿轮流爬上设备和使用乐器。 4. 让幼儿感受不同的音乐有不同的旋律和节奏。
教学准备（教玩具、材料）	1. 音乐：《伦敦大桥垮下来》，“IN THE HALL OF THE MOUNTAIN KING”（《在山魔王的宫殿里》）。 2. 其他：攀爬架，三角铁，鼓，隧道。
教学过程	1. 问候活动：《你好歌》。 2. 热身活动：彩虹绳。 3. 导入活动：自然界和我们的声音以及乐器都有不一样的声音，今天我们进行音乐游戏的探索。 4. 音乐律动：《伦敦大桥垮下来》。 伦敦大桥垮下来，垮下来，垮下来。 伦敦大桥垮下来，啦啦啦啦啦啦。 有规律地拍手或拍腿，感受音乐节奏。

续表

教学过程	5. 主题游戏：体能设备上的乐器探索。 ①幼儿爬上攀爬架，敲击高处的三角铁，聆听三角铁的声音。 ②幼儿穿过小隧道，敲击隧道口的大鼓，聆听鼓声。 ③收集乐器后，自由探索乐器声音。 6. 艺术创作。 聆听歌曲“IN THE HALL OF THE MOUNTAIN KING”，跟随音乐摆动。 7. 音乐体能游戏：听音乐爬、走斜梯子及隧道。 8. 派对时间。
家长任务	1. 在家里和幼儿寻找不同的器皿制作“乐器”，探索声音的不同。 2. 和幼儿复习歌曲《伦敦大桥垮下来》，按音乐节奏拍手，鼓励幼儿哼唱。 3. 进行户外活动，锻炼身体的协调性。

教学活动示范表——音乐游戏 2

课程目标	1. 引导幼儿学习用不同幅度的肢体动作，用不同力度摇动沙锤，表现大雨和小雨。 2. 引导幼儿参与游戏，体验打击乐带来的乐趣。 3. 引导幼儿尝试用不同的线条进行绘画，表现大雨和小雨。
教学准备 （教玩具、材料）	1. 音乐：《雨滴变变变》，《大雨和小雨》（奥尔夫音乐），雨声录音。 2. 图片：大雨和小雨图片。 3. 其他：沙锤，油画棒，卡纸。
教学过程	1. 问候活动：《你好歌》。 2. 热身活动：拉个圆圈走走。 3. 音乐律动：《雨滴变变变》。

续表

教学过程	小小雨滴洒下来，滴答，滴答。 小小雨滴洒下来，滴答，滴答。 大雨大雨就要落下来，稀里哗啦，稀里哗啦。 大雨大雨就要落下来，稀里哗啦，稀里哗啦。 用肢体动作模仿大雨和小雨。大雨时动作幅度大，小雨时动作幅度小。 4. 主题游戏：大雨小雨。 ①运用听觉优先的技巧，播放下雨的录音，引出主题“下雨了”。 ②出示下雨图片，引导幼儿倾听大雨和小雨的不同声音。 ③听音乐《大雨和小雨》，通过拍手游戏，感受声音的强弱。大雨拍拍腿，小雨拍拍手。 ④听音乐，用沙锤表达声音的强弱。大雨用力摇沙锤，小雨轻轻摇沙锤。 5. 艺术创作：下雨天。 ①播放下雨背景音乐，出示画有乌云的大白纸，引导幼儿用油画棒在纸上画出线条表示天上下雨；运用平行谈话的技巧向幼儿输入词语“大雨”“小雨”。 ②一起欣赏作品。 6. 派对时间。
家长任务	1. 在家里可以利用空瓶子分别装上小米和大豆，摇一摇感受声音的强弱，和幼儿玩大雨小雨的游戏。 2. 给幼儿洗澡时用花洒淋水在幼儿的身上，控制水流的大小，让幼儿感受大雨和小雨洒在身上的不同感受，适时向幼儿输入词语“大雨”“小雨”。

12月第4周：石头游戏；“大和小”游戏

教学活动示范表——石头游戏

课程目标	1. 让幼儿认识石头，通过观察了解石头的多样性。 2. 让幼儿学习运用颜料或各种材料来装饰石头。 3. 在活动中让幼儿体验自主创造的乐趣。 4. 引导幼儿学会欣赏音乐。
教学准备（教玩具、材料）	1. 音乐：《传石头》。 2. 图片：石头图片。 3. 其他：小石头，小水桶，颜料，围兜，颜料圆盘，画笔。
教学过程	1. 问候活动：《你好歌》。 2. 热身活动：拉个圆圈走走。 3. 音乐律动：《传石头》。 传呀传石头啦啦传呀传石头。传呀传石头啦啦传呀传石头。 围成一个圆圈，用不同的方式进行传递石头的游戏，培养幼儿的合作意识。 4. 导入活动。 ①图片导入，观察各种各样的石头，使用重复技巧向幼儿输入词语“石头”。 ②展示石头，引导幼儿摸一摸石头的表面，看看是光滑的还是粗糙的；捏一捏石头是不是硬硬的。通过多感官来认识石头。 ③引导幼儿找一找周围的石头。 5. 主题活动：我找到的石头。 ①鼓励幼儿分享自己找到的石头，对石头进行简单介绍。 ②引导幼儿探索石头的玩法，用石头摆圆圈、爱心等造型；使用自言自语、平行谈话的技巧描述自己或幼儿的动作。 ③分发小水桶，引导幼儿给石头“洗澡”，洗干净后摆放好进行晾晒。

续表

教学过程	6. 艺术创作：美丽的石头。 ①鼓励幼儿给石头穿上漂亮的衣服，让幼儿根据自己的想法在石头上涂鸦。使用平行谈话技巧描述幼儿的作品。 ②相互分享作品。 7. 派对时间。
家长任务	1. 和幼儿一起去寻找生活中还有哪些石头，并记录。 2. 探索石头的多种玩法。 3. 运用重复技巧向幼儿进行词语输入。

教学活动示范表——“大和小”游戏

课程目标	1. 引导幼儿认真倾听绘本，比较绘本中大小不同的物品。 2. 培养幼儿观察力及分类能力。 3. 引导幼儿跟随教师做动作，乐于参加音乐游戏。 4. 尝试进行大小配对游戏。
教学准备（教玩具、材料）	1. 音乐：《大小圆圈》。 2. 绘本：《0～2岁亲子认知绘本·谁最小？》。 3. 其他：猴子手偶，大小不同的帽子、桃子、汽车、蝴蝶、花等模型或实物，小猫、小老鼠、蚂蚁等动物卡片。
教学过程	1. 问候活动：《你好歌》。 2. 热身活动：彩虹绳。 3. 导入活动：大小配配对。 ①我们邀请猴子妈妈和猴子宝宝来我们教室做客。 ②出示大小不一的猴子手偶，让幼儿认识大猴子、小猴子。 ③出示大小不同的帽子、桃子等物品，按大小配对原则给大猴子、小猴子戴帽子、喂食、分玩具。

续表

教学过程	4. 音乐律动:《大小圆圈》。 做个大大的圆圈，做个大大的圆圈，啦啦啦啦啦啦。 做个小小的圆圈，做个小小的圆圈，啦啦啦啦啦啦。 围成一个圆圈，跟随音乐节奏用肢体动作表示“大大的”和“小小的”。 5. 绘本故事:《0 ～ 2 岁亲子认识绘本 · 谁最小？》。 ①听故事《谁最小？》。 ②根据故事内容出示相应的动物，两两比较，小猫和老鼠，谁小？老鼠和蚂蚁，谁小？ 6. 运动游戏：蝴蝶飞啊飞。 ①出示各种各样的蝴蝶，有大蝴蝶、小蝴蝶。 ②听指令：大蝴蝶飞一飞，小蝴蝶飞一飞。（幼儿演小蝴蝶，家长演大蝴蝶） ③蝴蝶吻花：大蝴蝶飞到一朵大大的花朵上，小蝴蝶飞到一朵小小的花朵上。 7. 派对时间。
家长任务	1. 在家里寻找大和小的同类物品和幼儿进行命名并指认的游戏，比如，大碗、小碗，大鞋子、小鞋子等。 2. 找出家里可利用的物品让幼儿尝试进行大小的分类游戏。 3. 课堂中引导幼儿通过视觉或触觉进行大小的比较。

1 月主题

欢欢喜喜过大年

教学计划

一、主题说明

春节是中国传统节日之一。春节期间，大街小巷都充满了喜庆的景象，人们的活动丰富多彩，庆祝的形式多种多样。本月围绕“欢欢喜喜过大年”这一主题设计了各种形式的教学活动，帮助幼儿了解春节的来历和习俗，培养幼儿热爱中华优秀传统文化的情感，充分感受过年时的热闹、喜庆的气氛，激发幼儿的民族自豪感和自信心。

二、主题目标

（一）幼儿学习目标

1. 初步认识与了解中国传统美食，激发幼儿对制作美食的喜爱与兴趣。

2. 了解春节，初步了解年的由来、各种庆祝节日的方式及一些民俗。

3. 在美食制作的过程中锻炼幼儿的精细动作。

4. 引导幼儿感受音乐活动的乐趣，乐意在音乐游戏中拍节奏、跳舞，表达过新年的快乐心情。

5. 在游戏和艺术创作中，幼儿尝试用自己的作品布置环境，感受中国新年的热闹，发展审美能力和创造能力。

（二）家长指导目标

1. 家长多向幼儿介绍春节的风俗。

2. 带幼儿逛一逛市场，观赏或购买一些年画、春联等，感受过年的民俗氛围。

3. 引导幼儿做力所能及的事情，一起制作春节美食。

4. 亲子阅读有关春节故事的绘本，了解过年的各种民间风俗习惯。

5. 在互动中继续加强幼儿理解等待、轮替和正确使用礼貌用语的能力。

三、周主题设置

1 月第 1 周：柔软的雪地；漂亮的窗花。

1 月第 2 周：冰糖葫芦；香蕉春卷。

1 月第 3 周：赶年兽；新年欢乐多。

教学活动示范

1 月第 1 周：柔软的雪地；漂亮的窗花

教学活动示范表——柔软的雪地

课程目标	1. 感知冬天的天气特点，初步了解季节对人们生活的影响。 2. 向幼儿重点输入“冬天”“冰冰的”“软软的”等词语。 3. 引导幼儿练习抓握和揉搓动作，锻炼小手精细动作。 4. 感受冬天的颜色（白色、蓝色），运用多种工具、材料进行艺术创作，锻炼手腕的控制力，发展审美能力和创作能力。
教学准备（教玩具、材料）	1. 音乐：《雪绒花》。 2. 图片：雪地图片，冬天风景图片。 3. 视频：《下雪了》。 4. 绘本：《大雪盖不住回家的路》。 5. 其他：围巾，手套，白色、蓝色颜料，颜料盘，剃须泡沫，白色卡纸，刮板，雪粉，碗，勺子，围兜，冰块。

续表

教学过程	1. 问候活动：《你好歌》。 2. 热身活动：彩虹绳。 3. 导入活动。 ①神秘袋：展示围巾、手套、冰袋。 ②找一找在冬天御寒需要什么衣物用品。 4. 绘本故事：《大雪盖不住回家的路》。 ①谈话活动。你见过雪吗？雪是什么样的？ ②观看视频短片《下雪了》。 ③欣赏绘本故事《大雪盖不住回家的路》。 ④解读画面，引导幼儿了解故事，发现细节，强调与主题相关的词语。 5. 艺术创作：柔软的雪地。 ①展示冬天雪地的图片（白色、蓝色）。 ②使用平行谈话技巧，引导幼儿观察雪是硬硬的还是软软的呢？在颜料盘上挤入剃须泡沫，示范摸一摸，捏一捏，并画在画纸上。 ③分发围兜，待幼儿穿好围兜后，分发白色卡纸、颜料盘，挤上剃须泡沫，让幼儿先用手感受，揉搓，或者画在画纸上，家长描述质感和感受。 ④待幼儿熟悉剃须泡沫的质感之后，加入一点点蓝色的手指颜料，问问颜色会变得更蓝还是更白了。 ⑤鼓励幼儿画在画纸上，分发刮板，让幼儿把画纸上的剃须泡沫变换造型。 ⑥幼儿完成后，引导幼儿把刮板放回桶里并擦干净手，然后把作品放在旁边晾干。 6. 触感时间。 ①拿出冰块让幼儿摸一摸，去体验冰冰的、冷冷的感觉。

续表

教学过程	②教师提前将雪粉用水兑成雪花冰沙状，装在一个个小水桶里，分发给每一个幼儿，鼓励幼儿去触摸感受。 这个环节鼓励家长协助幼儿，并采用平行谈话、声学强调的技巧描述运动及物品颜色、触感等。幼儿用小手揉搓、抓握、捏一捏等。 待幼儿探索充分，教师给幼儿每人一个碗和勺子，鼓励幼儿使用勺子将雪粉装到碗里，锻炼小手精细动作。 7. 音乐律动:《雪绒花》。 雪绒花雪绒花，每天清晨迎接我。 你洁白又鲜艳，看见你我多快乐。 我愿你永远开放，可爱的雪绒花。 请为我故乡永远吐露芬芳， 雪绒花雪绒花，每天清晨迎接我。 在音乐律动中请家长和幼儿一起跟随节奏跳舞。 8. 派对时间。
家长任务	1. 协助幼儿完成亲子活动，向幼儿输入重点词语“软软的”“冰冰的”“冬天”，并帮助幼儿理解。 2. 在家和幼儿一起制作冰块，感受冰雪世界的冷。 3. 在生活中带领幼儿观察天气的变化，适时增减衣服。

教学活动示范表——漂亮的窗花

课程目标	1. 初步了解春节的热闹气氛。 2. 通过音乐让幼儿不断重复词语“窗花”。 3. 乐意与同伴一起装扮教室，感受良好的社交氛围。 4. 通过艺术创作环节，锻炼幼儿的精细动作和对手臂的控制能力，培养幼儿的审美能力与想象力。 5. 让幼儿喜欢听音乐，能跟随音乐节奏做肢体动作。

续表

教学准备 （教玩具、材料）	1. 音乐：《迎春花》。 2. 图片：窗花图片。 3. 绘本：《你为什么不开花》。 4. 其他：剪刀，红色纸，过塑纸，胶水，铅笔。
教学过程	1. 问候活动：《你好歌》。 2. 热身活动：彩虹绳。 3. 导入活动：绘本故事《你为什么不开花》。 这是一个很可爱的故事——农夫小熊精心照顾花园里的花朵。故事带给我们许多启发，例如，“换个角度看问题，收获不一样的美好”。 ①拿出绘本，跟幼儿看一下绘本封面。 ②念一念绘本的名字。 ③绘声绘色讲绘本，引导幼儿观察绘本中的小熊怎么种花，了解地上的小熊和地下的小兔一家上演着什么样子的故事。通过小熊种花，了解种花的流程，感受小熊对花朵的照顾与爱护。 4. 音乐律动：《迎春花》。 在有规律的旋律中，丰富幼儿的听觉刺激，重复输入重点词语“迎春花”，跟着幼儿一起跳舞。 5. 艺术创作：窗花。 ①图片引入，向幼儿讲述窗花的由来、窗花的图案及需要的工具。 ②示范如何折叠红色纸，画出花纹、剪窗花。 ③分发红色纸，鼓励幼儿自己折叠。 ④家长用铅笔在折叠好的纸上画上花纹。 ⑤分发剪刀，家长协助，并采用平行谈话技巧描述活动，让幼儿尝试剪一剪再打开。

续表

教学过程	6. 拓展游戏。 ①使用不同形状的窗花，和幼儿认识不同窗花的形状。 ②跟幼儿一起使用工具，将窗花贴在教室的门口或者窗户上。 7. 派对时间。
家长任务	1. 和幼儿一起感受中国传统文化。 2. 观察市场中不同样式的窗花，在家尝试剪一剪更复杂的窗花。 3. 在课堂中，家长引导幼儿在艺术创作及环境布置环节相互参考与模仿。

1 月第 2 周：冰糖葫芦；香蕉春卷

教学活动示范表——冰糖葫芦

课程目标	1. 引导幼儿通过观察了解冰糖葫芦的主要特征。 2. 引导幼儿观察和发现中国传统节日的多样性。 3. 激发幼儿对常见食材的好奇心，培养幼儿的动手能力。 4. 通过活动，让幼儿对冰糖葫芦有更多的理解。
教学准备（教玩具、材料）	1. 音乐：《冰糖葫芦》。 2. 自编绘本：《中国春节传统美食》。 3. 其他：白糖，水果，锅，电磁炉，清水，竹签，儿童用刀。
教学过程	1. 问候活动：《你好歌》。 2. 热身活动：彩虹绳。 3. 导入活动：自编绘本《中国春节传统美食》。 ①绘本导入：讨论一下春节都有什么美食。

续表

教学过程	②拿出绘本，跟幼儿看一下绘本封面，念一念绘本的名字。 ③引导幼儿观察绘本中关于春节的美食都有什么。 4. 音乐律动：《冰糖葫芦》。 跟着幼儿一起舞动双手，扭扭小屁股，强调重点词语“冰糖葫芦”。 5. 美食环节：冰糖葫芦。 ①展示图片，引导幼儿观察冰糖葫芦制作的过程。 ②介绍水果。 ③鼓励幼儿自己使用儿童用刀切一切。 ④家长引导幼儿拿竹签把水果食材串起来。 ⑤观察教师如何煮糖浆。 ⑥幼儿和家长一起把自己串好的水果拿到锅里挂糖。 ⑦分享自己制作的美食。 6. 派对时间。
家长任务	1. 和幼儿一起，选用不一样的食材，在家制作不一样的冰糖葫芦。 2. 和幼儿观察白糖溶化的过程。

教学活动示范表——香蕉春卷

课程目标	1. 引导幼儿对美食制作感兴趣，能够动手和家长一起制作。 2. 向幼儿重点输入词语“香蕉”。 3. 将美食制作方法与音乐结合，凸显美食乐趣。 4. 结合幼儿的生活经验，学习揉、绕、搓等技能，体验动手制作春卷的乐趣。
教学准备 （教玩具、材料）	1. 音乐：《玛丽》。 2. 图片：春卷制作步骤图。 3. 其他：神秘袋，香蕉，饺子皮，黄色黏土。

续表

教学过程	1. 问候活动:《你好歌》。 2. 热身活动：彩虹绳。 3. 导入活动：认识香蕉。 ①出示神秘袋，邀请幼儿摸一摸、捏一捏、闻一闻神秘袋里的东西，鼓励幼儿猜测。 ②通过视觉、嗅觉、触觉感知香蕉。 4. 音乐律动:《玛丽》。 玛丽来到山坡，哈拉蕾。 她要去采那香蕉，哈拉蕾。 玛丽来到山坡，哈拉蕾。 她要去采那香蕉，哈拉蕾。 重点让幼儿感受和拍打三拍子的节奏。 5. 主题活动：制作美味的香蕉春卷。 ①观察图片，学习制作香蕉春卷的步骤和制作方法。 ②教师示范操作，幼儿尝试自己动手制作春卷，家长在旁边观察并适时参与其中。 ③教师把制作好的春卷放入煎锅中煎，幼儿和家长耐心等待。 6. 艺术创作：一串串香蕉。 ①用黄色黏土制作一串香蕉，在制作的过程中，鼓励幼儿揉一揉、捏一捏，锻炼幼儿的手部精细动作。 ②引导幼儿把一个个做好的香蕉紧挨在一起，最后用一点点绿色的黏土捏成小圆球粘在香蕉的尾部进行点缀，一串串香蕉就做好啦! 7. 品尝美食。 家长和幼儿一起品尝自己动手制作的美食香蕉春卷，在愉快的氛围中结束活动。
家长任务	1. 和幼儿回到家后再回忆和复述香蕉春卷的制作过程，并尝试在家也制作一份。

续表

家长任务	2. 和幼儿进一步了解香蕉的外形并描述香蕉的外形特征。 3. 在家里和幼儿一起制作其他与春节相关的美食，采用平行谈话技巧描述活动，尽可能让幼儿自己操作。

1 月第 3 周：赶年兽；新年欢乐多

教学活动示范表——赶年兽

课程目标	1. 通过各主题环节活动，帮助幼儿了解过年的场景，认识即将到来的新年。 2. 在运动游戏中，教师模仿年兽到来时，幼儿尝试奔跑、投掷鞭炮的方式赶走年兽，挥动手臂练习投掷。 3. 能两只手协调配合撕纸，并粘贴至相应位置，体验撕纸活动的乐趣。 4. 初步理解歌曲内容，跟随音乐做简单的动作，能表达歌词的意思。
教学准备（教玩具、材料）	1. 音乐：《新年好》《恭喜恭喜》。 2. 图片：年兽图片。 3. 短视频：《年兽来了》。 4. 其他：丝巾，鞭炮，彩色纸，胶水，蜡笔，围兜。
教学过程	1. 问候活动：《你好歌》。 2. 热身活动：彩虹绳。 3. 导入活动。 ①情境导入，让幼儿简单了解过年的由来。 ②观看短视频《年兽来了》，加深幼儿对过年的理解。 4. 音乐律动 1 ：《新年好》。 引导幼儿手拿纸巾跟随欢乐的歌谣扭秧歌。

续表

教学过程	5. 音乐律动 2 :《恭喜恭喜》。 跟随歌曲，双手作揖，相互道声“恭喜恭喜”，家长们积极做动作和语言示范。 6. 运动游戏：年兽来了。 ①天黑回到房子里睡觉。 ②天亮了，音乐响起，大家出来逛大街。教师扮演年兽。年兽来了，家长带着幼儿跑起来，引导幼儿挥动手臂投掷手中的鞭炮、敲打小鼓赶走年兽。 ③天黑了，大家回到房子里睡觉。 7. 艺术创作：年兽。 ①年兽卡片（分三段），幼儿拼好后，粘贴在白纸上。 ②贴鞭炮：幼儿把长方形的纸条撕成一节一节，再用蜡笔在有年兽的纸上画一条红色直线，然后把纸条按顺序贴起来。家长协助，利用平行谈话及声学强调技巧描述活动。 ③欣赏作品。 8. 派对时间。
家长任务	1. 家长带幼儿逛一逛市场，观看街上的装饰，感受过年的氛围。 2. 和幼儿一起阅读有关春节的绘本及故事。

教学活动示范表——新年欢乐多

课程目标	1. 通过各种活动初步了解关于过年的关键词（如拜年、压岁钱等），感受和家人一起过春节其乐融融的热闹气氛，体验过新年的快乐。 2. 通过参与环境创设，感受参与新年活动的乐趣。 3. 引导幼儿参加手工活动，用涂色、粘贴等方式装饰灯笼。 4. 通过音乐感受中国传统节日的浓烈氛围。

续表

教学准备 （教玩具、材料）	1. 音乐:《新年好》，鞭炮声、锣鼓声、拜年声音频。 2. 图片：燃放鞭炮、敲锣打鼓等图片。 3. 其他：神秘袋，装饰物（彩色纸、“春”字、花边），画纸，颜料圆盘，颜料，围兜，胶水，灯笼，红包，爆竹模型。
教学过程	1. 问候活动:《你好歌》。 2. 热身活动：彩虹绳。 3. 导入活动。 ①教师播放鞭炮声、锣鼓声、拜年声音频，提问听到了什么？（准备相应图片） ②观看春节的视频，进行简单谈话活动。 ③出示新年爷爷的神秘袋（灯笼、红包、爆竹模型等），并把袋中礼物送给幼儿。 ④家长和幼儿一起完成新年环境创设。 4. 音乐律动:《新年好》。 新年好呀新年好呀，祝贺大家新年好。 我们唱歌，我们跳舞，祝贺大家新年好。 引导幼儿跟随音乐的节奏进行律动。 5. 主题活动：红包送祝福。 ①引导幼儿相互传递红包送祝福。 ②引导幼儿接到红包学会说祝福语“新年好”“谢谢”等。 6. 艺术创作：灯笼。 ①出示各种灯笼，观察灯笼的形状、颜色。 ②教师示范装饰灯笼，引导幼儿用颜料把白色灯笼涂成红色，再粘贴花纹、“春”字。 7. 派对时间。
家长任务	1. 带幼儿去购买年货，和幼儿一起贴对联、挂灯笼，感受过年喜庆的气氛。 2. 引导幼儿品尝过年的美食并说说自己最喜欢吃什么。 3. 在日常生活中家长要做示范，幼儿以家长为榜样，学习新年祝福语。例如，打招呼，新年道声“恭喜恭喜”。

第四章　苗苗班下学期

学期总目标与月主题说明

一、幼儿教学总目标

1. 通过课程活动内容，对身边常见的职业、物品有所了解，观察一些物品的细节特点及与其他物品的差别。培养幼儿对身边不同的人、物的关注和认知。

2. 通过实际操作和亲身体验来感知、了解一些季节性的植物、动物，感受春、夏季节的明显特征，对四季变化有初步的认识。

3. 培养幼儿倾听的习惯，喜欢听故事、看图书。

4. 结合日常生活中的语言输入，提高幼儿的观察能力，不断丰富幼儿的词汇量，发展幼儿的语言理解及表达能力。

5. 通过艺术手工材料，运用揉、压、粘贴、捏、撕等方式，体验创作的快乐，初步感受环境、生活和艺术中的美，尝试用自己喜欢的方式表达自己的感受和体验。

6. 通过对颜色的混合的认识，运用不同画笔及对不同质感（如黏稠、软硬）的感受，锻炼幼儿控制手腕力度的能力，培养幼儿创造能力和审美能力。

7. 锻炼幼儿在走、跑、爬的基础上，学习跳远、跳高等技能，加强自身的平衡感和身体的协调性。

8. 学会舒缓情绪，强化幼儿的社交意识。

二、家长指导总目标

1. 家长重视亲子课程和亲子陪伴，认识到良好的亲子关系更有利于幼儿学习和情绪的疏导。家长需要在课堂中和幼儿一起享受课堂，全身心、高质量地陪伴幼儿。

2. 在不同的环节中，学会如何用更丰富的词语向幼儿进行描述，强化语言输入。

3. 通过课堂的主题学习，家长需要在日常生活中把在课堂上学习到的游戏运用起来，和幼儿一起寻找与课堂内容相关的事物，巩固相关概念。

4. 重视大运动对幼儿全方位的能力的培养，和幼儿一起运动，也可以陪同幼儿到公园去感受运动的快乐。

5. 在幼儿精细动作的锻炼中，家长需要培养幼儿的专注力，多以鼓励为主，为幼儿创造活动持续性的条件。

6. 家长无论是在课堂还是日常生活中，均须以身作则，多做社交示范，多做正确的沟通和情绪疏导，让幼儿成为一个自信的孩子。

三、本学期各月教学主题设置

3 月主题：关于“我”的奇妙探索。

4 月主题：图形宝宝；我们身边的人。

5 月主题：愉快的夏天。

6 月主题：炫彩的世界。

7 月主题：天气和农场。

3 月主题

关于“我”的奇妙探索

教学计划

一、主题说明

幼儿对事物充满好奇，对自己的身体也充满好奇，对“我”的探索，无疑是神秘而又充满乐趣的事情。在本月的课程中，通过不断对自我探索和观察旁人的身体，初步了解身体各部位的特点和作用，引导幼儿认识身体部位，帮助幼儿认识自己，学会更好地保护自己。

二、主题目标

（一）幼儿学习目标

1. 引导幼儿初步了解自己的身体构造及身体部位的功能，懂得保护自己的身体。

2. 引导幼儿学会表达自己的情绪，学习如何缓解“不开心”的方法。

3. 在游戏中学会刷牙、自己吃饭等生活技能。

4. 通过探索自己的身体，品尝不同的味道，学习相关的词语，尝试用语言表达出来。

5. 通过音乐游戏，感知音乐节拍，锻炼幼儿的精细动作，并乐于参与音乐游戏活动。

6. 通过绘画、手工活动，锻炼手指的精细动作，激发幼儿的想象力和创造力。

（二）家长指导目标

1. 通过各种五官类游戏、身体名称类游戏，引导幼儿巩固识记身体部位的名称。

2. 引导幼儿了解情绪名称并进行辨识，教幼儿一些疏解负面情绪的方法，提高自我意识和情绪认知能力。

3. 引导幼儿关注家庭成员。

4. 引导幼儿学会正确地洗手、刷牙、使用勺子，养成良好的生活习惯。

5. 引导幼儿在生活和游戏中，巩固轮替、等待等能力。

三、周主题设置

3 月第 1 周：我的身体；宝宝的脸。

3 月第 2 周：我的小脚；我爱洗手。

3 月第 3 周：我会刷牙；我会自己吃饭。

3 月第 4 周：我不想生气；我爱我家。

教学活动示范

3 月第 1 周：我的身体；宝宝的脸

教学活动示范表——我的身体

课程目标	1. 引导幼儿初步认识自己的身体部位，能愉快参与活动，并能指出身体的相应部位。 2. 向幼儿重点输入身体各部位词语，发展其语言理解及表达能力。 3. 培养幼儿的想象力及模仿能力。 4. 激发幼儿对音乐活动的兴趣，能充分调动自己的身体参与音乐律动。
教学准备（教玩具、材料）	1. 音乐：《我的身体》《我爱洗澡》。 2. 绘本：《我的身体，这是什么》。 3. 其他：彩虹绳，身体部位卡片，沐浴球，颜料笔，颜料盘，黑色记号笔，各种小图案贴纸，纸制人偶，剪好的纸（纸头、纸身体、纸手、纸脚），两脚钉，球。

续表

教学过程	1. 问候活动:《你好歌》。 2. 热身活动：彩虹绳。 3. 导入活动。 谈话导入，出示身体部位卡片，玩“找一找”游戏，请幼儿指认自己的身体部位。 4. 音乐律动:《我的身体》。 我的头，我的肩，这是我的胸；我的腰，我的腿，这是我的膝盖。 小小手，小小手，小手真可爱，上面还有我的十个手指头。 我的头，我的肩，这是我的胸；我的腰，我的腿，这是我的膝盖。 小小脚，小小脚，小脚真可爱，上面还有我的十个脚指头。 家长引导幼儿跟随节奏做动作，根据歌曲中的内容指向自己身体相应的部位。 5. 绘本故事:《我的身体，这是什么》。 ①出示身体图片，了解身体部位。 ②教师讲述故事。讲述故事时用声学强调技巧向幼儿输入身体部位名称。 ③谈话活动。请家长带领幼儿找出“肚子”“背”“屁股”“胸”“手”“脚”“腿”“胳膊”“头”等身体部位。 ④播放音乐《我爱洗澡》。家长根据音乐中洗澡的步骤给幼儿洗澡。 6. 模仿运动游戏：照镜子。 ①模仿教师身体动作，锻炼体能。 ②围一个圈，轮流做出动作示范，认真观察做示范的家长和幼儿，鼓励一起模仿。 ③听音乐传球。音乐停止后，拿到球的家长和幼儿一起模仿教师做一组动作。

续表

教学过程	7. 艺术创作：我的身体。 ①出示纸制的人偶，巩固所学的词语。 ②把事先用纸剪好的头、身体、手、脚和两脚钉分发给幼儿，家长和幼儿一起制作手脚可动的纸人。 ③装扮纸人：给纸人的衣服、裤子涂色，或用贴贴纸进行装扮。 8. 派对时间。
家长任务	1. 课堂上积极配合老师，适时向幼儿输入与主题相关的词语。 2. 家长说出身体部位的名称，并和幼儿一起指认。 3. 玩“我说你指”的游戏，家长说出身体部位的名称，幼儿进行指认。 4. 家长和幼儿比赛，家庭其他成员说出身体部位，看谁能够最快找到。

教学活动示范表——宝宝的脸

课程目标	1. 通过观察“脸”，认识脸部五官，锻炼幼儿的观察能力和模仿能力，增强幼儿的自我认识。 2. 向幼儿输入“眼睛”“鼻子”“眉毛”“脸”等词语，发展幼儿语言理解及表达能力。 3. 通过艺术创作，培养幼儿的创造力、想象力。 4. 在音乐中加深对五官的认识。
教学准备（教玩具、材料）	1. 音乐：《五官在哪里》，幼儿的哭声、笑声音频。 2. 图片：五官图片，脸蛋图片。 3. 绘本：《我喜欢我的脸》（*I Love My Face*）。 4. 其他：镜子，面粉，小物品，中间剪好 2 个洞的牛皮纸袋，各种形状的彩色纸（圆形、正方形、小圆形……），A4 色纸，胶水，做好的面具。

续表

教学过程	1. 问候活动:《你好歌》。 2. 热身活动：彩虹绳。 3. 音乐律动:《五官在哪里》。 小鼻子用处大，闻闻气味全靠它。 小耳朵真叫灵，样样声音听得清。 小眼睛亮晶晶，样样东西看得清。 小嘴巴用处大，吃饭唱歌全靠它。 家长和幼儿跟随音乐内容，指向相应的器官。 4. 导入活动。 ①出示脸的局部图片。 教师：刚才在音乐中你听到了什么？（眼睛、鼻子、耳朵……）你看看这个宝宝的脸是不是缺了什么？谁能帮宝宝把他的耳朵、眼睛……送回家？ ②播放宝宝的哭声，引起幼儿注意，出示哭泣的脸。 教师：哭的时候眼睛会怎么样？会有什么东西流出来？嘴巴会怎么样？（同样的方法出示笑脸） ③对比哭泣的脸和笑脸，告诉幼儿哭泣时眼睛可能会红、痛，所以我们要多笑笑。 5. 绘本故事:《我喜欢我的脸》。 ①听故事，回答教师问题。 ②图片对应：眼睛——看，嘴巴——吃，鼻子——闻。 6. 观察游戏：我们的脸。 ①家长用镜子跟幼儿一起观察“脸”，充分描述脸部特征，适时向幼儿输入与主题相关的词语。 ②家长用准备好的面粉抹在自己脸上的各个部位，并问幼儿“看看妈妈（爸爸）的脸上有什么”“妈妈的鼻子上有什么”，引导幼儿观察并描述变化。家长和幼儿可以相互抹着玩，角色互换。 7. 艺术创作：可爱的脸。

续表

教学过程	①教师头戴面具，让幼儿猜猜是谁。引出今天的手工内容。 ②制作面具。拿出事先准备的牛皮纸袋、A4 色纸，教师示范，把 A4 色纸撕成长条，贴在牛皮纸袋上做头发，用各种形状的 A4 色纸装饰牛皮纸袋。尽量让幼儿独立操作，家长适时协助。 ③作品分享，请幼儿来介绍自己做的面具。 ④戴上面具，一起参加舞会。（播放欢快的音乐，一起随着音乐跳舞） 8. 派对时间。
家长任务	1. 课堂上家长要多鼓励幼儿参与各教学活动。 2. 在家中和幼儿面对面玩小游戏“咕噜噜噜噜，一二三四五，这是我的鼻子！……”，和幼儿继续强化认识我们可爱的脸。 3. 和家庭其他成员进行找一找五官的游戏。 4. 和幼儿一起完成五官功能配对。 5. 在家中，每次洗脸时都可以给幼儿输入五官及身体部位的词语。

3 月第 2 周：我的小脚；我爱洗手

教学活动示范表——我的小脚

课程目标	1. 认识自己的小脚丫，学会保护自己的小脚丫。 2. 喜欢倾听故事，初步感知小脚丫的作用。 3. 通过拓展操作游戏，锻炼小手的精细动作。 4. 用小手、小脚等肢体动作来体验音乐律动的快乐。
教学准备（教玩具、材料）	1. 音乐：《快乐跺脚歌》。 2. 图片：手、脚的大图片。 3. 绘本：《脚丫子的故事》。 4. 其他：胶泥，粉笔，海绵垫，木头，小石头垫子，塑料草地。

续表

教学过程	1. 问候活动:《你好歌》。 2. 热身活动: 彩虹绳。 3. 导入活动。 ①出示神秘袋，引导幼儿猜一猜藏在袋子里面的是什么。使用听觉优先技巧，先告诉幼儿答案，再把小手、小脚图片拿出来。 ②听指令做动作：动动你的小手 / 小脚，小手 / 小脚贴小手 / 小脚（和爸爸妈妈一起）。 4. 音乐游戏:《快乐跺脚歌》。 如果感到快乐你就跺跺脚，如果感到快乐你就跺跺脚。 如果感到快乐你就跺跺脚，如果感到快乐你就跺跺脚。…… 在音乐律动中，跟随音乐节奏跺跺脚。 5. 绘本故事:《脚丫子的故事》。 ①出示小脚丫图片，认识小脚丫。 ②活动自己的小脚丫，数一数自己有几个脚指头。 ③欣赏故事。 ④小脚丫很有趣，让幼儿伸出自己的小脚丫，向幼儿提问：我们要怎么样保护它？（脚指甲长了要剪，要穿合适的鞋子。） 6. 拓展游戏：小脚印章。 ①使用胶泥，自由揉、捏、压，活动手指、手腕。“用我们的小手压一压，压一压，压一压，用我们的小手压一压，啦啦啦啦啦。” ②在压扁的胶泥上印出小脚丫，也可以和家长一起比一比看一看，谁的脚丫大，谁的脚丫小。 7. 运动游戏：送小动物回家。 ①事先在地板上画直线、曲线，摆好海绵垫、木头、小石头垫子、塑料草地等。

续表

教学过程	②幼儿分2组，脱鞋，按照地板的指示线，把小动物送回家。 8. 派对时间。
家长任务	1. 课堂上配合用面粉和水准备两个小面团，家长一个，幼儿一个，自由揉、捏、压等。活动手指、手腕。“用我们的小手压一压，压一压，压一压，用我们的小手压一压，啦啦啦啦。” 2. 坚持亲子阅读。 3. 在家中洗脚、穿鞋时输入词语“小脚”。 4. 创设洗漱的情境，给幼儿洗脚，在洗脚时向幼儿输入“小脚”“娃娃的小脚”等词语。

教学活动示范表——我爱洗手

课程目标	1. 通过观看视频，引导幼儿认识洗手的重要性。 2. 学习正确的洗手方法，养成良好的生活和卫生习惯。 3. 愿意跟随节奏活动手指，感受律动的节奏感。 4. 引导幼儿通过用各种材料进行创作，培养幼儿的想象能力。
教学准备（教玩具、材料）	1. 音乐:《洗手歌》。 2. 视频:《一定要洗手》。 3. 绘本:《根本就不脏嘛》。 4. 其他：正确洗手挂图，饼干（人手一份），水粉颜料，彩色笔，蜡笔，水粉笔，白纸，托盘。
教学过程	1. 问候活动:《你好歌》。 2. 热身活动: 彩虹绳。 3. 导入活动。 ①观看故事视频《一定要洗手》，让幼儿知道什么时候要洗手。

续表

教学过程	②学习洗手的方法：观看挂图，教师和家长一起按照挂图的步骤练习洗手。 4. 音乐律动：《洗手歌》。 一起来洗洗手，一起来洗洗手，一起来洗洗手，摇一摇，转个圈。 伸出你的右手，收回你的右手，一起来洗洗洗，爱干净的小朋友。 家长引导幼儿跟随音乐节奏做洗手的动作。 5. 绘本故事：《根本就不脏嘛》。 ①欣赏故事，仔细观察画面细节。 ②谈话活动，引导幼儿和家长结合图画和生活实际，说说做哪些事情会把手弄脏，需要洗手。 ③教师请幼儿伸手出来检查看谁的手脏。 6. 拓展游戏：美味的饼干。 ①教师出示放有各种饼干的托盘。 ②将幼儿分组，练习正确的洗手方法，教师和家长给予指导。 ③分享饼干。 7. 艺术创作：手印画。 ①向幼儿出示示范画，告诉幼儿示范画是用手印出来的。 ②启发幼儿和家长一起摆手形，想象还可以添画成什么。（将小手涂满颜色，印在白纸上） ③家长的手印可以和幼儿的手印印在同张纸上，也可以分开。家长观察幼儿表现，并给予及时的鼓励与肯定。 ④完成手印画后，把小手洗干净。 8. 派对时间。

续表

家长任务	1. 课堂上家长要积极给予幼儿具体的鼓励。 2. 在日常生活中，家长引导幼儿掌握正确的洗手方法。 3. 可以通过绘本或者动画的形式让幼儿直观感受洗手的重要性。 4. 在家中，幼儿洗手时，要做语言输入，学习“手”“洗手”等词语。

3 月第 3 周：我会刷牙；我会自己吃饭

教学活动示范表——我会刷牙

课程目标	1. 通过理解绘本内容，知道刷牙的重要性，学习刷牙的正确方法。 2. 养成保护牙齿的好习惯。 3. 学习词语“牙齿”“刷牙”。 4. 让幼儿学习用刮画笔刮画，促进小肌肉的发展。
教学准备（教玩具、材料）	1. 音乐：《刷牙歌》。 2. 图片：牙齿图片，牙刷图片。 3. 绘本：《小熊拔牙》。 4. 其他：牙齿模具、刮画板、牙刷。
教学过程	1. 问候活动：《你好歌》。 2. 热身活动：彩虹绳。 3. 导入活动。 ①讲述故事《小熊拔牙》，引起幼儿对牙疼现象的注意。 ②对照牙齿模型，结合故事内容，让幼儿初步了解牙齿的外形特征及牙痛的原因。 ③了解牙刷的特征和作用，告诉幼儿牙刷可以帮助我们保持口腔清洁，刷牙是保护牙齿的好方法。

续表

教学过程	4. 音乐律动：《刷牙歌》。 来来我们一起刷牙，刷刷刷刷刷刷，刷刷刷刷，刷……（音乐由慢到快） 5. 拓展游戏：我爱刷牙。 ①教师通过小熊爱吃各种各样的零食，没有养成刷牙的习惯。教师扮演蚜虫怪兽吃牙齿，引导幼儿意识到刷牙的重要性。 ②围一个社交圈，教师示范如何正确刷牙。 ③幼儿给牙齿模具刷牙。 6. 艺术创作：漂亮的牙刷。 ①出示各类牙刷，让幼儿欣赏，并观察牙刷的外形特征。 ②添画：教师出示已画有牙刷的刮画板。引导幼儿观察缺少了什么。示范用刮画笔给牙刷刮出直直的刷毛。 ③分发刮画板，让家长引导幼儿给牙刷刮出刷毛。 ④作品展示。 7. 派对时间。
家长任务	1. 课堂上家长要引导幼儿参与活动。 2. 在日常生活中，家长引导幼儿正确刷牙，可以通过绘本或者动画的形式让幼儿直观感受刷牙的重要性。 3. 让幼儿初步尝试自己刷牙，体验刷牙的乐趣，养成早晚刷牙的好习惯。在刷牙的过程中向幼儿输入目标词语。

教学活动示范表——我会自己吃饭

课程目标	1. 知道大米是一粒一粒的，米饭是软软的。 2. 学说“大米”“米饭”“吃”等词。 3. 乐于参与律动、体验儿歌律动的快乐。 4. 通过艺术创作，培养幼儿的想象力和创造力。 5. 通过动手制作紫菜包饭，增进亲子关系及锻炼幼儿的精细动作。

续表

教学准备 （教玩具、材料）	1. 音乐:《白白胖胖大米饭》。 2. 图片：米粒、青菜、筷子剪影图片。 3. 绘本:《我会好好吃饭》。 4. 其他：各种颜色的卡纸，白色棉球，棉签，皱纹纸，制作紫菜包饭材料的食材，各种蘸料（辣椒酱、酸梅酱等）。
教学过程	1. 问候活动:《你好歌》。 2. 导入活动。 ①教师出示密封盒子，摇一摇，听一听。教师使用听觉优先技巧，告诉幼儿这是“大米”，用来煮米饭的大米。 ②让幼儿摸一摸大米，感知大米的外形特征。 ③出示一碗米饭，输入词语“米饭”。教师示范吃饭的动作引导幼儿利用准备的小勺、小碗模拟练习使用小勺子自己进餐。学习词语“吃饭”。 ④教师请幼儿把勺子放好，再次示范吃饭是如何使用工具的。 3. 儿歌律动:《白白胖胖大米饭》。 饭，饭，大米饭，哒哒哒哒哒。 饭，饭，大米饭，嚼呀嚼呀好吃的。 饭，饭，大米饭，饭，饭，大米饭， 嚼呀嚼呀，好好地吃饭。 饭，饭，大米饭，饭，饭，大米饭， 不要挑食好好地吃饭。 饭，饭，大米饭，我爱大米饭， 好好吃饭健康地长大。 家长和幼儿跟随律动做相应的动作。 4. 绘本故事:《我会好好吃饭》。 教师引导幼儿观察绘本中壮壮吃饭的故事，让幼儿在轻松的亲子阅读中潜移默化，养成良好的生活习惯。

续表

教学过程	5. 艺术创作：一碗大米饭。 ①出示已做好的示范画，引导幼儿观察。 ②教师示范，出示彩色的卡纸，用棉签蘸上白色胶水，做“点点点”的动作，并向幼儿输入词语“米饭”，接着贴上青菜图片，最后贴上筷子图片。 ③分发材料，让家长引导幼儿制作米饭。 ④展示作品。 6. 生活实践：一起做紫菜包饭。 ①准备好紫菜包饭的食材，教师加以介绍。 ②教师制作紫菜包饭，向幼儿输入相关的词语。 ③家长和幼儿一起制作紫菜包饭。 ④尝一尝：和家长一起品尝紫菜包饭，通过蘸取不同的蘸料，感知不同的味道。向幼儿输入词语“酸酸的”“甜甜的”“辣辣的”等。
家长任务	1. 课堂中，家长要积极引导幼儿操作，尽可能让幼儿独立完成，培养自信心。 2. 在家煮米饭的时候邀请幼儿一起参与并观察煮米饭的过程，同时利用煮饭的生活情境做语言输入。 3. 家长在家中多唱《白白胖胖大米饭》给幼儿听，鼓励幼儿跟着哼唱。 4. 在家引导幼儿自己吃饭，不挑食。

3月第4周：我不想生气；我爱我家

教学活动示范——我不想生气

课程目标	1. 知道常见情绪，如“伤心”“高兴”“快乐的”等。 2. 学习词语“哭”“笑”“开心”“高兴”等。 3. 通过绘本故事，感受情绪与颜色的关系。 4. 在艺术创作环节，通过涂鸦锻炼幼儿的手眼协调能力。 5. 在音乐律动中，让幼儿体验轻松愉快的情绪。
教学准备（教玩具、材料）	1. 音乐：《各种各样的脸》。 2. 图片：表情图片。 3. 绘本：《我的情绪小怪兽》。 4. 其他：纸杯，白纸，蜡笔，活动眼睛，马克笔。
教学过程	1. 问候活动：《你好歌》。 2. 热身活动：彩虹绳。 3. 导入活动。 ①出示各种表情图片，如笑、哭、嘟嘴、脸红等，呈现多种情绪。出示时做语言输入，强调目标词语。 ②教师询问：生活中还有哪些情绪？请家长们说一说，并模仿出来。 4. 音乐律动：《各种各样的脸》。 一伤心我就哇哇哭，皮咔波皮咔波哇哇哇。 一开心我就嘻嘻笑，皮咔波皮咔波嘻嘻嘻。 皮咔波皮咔波皮咔波皮咔波…… 家长和幼儿跟随音乐模仿教师做“情绪变变变”的游戏。 5. 绘本故事：《我的情绪小怪兽》。 ①阅读绘本，教师有感情地讲述故事，用声学强调讲目标词语“快乐的”“伤心的”等。

续表

教学过程	②谈话活动，情绪体验，说说自己平时情绪不好的时候是怎么样的。 ③引导幼儿将颜色和心情对应。 6. 分类辨识游戏：这是一张什么样的脸。 ①观察“开心的”和“不开心的”表情，认识和分辨之后进行分类。 ②围成一个社交圈，玩“咕噜咕噜变脸”的小游戏。双手遮脸，说“咕噜咕噜变，这是一张开心的脸！”“咕噜咕噜变，这是一张伤心的脸！”，观察同伴的表情，相互模仿。 7. 艺术创作：小小情绪。 ①教师准备 3 张白纸，用彩色笔在白纸中间画个圈，并用蜡笔涂上颜色。（颜色对应表情） ②家长引导幼儿在涂好颜色的圆圈里，粘贴活动眼睛，用线条画手脚。 ③分享艺术作品。 8. 派对时间。
家长任务	1. 在课堂中的操作环节，家长适时做目标词语的语言输入，如“哭笑”“高兴”“开心”等。 2. 在家中阅读情绪类绘本，陪伴幼儿仔细观察不同情绪及表达方式。 3. 玩“咕噜咕噜变脸”小游戏。

教学活动示范——我爱我家

课程目标	1. 知道家庭成员有谁。 2. 跟随欢快的手指歌节奏，动动手指，体验手指舞蹈。 3. 认真倾听故事，初步了解故事内容。 4. 学习直线画，锻炼小手肌肉的控制能力。 5. 学习词语“爸爸”“妈妈”“爷爷”“奶奶”等。
教学准备（教玩具、材料）	1. 音乐:《手指一家人》。 2. 视频:《和爸爸妈妈一起游戏》。 3. 图片：全家福照片。 4. 绘本:《我去外婆家》。 5. 其他：画纸，胶水，颜料，水粉笔，海绵印章，各颜色印章，各种贴贴纸。
教学过程	1. 问候活动:《你好歌》。 2. 热身活动：彩虹绳。 3. 导入活动。 ①出示全家福照片。教师看着照片，使用听觉优先的技巧说出照片中的“爸爸”“妈妈”“爷爷”“奶奶”“我”等相应词语。 ②观看视频《和爸爸妈妈一起游戏》。引导幼儿观察视频中都有谁，尝试找出人物图片且大胆说出来。 ③教师引导幼儿找出参加课程的是谁（爸爸/妈妈/爷爷/奶奶），然后抱抱身边的家人。 4. 儿歌律动:《手指一家人》。 手指爸爸手指爸爸在哪里？在这里，在这里，你好吗？（大拇指） 手指妈妈手指妈妈在哪里？在这里，在这里，你好吗？（食指） 手指哥哥手指哥哥在哪里？在这里，在这里，你好吗？（中指） 手指姐姐手指姐姐在哪里？在这里，在这里，你好吗？（无名指）

续表

教学过程	手指宝宝手指宝宝在哪里？在这里，在这里，你好吗？（小拇指） 家长和幼儿跟随音乐，模仿教师灵活摆动手指。 5. 绘本故事：《我去外婆家》。 ①故事欣赏，激发幼儿倾听故事的兴趣。 ②重点引导幼儿认识绘本中提到的家庭成员名称。 ③根据绘本内容，简单提问。 6. 社交运动游戏：爱的圈圈。 ①成员们围成一个圆圈，一边唱一边在原地缓慢转圈圈。“爱的大圈圈，我们转圈圈，哎呀哎呀，都摔倒啦。”“谁谁转圈圈，谁谁转圈圈，哎呀哎呀，都摔倒啦！” ②唱到最后一句歌词的时候，一起假装摔倒在地上。 ③相互扶起来，重复游戏，加快或减慢歌曲速度，或者改变转圈圈的方向。 7. 艺术创作：家庭树。 ①教师告知作品创作要求。 ②家长引导幼儿用水粉笔在彩色纸上用直线画一棵大树，再用海绵印章印出彩色的圆形。 ③把事先准备好的家人的相片贴在彩色圆形中。 ④教师带领幼儿一起把作品贴到作品墙，且讲述“这是 ×× 的妈妈（爸爸）”。 8. 派对时间。
家长任务	1. 课堂上家长要鼓励幼儿大胆回答老师提问。配合老师提前把照片洗出来。 2. 在家中将家庭照片洗出来，和幼儿一起看照片并说出家庭成员的称呼。 3. 在家中制作相册，把家人的照片放入相册中，在该过程中做目标词语的语言输入。

4 月主题

图形宝宝；我们身边的人

教学计划

一、主题说明

本月前两周主题为“图形宝宝”，后两周主题为“我们身边的人”。

生活中充满各种各样的图形，值得幼儿去探索，去发现。在“图形宝宝”主题课程中，我们让幼儿运用自己的感官去认识、探索、发现身边常见的图形，感知周围生活的情趣、美好。幼儿在操作中感知图形变化的过程，体验创作的成功。

结合即将到来的五一国际劳动节，通过“我们身边的人”主题课程，让幼儿了解各行各业的人及他们职业的差异，了解不同工作者对社会的贡献，感受不同职业的辛苦和快乐，对自己未来的职业产生向往。培养幼儿尊重劳动者及劳动成果的情感。

二、主题目标

（一）幼儿学习目标

1. 认识一些基本的平面图形，初步学习图形的配对、分类。
2. 尝试体验图形变化，提高观察力和空间知觉能力，体验探索、发现的乐趣。
3. 通过艺术创作，发展幼儿的精细运动。
4. 愿意跟教师一起听歌曲做运动，体验参与音乐律动的乐趣。
5. 幼儿初步认识与了解各种职业的不同，感知劳动与人们生活的关系。
6. 学习词语“牙医”“厨师”“工人”等。

7. 培养尊重劳动者、爱惜劳动成果的情感。

8. 愿意主动交流，感受交往的快乐。

9. 培养幼儿的观察力和想象力。

（二）家长指导目标

1. 引导幼儿尝试、感知图形变化，训练思维的灵活性、创造性等。

2. 引导幼儿关注生活中的图形，发现不同形状的特点。

3. 鼓励幼儿结交新朋友，教给幼儿正确的交往方法。

4. 引导幼儿巩固所学词语，能在生活中主动表达。

5. 引导幼儿学会认识更多不同职业的名称。

6. 周末带幼儿去参观牙科诊所、邮局等，巩固所学知识。

7. 加强亲子阅读，丰富幼儿词汇量。

三、周主题设置

4 月第 1 周：认识圆形；认识方形。

4 月第 2 周：认识三角形；图形宝宝。

4 月第 3 周：能干的建筑工人；勤劳的邮递员。

4 月第 4 周：“护牙能手”牙医；“美食创造者”厨师。

教学活动示范

4 月第 1 周：认识圆形；认识方形

教学活动示范表——认识圆形

课程目标	1. 通过操作和游戏掌握圆形的特征。 2. 通过游戏和阅读，初步了解不同数量的圆可以变成不同的物品，体验圆形物品“变变变”带来的快乐。 3. 学习词语“圆形”。 4. 学习用轻黏土制作冰糖葫芦形状，锻炼幼儿的精细动作。 5. 通过音乐律动，让幼儿用身体模仿形状。

续表

教学准备 （教玩具、材料）	1. 音乐：《做个大大的圆圈》。 2. 绘本：《圆》。 3. 其他：圆形物品，各种颜色的圆形卡纸，冰糖葫芦模型，各色轻黏土，小棍子，根据绘本制作的课件《圆形宝宝变变变》。
教学过程	1. 问候活动：《你好歌》。 2. 热身活动：彩虹绳。 3. 导入活动。 ①出示神秘袋，里面装有不同大小的圆形卡纸和圆形物品。 ②通过视觉、触觉认识圆形。向幼儿输入词语“圆形”。 4. 音乐律动：《做个大大的圆圈》。 做个大大的圆圈，大圆圈，大圆圈，做个大大的圆圈，啦啦啦啦啦啦。 做个小小的圆圈，小圆圈，小圆圈，做个小小的圆圈，啦啦啦啦啦啦。 引导家长带领幼儿手拉手一起随音乐做运动。 5. 绘本故事：《圆》。 ①教师播放课件，通过课件《圆形宝宝变变变》引出今天阅读活动的主题。 ②教师讲读绘本。重点向幼儿输入“圆形”“圆圆的”“一个圆形”等。 ③向幼儿提问：刚刚老师讲了什么形状？ ④教师请家长和幼儿一起用手在空中画圆形。 6. 拓展游戏：找圆形。 ①教室四周摆放各种圆形的物品。 ②出示圆形物品，引导幼儿在教室周围寻找生活中类似的圆形物品，并分享自己找到的圆形物品。 ③寻宝游戏：教师把圆形物品藏起来，让幼儿找一找，看看谁找得最多。

续表

教学过程	7. 艺术创作：好吃的冰糖葫芦。 ①出示冰糖葫芦模型，家长和幼儿一起观察冰糖葫芦的特点。 ②家长引导幼儿用轻黏土揉成一个个小圆，然后拼接成冰糖葫芦，并贴上小棍子。 ③家长在幼儿制作“冰糖葫芦”的过程中用平行谈话技巧输入“圆形”“一个圆形”等词与短语，并给予及时的鼓励与肯定。 8. 派对时间。
家长任务	1. 课堂中，家长要做积极参与活动的示范者。 2. 和幼儿一起去观察和发现生活中的圆形，通过看、摸、玩等多种方式，感知圆形的主要特征。 3. 引导幼儿在圆形上添画，变成生活中的常见的物品。

教学活动示范表——认识方形

课程目标	1. 让幼儿在主题环节活动中得到多感官体验，帮助幼儿认知方形。 2. 向幼儿重点输入词语“方形”。 3. 通过艺术创作做方形小人，增强亲子关系，让幼儿体验拼贴、涂抹颜色等艺术形式，锻炼精细动作和手眼协调能力，培养幼儿的艺术审美和艺术创造力。 4. 在音乐律动中，体验音乐的快乐。
教学准备（教玩具、材料）	1. 音乐：《我爱方形》。 2. 绘本：《有趣的小人》。 3. 其他：神秘袋，方形物品，方形设备搭建，方形小道具，圆形道具，方形机器人纸盒，贴贴纸。

续表

教学过程	1. 问候活动:《你好歌》。 2. 热身活动: 彩虹绳。 3. 导入活动: ①教师出示装有方形物品的神秘袋。运用听觉优先技巧,告诉幼儿教师的神秘袋里有很多个方形物品,然后把方形拿出来给幼儿看。 ②把方形分发给幼儿,让家长引导幼儿拿手沿方形画一圈,家长向幼儿输入词语“方形”。 ③教师把装有方形物品的神秘袋给家长,让家长引导幼儿拿出来,加深对方形的认识。 4. 音乐律动:《我爱方形》。 我爱方形,我爱方形,方方正正小方形。 我爱方形,我爱方形,方方正正小方形。 指导家长带领幼儿跟随音乐,模仿教师做出“爱心”和“画方形”的动作。 5. 绘本故事:《有趣的小人》。 ①以“方形”引出今天阅读活动的主题。 ②教师讲读绘本,向幼儿输入重点词语“方形”“方正的”。 6. 运动游戏: 越过方形障碍物。 ①用各种方形摆成障碍,鼓励幼儿走过障碍。 ②幼儿穿过某个方形障碍时,家长向幼儿做语言输入:穿过“方形”。 7. 分类游戏:“吃方形”的机器人。 ①在教室周围找到方形的小道具。 ②区分方形道具和圆形道具,复习“圆形”。 ③喂机器人“吃方形”,进行想象小游戏。 8. 艺术创作: 小人儿是方形的。 ①将镂空方形作为机器人的头,进行粘贴。

续表

教学过程	②在方形机器人的身体上粘贴小方形。 ③连接方形的头、身体以及四肢。 ④完成方形机器人后，让机器人“走动”起来吧！ 9. 派对时间。
家长任务	1. 课堂上家长要积极配合引导幼儿去探索了解方形的特点。 2. 在家里和幼儿一起寻找、观察，认知方形及方形的物品。 3. 在家里玩拼图游戏，拼方形，加深对方形的认识。

4月第2周：认识三角形；图形宝宝

教学活动示范表——认识三角形

课程目标	1. 引导幼儿通过视觉、触觉，感知三角形的形状特点。 2. 学习词语“三角形”。 3. 通过绘本故事和艺术创作，培养幼儿对图形的想象能力和联想能力，提高幼儿的艺术审美和艺术创造力。 4. 通过音乐游戏，加深幼儿对三角形特征的认知。 5. 通过运动认知游戏“寻宝藏”，让幼儿体验找到宝藏的满足感。
教学准备（教玩具、材料）	1. 音乐:《三角形》。 2. 绘本:《我的连衣裙》。 3. 其他：三角形物品，镂空的三角形卡纸，三角形大积木。
教学过程	1. 问候活动:《你好歌》。 2. 热身活动：彩虹绳。 3. 导入活动。 ①出示各种各样的三角形物品，介绍三角形的特征。 ②每个幼儿手上有不同的三角形物品，通过触摸感知三角形的特征。

续表

教学过程	③引导幼儿说一说手上拿的是什么。用到的词语：三角形、圆形、方形。用到的短语：××的××（如三角形的蛋糕）。 4. 音乐律动：《三角形》。 三角形，三角形，一起看，1、2、3。 爬上山，到山顶，走下山，径直过来。 引导家长带领幼儿跟随音乐律动，模仿教师爬、跑和用手“画”三角形。 5. 运动认知游戏：寻宝藏。 ①爬上三角形的积木，用身体感受三角形的形状特点。 ②设置寻找宝藏的情景游戏，在三角形“山洞”里面寻找关于三角形的物品。 ③家长引导幼儿找出三角形物品，重点输入名词“三角形”。 6. 绘本故事：《我的连衣裙》。 ①以“形状”引出今天阅读活动的主题——“三角形”。 ②教师讲读绘本。向幼儿输入重点词语：“形状”“变化的”。 7. 艺术创作：我的连衣裙。 ①出示“我的连衣裙”镂空三角形卡纸。 ②家长和幼儿一起在白纸上随自己意愿绘画。 ③家长观察幼儿表现，在绘画过程中给予幼儿及时的鼓励与肯定。 ④把镂空三角形裙子放在画纸上进行变装。 8. 派对时间。
家长任务	1. 课堂上，家长要配合完成教师的要求。 2. 和幼儿一起去观察和发现生活中的三角形物品，通过看、摸、玩等多种方式，感知三角形的主要特征。 3. 家长为幼儿准备食物时，可以切成三角形的形状，并放在一个餐盘里，在分享过程中可以适当和幼儿一起观察被做成三角形的食物，加深幼儿对三角形的认识。 4. 在家中可以和幼儿玩拼三角形的游戏。

教学活动示范表——图形宝宝

课程目标	1. 让幼儿在各主题环节活动中得到多感官体验，帮助幼儿认识圆形、方形、三角形。 2. 向幼儿重点输入“圆形”“三角形”“方形”等词语。 3. 在形状障碍通道运动游戏中，锻炼幼儿身体的协调性、平衡性。 4. 通过艺术创作，增强亲子关系，让幼儿体验拼贴、涂鸦的乐趣，锻炼精细动作和手眼协调能力，培养幼儿的艺术审美和艺术创造力。
教学准备（教玩具、材料）	1. 音乐:《跟着形状跳舞》。 2. 图片：圆形、方形、三角形的事物相关图片。 3. 绘本:《这是什么形状》。 4. 其他：骰子，障碍设备搭建，不同形状的物品，不同形状的道具，蜡笔，同形状的拼贴。
教学过程	1. 问候活动:《你好歌》。 2. 热身活动：彩虹绳。 3. 导入活动。 ①图片导入，复习前面学过的圆形、方形、三角形。 ②在圆圈内抛掷骰子，引导幼儿轮流和等待，观察抛出的图形，家长进行命名输入。 4. 音乐律动:《跟着形状跳舞》。 圆形圆形转呀转，转呀转呀不停转，圆形圆形转呀转，转呀不停转。 方形方形正方形，方形方形长方形，方形方形四边形，方形四边形。 三角形呀三角形，三角形呀三角形，三角形呀尖尖角，它有尖尖角。 引导家长带领幼儿随音乐做运动。 5. 绘本故事:《这是什么形状》。 ①以“形状”引出今天阅读活动的主题。

续表

教学过程	②教师讲读绘本。向幼儿输入重点词语“形状”“三角形”“圆形”等。 6. 运动游戏：形状障碍通道。 ①摆放各种形状的障碍物，鼓励幼儿走过障碍。 ②家长及时鼓励，积极示范，伴随幼儿身体对形状空间的体验，进行语言输入，帮助幼儿加深对形状的感知。 7. 分类游戏：好多形状呀！ ①观察柜子中各种物品的形状，复习前面学过的各种形状，语言输入“圆形”“方形”“三角形”等词语，帮助幼儿加深印象。 ②将不同形状的物品放至对应形状的器皿中，锻炼幼儿手眼协调能力、分类能力。 8. 艺术创作：形状拼贴。 ①提供各种大小和颜色的三种形状道具，家长和幼儿一起摆放，看看会拼出什么图案。 ②将摆放好的图形进行粘贴。 ③使用蜡笔进行涂鸦和想象。 9. 派对时间。
家长任务	1. 课堂上家长鼓励幼儿参与活动，在幼儿参与活动时给予具体的鼓励并适时输入与主题相关的词语。 2. 在家剪一剪卡片，复习形状，和幼儿拼一拼，进行想象，或找一找图形中的形状，加强幼儿对形状的记忆。 3. 在家中和幼儿玩一玩“图形变变变”的游戏。 4. 在家中和幼儿一起阅读绘本，适时进行简单的提问互动。

4 月第 3 周：能干的建筑工人；勤劳的邮递员

教学活动示范表——能干的建筑工人

课程目标	1. 让幼儿认识建筑工人，了解建筑工人的职业特点。 2. 向幼儿重点输入“建筑工人”“工具”“扳手”“锤子”等词语。 3. 引导幼儿进行“刷墙”“盖房子”“维修”等模拟游戏，锻炼幼儿四肢的协调能力及大运动。 4. 让幼儿在工具形状的卡纸上进行装饰，锻炼精细动作，培养幼儿的想象能力和创造能力。 5. 通过模仿教师的动作，感受音乐的欢快，愿意参加音乐活动。
教学准备（教玩具、材料）	1. 音乐：《盖房子》。 2. 图片：建筑工人及工具相关图片。 3. 绘本：《忙忙碌碌的大工地》。 4. 其他：神秘袋，建筑安全帽，建筑工具仿真玩具，方盘，提前用不同颜色的卡纸剪出不同的工具（扳手、螺丝批、锤子、量尺，每个幼儿各一套），金属色的蜡笔（金色、银色），提前裁好的长方形的打好两个孔的工具带，胶棒，方盘，扭扭棒。
教学过程	1. 问候活动：《你好歌》。 2. 热身活动：彩虹绳。 3. 导入活动。 ①神秘袋：依次出示建筑安全帽、建筑工具仿真玩具。 ②教师进行词语输入，鼓励幼儿说出物品名称。 ③出示图片，讲解建筑工具的用途。 4. 绘本故事：《忙忙碌碌的大工地》。 ①导入：以“建筑工人”引出今天阅读活动的主题。

续表

教学过程	②教师讲读绘本。向幼儿重点输入词语“工地”“建筑工人”“辛勤的”。 5. 音乐律动:《盖房子》。 教师提前给幼儿做好相关动作的输入，再播放音乐，一起跟着音乐做动作。 6. 艺术作品：能干的建筑工人。 ①展示建筑工人及工具带的图片，引导幼儿认识建筑工人的工具和工具带。 ②教师分发方盘和提前用不同颜色的卡纸剪好的工具（扳手、螺丝批、锤子、量尺），每个幼儿一套，由家长引导幼儿认识这些工具并进行语言输入。 ③待幼儿熟悉工具后，教师请幼儿选择金属色的蜡笔（金色、银色），对工具进行涂鸦装饰。 ④幼儿画好后，教师发放提前裁好的工具带和胶棒，并收回金属色蜡笔。 ⑤幼儿将自己的工具粘贴在工具带上。 ⑥教师鼓励已粘贴好工具的幼儿将胶棒收回，并分发扭扭棒。 ⑦家长帮助幼儿将工具带用扭扭棒扣在幼儿的腰上，引导幼儿想象自己是一名建筑工人，将完成的作品放置一旁，让幼儿戴上工具带，拿上小工具在教室里不同的位置帮忙装修房子，培养想象力。 7. 派对时间。
家长任务	1. 在家里，家长可以和幼儿进行角色扮演，将家里需要维修的东西用工具“修”一下。 2. 和幼儿一起学习唱《盖房子》。 3. 亲子阅读。

教学活动示范表——勤劳的邮递员

课程目标	1. 引导幼儿认识邮递员，了解邮递员的职业特点。 2. 向幼儿输入“邮递员”“包裹”“信件”等相关词语。 3. 和幼儿一起听《我是小小邮递员》，乐于参加音乐活动。 4. 通过在盒子上作画，锻炼幼儿的小手肌肉，培养幼儿创作力、想象能力。 5. 培养幼儿尊重劳动成果。
教学准备（教玩具、材料）	1. 音乐：《我是小小邮递员》。 2. 图片：快递员的图片。 3. 视频：《参观邮局》。 4. 绘本：《远方寄来的生日礼物》。 5. 其他：装着信件的信封（有邮戳、包裹、邮票），小球，围兜，方盘，立方体包裹，提前用白色纸包好的快递盒子，黄杆笔刷，不同颜色的颜料，颜料花盘，贴贴纸。
教学过程	1. 问候活动：《你好歌》。 2. 热身活动：彩虹绳。 3. 导入活动。 ①出示装着信件的信封、邮戳、包裹、邮票，用自言自语的技巧做词语的输入。 ②观看视频《参观邮局》。 ③谈话活动，谈谈都看到了什么。 4. 绘本故事：《远方寄来的生日礼物》。 ①以“邮递员”引出今天阅读活动的主题。 ②教师讲读绘本。重点输入词语“包裹”“邮递员”。 5. 音乐律动：《我是小小邮递员》。 引导幼儿拿着小球想象自己去送“包裹”，跟着音乐律动走、跑。 6. 艺术创作：我是小小邮递员。 ①教师出示快递员的图片和立方体包裹。 ②教师提问幼儿包裹是什么样子的，与幼儿一起来拆包裹，观察立方体快递盒的六个面。

续表

教学过程	③教师分发围兜，待幼儿穿好围兜后，分发方盘和提前用白色纸包好的快递盒子，家长和幼儿一起探索快递盒子每个面的形状。 ④教师待幼儿熟悉自己包裹的形态之后，分发笔刷、颜料和颜料盘。 ⑤教师鼓励幼儿在快递包裹上作画，分发贴贴纸给幼儿当作快递单。 ⑥幼儿完成后，将笔刷和颜料盘放回桶里，擦干净手，把作品连同方盘放在旁边晾干。 7. 派对时间。
家长任务	1. 课堂上，家长要激发幼儿参与活动的积极性，及时给予幼儿具体的鼓励。 2. 平时请幼儿帮忙领取“包裹”，使幼儿更直观地认识包裹。 3. 让幼儿在拆开的快递盒子上作画。 4. 带幼儿参观邮局，学习相关词语。 5. 亲子阅读。

4月第4周：“护牙能手”牙医；“美食创造者”厨师

教学活动示范表——“护牙能手”牙医

课程目标	1. 帮助幼儿认识牙医诊所，了解牙医的工作，增加对牙医的认识。 2. 培养幼儿喜欢听故事的习惯，丰富其词汇量。向幼儿输入词语“牙齿”“牙医”“刷牙”。 3. 音乐：愿意跟教师一起听歌曲做运动。 4. 让幼儿感受光滑和粗糙的不同质感。

续表

教学准备（教玩具、材料）	1. 音乐：《刷牙歌》。 2. 图片：牙医给儿童检查牙齿的图片、脏牙齿的图片。 3. 绘本：《噼里啪啦·我去刷牙》。 4. 其他：放大镜，医生衣服，牙刷、牙齿和放大镜等仿真玩具，颜料“牙膏”，水杯，方盘，围兜，牙齿形状黑色砂纸和白色卡纸。
教学过程	1. 问候活动：《你好歌》。 2. 热身活动：彩虹绳。 3. 导入活动。 ①出示牙医给儿童检查牙齿的图片、脏牙齿的图片。 ②教师讲解得蛀牙的原因。 ③照镜子，看幼儿有没有蛀牙，说说自己是怎样保护牙齿的。 4. 绘本故事：《噼里啪啦·我去刷牙》。 ①以“牙医”引出今天阅读活动的主题。 ②教师讲读绘本。向幼儿重点输入词语“牙齿”“牙医”“白色的”“刷牙”。 ③拓展：可以把医生衣服和放大镜给幼儿，让幼儿轮流当牙医，给家长检查牙齿。 5. 音乐律动：《刷牙歌》。 教师提前给幼儿做好相关动作的输入，再播放音乐，一起跟着音乐做动作。 6. 艺术创作：护牙能手——牙医。 ①出示牙医给儿童检查牙齿的图片，告诉幼儿去看牙医一点儿也不可怕；再出示脏牙齿和好牙齿的图片，示范用牙刷、颜料做的“牙膏”和水杯给脏牙齿刷牙。 ②教师分发方盘、围兜、用黑色砂纸和白色卡纸剪好的牙齿形状，家长辅助给幼儿穿好围兜。

续表

教学过程	③幼儿可以用手感受两颗牙齿不同的粗糙程度，找到脏脏的、黑黑的、粗糙的坏牙齿。 ④幼儿探索后，教师分发牙刷，请幼儿帮忙刷牙，并给每个幼儿一个装少许水的水杯，鼓励幼儿选择自己喜欢的牙膏颜色。 ⑤幼儿用牙刷、牙膏给不同的牙齿“刷牙”——涂鸦上色。 ⑥教师鼓励已经完成的幼儿将牙刷、牙膏和水杯收回放入桶里。 ⑦幼儿将完成的作品放置一旁。 7. 情境教室：我是小牙医。 ①观看视频，了解牙医的职业特点。 ②角色扮演——我是小牙医。 ③教师总结。 8. 派对时间。
家长任务	1. 课堂上，家长要积极配合教师的要求，积极引导幼儿参与活动，并适时做语言输入加深对学习内容的理解。 2. 在家里让幼儿照镜子检查自己的牙齿是否健康。 3. 在家中和幼儿一起给家里的玩偶刷牙。 4. 亲子阅读。

教学活动示范表——“美食创造者”厨师

课程目标	1. 通过视频了解厨师的工作，培养幼儿尊重厨师劳动的情感。 2. 引导幼儿听故事，大胆表述自己的想法。通过活动，丰富幼儿的词汇量，如“厨师”“铲子”“锅盖”等。 3. 通过制作甜甜圈，锻炼幼儿的精细动作。

续表

课程目标	4. 在有弧度的甜甜圈上作画，培养幼儿的想象能力和思维能力。 5. 体验厨师的劳动，从制作甜甜圈的活动中，体验劳动的快乐。
教学准备 （教玩具、材料）	1. 图片：甜甜圈的图片，蔬菜汤的图片。 2. 绘本：《好喝的蔬菜汤》。 3. 其他：厨师帽，锅，铲子，围兜，方盘，白色轻黏土捏好的甜甜圈，笔刷，颜料盘，不同颜色的颜料，提前剪碎的皱纹纸。
教学过程	1. 问候活动：《你好歌》。 2. 热身活动：彩虹绳。 3. 导入活动。 ①神秘袋：依次出示厨师帽、锅头、铲子，了解厨师工作的工具。 ②观看视频，了解幼儿园食堂厨师的工作。 ③谈话活动，讲讲看到了什么，厨师在做什么。 4. 绘本故事：《好喝的蔬菜汤》。 ①出示美味的蔬菜汤图片。 ②欣赏故事，向幼儿重点输入词语“蔬菜汤”“好喝”等。 ③自制做汤步骤图，用图文的形式，加深幼儿对故事的理解。 5. 艺术作品：美食创造者——厨师。 ①教师出示甜甜圈的图片，向幼儿重点输入词语“圆圆的”“巧克力口味”“糖霜”等。 ②教师给幼儿分发围兜，家长辅助幼儿穿好围兜，教师分发方盘和提前几天用白色轻黏土捏好并晾干的甜甜圈模型。

续表

教学过程	③幼儿观察和了解甜甜圈。 ④教师待幼儿熟悉甜甜圈后，分发笔刷和颜料盘，问幼儿喜欢什么口味的，并按照幼儿喜欢的口味，在颜料盘里挤出相应“口味”的颜料。 ⑤鼓励幼儿在立体的、有弧度的“甜甜圈”上添加他们喜欢的“口味”颜料，幼儿给甜甜圈上色后，教师分发提前用皱纹纸剪碎的不同色彩的“糖霜”，让幼儿撒在作品上。 ⑥幼儿完成后，将笔刷和颜料盘放回桶里，擦干净手，把作品连同方盘放在旁边晾干。 6. 生活实践：一起做甜甜圈。 ①教师边介绍边准备做甜甜圈的食材。 ②教师制作。 ③家长和幼儿一起制作。 ④尝一尝：和家长一起品尝甜甜圈。学习词语“甜甜的××”“糖霜”等。 7. 派对时间。
家长任务	1. 课堂上家长配合教师的要求，鼓励幼儿积极参与活动。 2. 在家里跟幼儿一起制作好吃的食物，在制作过程中用自言自语技巧做丰富的语言输入。 3. 和幼儿一起做游戏，给家里的玩偶“制作美食”。 4. 煮菜的时候，可以让幼儿参与，做力所能及的事，并向幼儿输入关键词，如“炒菜”“熟”“盛菜”等，丰富幼儿的词汇量。

5月主题

愉快的夏天

教学计划

一、主题说明

幼儿对世界有好奇心，对夏天这个充满活力的季节也如此。在夏天，幼儿可以通过日用品、食物、沙滩等感受夏天，这一切都可以给幼儿带来快乐。因此，我们设计了本月主题，让幼儿加深对季节变化的感知和关注周围环境，提高幼儿的自主探索与发现能力，大胆尝试与操作，敢于表现自己，了解夏天并激发幼儿热爱夏天的情感，充分享受夏天的特别时光。

二、主题目标

（一）幼儿学习目标

1. 了解夏天的季节特征。
2. 初步了解季节的不同特征，通过亲身的感受，激发幼儿对夏天的喜爱之情。
3. 通过游戏、手工操作，锻炼幼儿的精细动作，使幼儿在美术活动中获得快乐，获得知识。
4. 通过对主题的学习，丰富幼儿的词汇量，尝试用所学词语表达自己的情感。
5. 乐于参与音乐游戏活动。
6. 了解一些避暑的方法及自我保护技能。

（二）家长指导目标

1. 家长可以带幼儿到公园或江边，观察夏天的花朵、昆虫、食物都有哪些。利用图片、绘本、观看视频等多种途径加强学习、理解。

2. 家长通过语言、动作描述昆虫的形态，引导幼儿观察昆虫的身体特征，认识夏天常见的昆虫。

3. 加强亲子阅读，发展幼儿的语言理解及表达能力。

4. 在日常学习中，加强、引导幼儿学习等待、轮替等能力。

三、周主题设置

5 月第 1 周：夏天的花；夏天的昆虫。

5 月第 2 周：夏天的风；夏天的球类游戏。

5 月第 3 周：夏天的户外游戏；夏天的团扇。

5 月第 4 周：夏天的西瓜；夏天的城堡。

教学活动示范

5 月第 1 周：夏天的花；夏天的昆虫

教学活动示范表——夏天的花

课程目标	1. 认识不同的季节有不同的花，认识夏天的花卉——荷花。 2. 向幼儿重点输入词语“花朵”“花瓣”“荷花”。 3. 锻炼四肢的协调性，适当加强大运动的锻炼。 4. 让幼儿在纸盘上进行花瓣的粘贴，锻炼精细动作。 5. 通过种花活动锻炼幼儿的观察能力和合作能力。
教学准备（教玩具、材料）	1. 音乐：《浇好水，开好花》。 2. 图片：荷花的图片。 3. 绘本：《花儿开了》（自制）。 4. 其他：荷花及种植仿真玩具，剪刀，深浅不同的绿色泡沫纸，假花花瓣，胶棒。
教学过程	1. 问候活动：《你好歌》。 2. 热身活动：彩虹绳。

续表

教学过程	3. 导入活动。 拿出装有荷花及种植仿真玩具的神秘袋，引导幼儿观察荷花的外形特征和种植需要用的工具。 4. 绘本故事:《花儿开了》。 ①以“夏天的荷花”引出今天阅读活动的主题。 ②教师讲读绘本。向幼儿输入重点词语“荷花”“夏天”，引导幼儿理解夏天荷花开放的形态。 5. 音乐律动:《浇好水，开好花》。 教师提前给幼儿做好相关动作的输入，再播放音乐，一起跟着音乐做动作，想象自己在使用工具种花。 6. 艺术创作：夏天的荷花。 ①教师展示荷花的图片，引导幼儿认知荷花的形态。 ②教师拿出剪刀，引导幼儿熟悉如何使用剪刀。 ③待幼儿熟悉工具后，教师请幼儿选择深浅不同的绿色泡沫纸，剪出荷花的叶子，家长协助并采用平行谈话技巧向幼儿输入相关词句。 ④幼儿剪好叶子后，教师分发胶棒给幼儿粘贴，家长协助。 ⑤幼儿将叶子粘贴完毕后，教师分发不同颜色的假花花瓣，鼓励幼儿错落有致地粘贴荷花。家长协助并采用平行谈话技巧输入词句。 ⑥教师鼓励已经完成粘贴任务的幼儿将使用的工具收回。 7. 派对时间。
家长任务	1. 在家里，家长可以和幼儿使用丝巾等进行“花开了”的想象活动。 2. 和幼儿一起学习唱《浇好水，开好花》，跟随音乐的节奏进行律动。 3. 利用图片、绘本、视频等多种途径，加强学习夏天的花卉——荷花，还可以进行拓展认识夏天其他的花卉。

教学活动示范表——夏天的昆虫

课程目标	1. 通过色彩的明暗对比带来的视觉效果，让幼儿提高色彩感知力。 2. 重点输入词语“萤火虫”“黄色的亮光”“飞”。 3. 感知萤火虫的外形特征，学习用满天星式的构图方式完成画面。
教学准备 （教玩具、材料）	1. 音乐：《萤火虫》。 2. 图片：萤火虫图片。 3. 绘本：《好寂寞的萤火虫》。 4. 其他：萤火虫仿真玩具，小亮灯，摇铃，黑色卡纸，黄色、白色颜料，颜料盘，绿色条状卡纸，圆形海绵刷，每个幼儿 2 根长杆笔刷，围兜。
教学过程	1. 问候活动：《你好歌》。 2. 热身活动：彩虹绳。 3. 导入活动：出示萤火虫仿真玩具，小亮灯。 4. 绘本故事：《好寂寞的萤火虫》。 ①欣赏绘本中萤火虫的外形特征。 ②初步了解萤火虫的生活习性。 ③在阅读绘本时，使用声学强调技巧，使“萤火虫”等目标词语听起来更响亮和突出。 5. 音乐律动：《萤火虫》。 ①双手交替作一闪一闪状，跟着音乐闪动，在出现歌词“啦啦啦”的时候作小翅膀飞翔状，唱两遍。 ②两手作开合状，跟着音乐做两遍。 ③幼儿手拿两个摇铃，跟着音乐一起唱： 小小小萤火虫，啦啦啦啦啦啦啦啦啦。（两遍） 6. 艺术创作：黑夜中的萤火虫。 ①出示黑夜中的萤火虫图片。 ②教师演示把绿色条状卡纸粘贴在黑色卡纸上，用圆形海绵刷蘸取黄色颜料按压出大黄色圆点，用 2 根长杆笔刷蘸取黄色颜料，相互敲击，形成星星点点的“萤火虫”的光亮。

续表

教学过程	③教师分发黑色卡纸，家长给幼儿穿好围兜，幼儿准备好用绿色条状卡纸粘贴在黑色卡纸上。 ④教师发颜料盘，挤上黄色颜料，分发圆形海绵刷。 ⑤待幼儿画好后，将圆形海绵刷收回，分发 2 根长杆笔刷，让幼儿练习敲击后再添加黄色颜料，最后再加一点白色颜料点缀。 ⑥把画好的“萤火虫”粘贴在纸上。 ⑦把作品放在旁边晾干。活动过程中，家长在一旁协助，采用平行谈话技巧向幼儿输入相关词语。 7. 派对时间。
家长任务	1. 让幼儿在家听歌曲《萤火虫》，模仿小萤火虫飞一飞的动作，增加想象力。 2. 平时引导幼儿在画纸上用两种不同材质的画笔作画。 3. 和幼儿一起复习故事《好寂寞的萤火虫》。

5 月第 2 周：夏天的风；夏天的球类游戏

教学活动示范表——夏天的风

课程目标	1. 引导幼儿尝试噘嘴吹气，感受气流大小给物体带来的变化。 2. 通过玩风车活动，让幼儿知道用跑、吹等方式使风车转起来。 3. 引导幼儿尝试通过折叠及穿孔来制作风车，培养幼儿做手工的兴趣，重点向幼儿输入词语“风车”。 4. 激发幼儿对风车探索的兴趣，体验探索的乐趣。

续表

教学准备（教玩具、材料）	1. 音乐：《大风车》。 2. 其他：风车，正方形的纸，剪刀，扭扭棒，吸管，彩虹绳。
教学过程	1. 问候活动：《你好歌》。 2. 热身活动：彩虹绳。 3. 导入活动。 出示装有风车的神秘盒子，引导幼儿观察用什么样的方式能让风车转动。 4. 艺术创作：制作风车。 ①教师和幼儿一起观察风车的形态。 ②教师示范制作风车的主要部分。 ③教师将正方形的纸分发给幼儿，家长引导幼儿将纸对折两次形成小的三角形。 ④教师将剪刀分发给幼儿，家长指导幼儿使用剪刀按照正方形纸上的折痕将四个对角剪开 2/3 左右。 ⑤引导幼儿将剪好的四个角朝向正方形中间部分，用扭扭棒穿过，固定好风车。 ⑥教师分发吸管，让幼儿把扭扭棒插入吸管中，风车就完成了。 ⑦让幼儿吹一吹风车，练习呼气和吹气。 5. 音乐律动：《大风车》。 ①教师和幼儿一起在周围拿着风车跑一跑，让风车转起来。 ②播放音乐，拿着风车跳舞，让身体保持平衡。 ③音乐结束时，家长和幼儿把风车放置一旁。 6. 派对时间。
家长任务	1. 家长可以和幼儿制作大小不同的风车，到户外一起探索让风车动起来的不同方法。 2. 尝试练习吹气控制气息的长短和大小。 3. 家长和幼儿在家可以一起玩吹蜡烛、吹乒乓球等呼吸游戏。

教学活动示范表——夏天的球类游戏

课程目标	1. 通过热身、户外活动等环节让幼儿感受户外的阳光、微风等，享受其中。 2. 引导幼儿学习足球规则，锻炼身体的协调性和下肢力量。 3. 引导幼儿观察常见物品在放大镜下奇妙的变化，锻炼幼儿的观察能力。 4. 体验足球滚画的乐趣。 5. 在大自然中培养幼儿的音乐节奏，感受大自然带来的快乐。
教学准备（教玩具、材料）	1. 音乐：《狗狗减肥操》。 2. 图片：世界杯的图片。 3. 其他：大小不同的球，足球，白色画纸，颜料盘，各色颜料。
教学过程	1. 问候活动：《你好歌》。 2. 热身活动：彩虹绳。 3. 导入活动： 神秘袋中装有大小不同的球。 ①让幼儿探索袋子里面的球。 ②让幼儿踢踢球。 ③出示世界杯的图片，引出足球的主题。 4. 音乐律动：《狗狗减肥操》。 ①做做热身操，扭一扭屁股，跟着音乐一起扭动。 ②抱着球一起来跳舞。 5. 运动游戏。 ①走线。 ②踢球。（说明足球规则：只能用脚） 6. 艺术创作：圆圆球在草地。 ①将几张大的白色画纸粘贴成一张大大的纸。 ②教师示范如何用球蘸取颜料，把球放在画纸上，用脚踢，球会带动颜料在画纸上滚动，留下痕迹。 ③家长辅助幼儿把袜子脱掉，并挽起裤脚。

续表

教学过程	④教师将球分发给幼儿，再分发有颜料的画盘。家长用平行谈话技巧描述动作及画面内容。 7. 派对时间。
家长任务	1. 家长和幼儿练习踢球并感受跳动带来的快乐。 2. 家长可准备弹珠或会滚动的材料，让幼儿尝试用弹珠等材料作画，家长要注意培养幼儿的想象力。

5 月第 3 周：夏天的户外游戏；夏天的团扇

教学活动示范表——夏天的户外游戏

课程目标	1. 引导幼儿认识不同的活动场景，增加对夏天户外的探索。 2. 通过绘本故事，丰富幼儿的词汇量，重点输入词语“风筝”。 3. 引导幼儿愿意伴随欢快的旋律和教师一起跳舞。 4. 让幼儿尝试控制风筝的高低。
教学准备（教玩具、材料）	1. 音乐：《小风筝飞得高》。 2. 绘本：《放风筝》。 3. 其他：白色风筝（含线、卷轴）若干套，蜡笔，胶水。
教学过程	1. 问候活动：《你好歌》。 2. 热身活动：彩虹绳。 3. 导入活动。 使用声学强调技巧引入“风筝”，介绍风筝的线和卷轴。 4. 绘本故事：《放风筝》。 ①导入：以“风筝”引出今天阅读活动的主题。 ②教师讲读绘本。使用重复技巧重点突出词语“风”“风筝”。 5. 音乐律动：《小风筝飞得高》。 教师提前给幼儿做好相关动作的学习，再播放音乐，一起跟着音乐做动作。

续表

教学过程	6. 艺术创作：风筝飞得高。 ①出示风筝，教师向幼儿输入风筝的形态，讲解制作风筝需要用到的工具。 ②教师分发白色风筝，风筝有骨架，提醒幼儿画风筝的时候要注意力度。 ③幼儿可以用手感受风筝的厚薄，和家长讨论是什么形状的，有几条边。 ④幼儿探索后，教师分发蜡笔，鼓励幼儿在白色风筝上作画。 ⑤幼儿画好后将蜡笔收好。 ⑥家长辅助幼儿将风筝的线及卷轴安装好。 ⑦幼儿和家长在户外一起放风筝。 7. 派对时间。
家长任务	1. 活动中引导幼儿注意听取教师语言，帮助幼儿理解课堂指令。 2. 在有风的时候和幼儿一起放自己制作的风筝。 3. 家长利用生活中的情境帮助幼儿学习夏天的相关词语、句子。

教学活动示范表——夏天的团扇

课程目标	1. 引导幼儿认识各种各样的扇子，了解扇子的功能，知道扇子不仅可以降温，还可以美化生活。 2. 通过绘本故事，引导幼儿了解夏日如何降温。 3. 通过在扇子上作画，锻炼幼儿小手的控制能力，萌发对色彩的感受。
教学准备（教玩具、材料）	1. 音乐：《扇扇子》。 2. 图片：团扇的图片。 3. 绘本：《小松鼠找“凉快”》。 4. 其他：风扇仿真模型，扇子，团扇，蜡笔，胶棒，亮片。

续表

教学过程	1. 问候活动:《你好歌》。 2. 热身活动：彩虹绳。 3. 导入活动。 神秘袋：风扇仿真模型，扇子。 ①教师描述袋子里的物品，引导幼儿猜猜看。 ②将袋子里的物品拿出来。 ③引入主题“扇子”。 4. 绘本故事:《小松鼠找“凉快”》。 ①导入：以“夏日清凉”引出今天阅读活动的主题。 ②教师讲读绘本。使用声学强调技巧重点突出词语“扇子”“凉快的”。 ③根据故事路径图，了解小松鼠找“凉快”的全过程。 5. 艺术创作：在扇子上作画。 ①教师展示团扇的图片并进行讲解。 ②教师给幼儿分发团扇。 ③家长和幼儿相互使用团扇，家长使用自言自语技巧描述扇子的形状及触觉感受。 ④待幼儿熟悉团扇后，教师鼓励幼儿选择自己喜欢的颜色的蜡笔。 ⑤鼓励幼儿在扇面上作画，尽量画出不同的线条，并给幼儿胶棒及亮片粘贴。家长协助并采用平行谈话技巧输入相关词句。 ⑥幼儿完成后，将蜡笔、胶棒交给教师。 6. 音乐律动:《扇扇子》。 用做好的扇子，一起在歌词“扇扇子”出现的时候扇一扇。 7. 派对时间。
家长任务	1. 在家里找找有什么样的扇子。 2. 如果条件允许，可以在不同形状的扇子上作画。 3. 家长可以带领幼儿发现家庭中哪些物品可以当扇子，并学习与主题相关的词句。

5月第4周：夏天的西瓜；夏天的城堡

教学活动示范表——夏天的西瓜

课程目标	1. 让幼儿初步认识西瓜的形态及颜色特征，了解夏天吃西瓜可以带来舒爽。 2. 通过绘本，丰富幼儿的词汇量，输入重点词语："西瓜""大大的"。 3. 培养幼儿的想象力，在凹凸不平的纸盘上画出线条，锻炼幼儿控制手腕力量。 4. 运用音乐《大西瓜》加深认识西瓜的特征，并乐意参加音乐活动。
教学准备（教玩具、材料）	1. 音乐：《大西瓜》。 2. 绘本：《大西瓜》。 3. 其他：西瓜模型玩具，球，切好的一片一片的西瓜，剪成一半的纸盘，红色的颜料，画笔，芝麻，胶水。
教学过程	1. 问候活动：《你好歌》。 2. 热身活动：彩虹绳。 3. 导入活动。 神秘袋：西瓜模型玩具。 ①教师描述袋子里的物品，引导幼儿猜猜看。 ②教师将袋子里的物品拿出来，让幼儿通过触觉、视觉去认知西瓜的形态。 ③教师引入主题。 4. 音乐律动：《大西瓜》。 先给每个幼儿一个大大的球，引导幼儿模仿抱大西瓜的动作跟着音乐做运动。 5. 绘本故事：《大西瓜》。 ①以"西瓜"引出今天阅读活动的主题。 ②教师讲读绘本。重点输入词语"西瓜""大大的"。

续表

教学过程	6. 艺术创作：切开的西瓜。 ①教师出示被切成一片一片的西瓜，鼓励幼儿观察西瓜形状和颜色。 ②教师出示剪成一半的纸盘，鼓励幼儿帮忙给“西瓜”上颜色——“穿上衣服”。 ③教师给幼儿分发裁剪成一半的纸盘。 ④教师鼓励幼儿自己选择绿色，画西瓜皮。 ⑤教师引导幼儿用画笔蘸取红色的颜料，画西瓜瓤。 ⑥幼儿画好后，教师分发黑色的芝麻当作西瓜籽，让幼儿把“西瓜籽”粘在上面。 7. 派对时间。
家长任务	1. 与幼儿一起完成买西瓜、摘西瓜、切西瓜等活动，加深对西瓜的认识，扩展词汇“瓜藤”“西瓜皮”“西瓜汁”等。 2. 尝试画西瓜，能用不同的线条表现西瓜皮的纹理。

教学活动示范表——夏天的城堡

课程目标	1. 通过图片、绘本和艺术创作等，重复向幼儿输入词语“城堡”，让幼儿了解城堡，培养幼儿对城堡的认知以及观察理解能力。 2. 通过音乐《缤纷的城堡》，锻炼幼儿的想象力，跟随音乐节奏活动手指，感受节拍。 3. 丰富幼儿的手部探索和感知，体验在沙子中作画的乐趣。
教学准备（教玩具、材料）	1. 音乐：《缤纷的城堡》。 2. 图片：用沙子建的城堡的图片。 3. 视频：在沙滩上建城堡的小视频。 4. 绘本：《沙子城堡》。 5. 其他：提前剪好的城堡白色卡纸，沙子和玩沙子的器具，胶水，蜡笔。

续表

教学过程	1. 问候活动:《你好歌》。 2. 热身活动：彩虹绳。 3. 导入活动：呈现沙滩城堡图片，观看沙滩上建城堡的视频，介绍沙子、城堡。 4. 音乐律动:《缤纷的城堡》。 在律动之前，可以让幼儿先探索一下玩沙子的器具。探索完毕后，可以拿着工具一起跳舞。 5. 绘本故事:《沙子城堡》。 ①导读，激发幼儿兴趣。 ②重点引导幼儿认识绘本中提到的城堡。 ③运用声学强调技巧向幼儿输入重点词语“城堡”“沙子”。 ④指导幼儿读绘本，可进行简单提问或引导幼儿看图，发现细节，读懂故事。 6. 艺术创作：城堡的印记。 ①看城堡图片，观察城堡建筑的外形特点，教师出示沙子，通过视觉和触觉感知沙子的基本特征。 ②教师分发城堡白色卡纸，让幼儿用蜡笔涂色。 ③幼儿使用胶水涂在纸上后，教师分发沙子，幼儿将沙子慢慢撒到或涂抹到城堡周围。家长协助完成并采用平行谈话技巧向幼儿输入相关词语。 7. 派对时间。
家长任务	1. 准备空白的城堡画纸，在家用米或者其他细小颗粒材料填充城堡。 2. 家长可以和幼儿在公园中尽情探索沙子，用模具搭城堡，并用平行谈话、声学强调技巧进行活动描述，向幼儿输入与主题相关的词语。

6月主题

炫彩的世界

教学计划

一、主题说明

多彩颜色可以给人带来无穷的想象，使世界变得更美丽。万物都有颜色，五彩缤纷的颜色能够给幼儿最直接的感官刺激，幼儿可以通过各种活动观察彩色的世界、彩色的生活、彩色的季节。通过本月主题让幼儿认识常见的颜色，尝试探索颜色变化的规律，体验变色游戏的快乐；初步探索生活中、自然界中各种颜色的美，激发幼儿对鲜艳色彩的喜爱。

二、主题目标

（一）幼儿学习目标

1. 在探究活动中，感知颜色混合后的新变化。
2. 通过学习夏天的颜色，提高幼儿的想象力、创造力。
3. 通过绘本故事，丰富生活经验，提高社交能力。
4. 引导幼儿乐于参与音乐游戏活动。
5. 通过各种手工、绘画，引导幼儿仔细观察画面，培养幼儿对颜色的兴趣，提高幼儿的观察能力和探索能力。

（二）家长指导目标

1. 引导幼儿认识日常生活中常见的颜色，大胆尝试调制各种颜色，引导幼儿学习颜色的名称。

2. 引导幼儿观察夏天的各种植物、动物、活动等，让幼儿发现自然界的美，热爱参加夏天的各类活动，并尝试表达与夏天相关的短语、句子等。

3. 放假期间，通过公园里的野餐活动，提高幼儿的沟通、社交能力。

三、周主题设置

6 月第 1 周：红色与白色交朋友；红色与黄色交朋友。

6 月第 2 周：红色与蓝色交朋友；美丽的彩虹色。

6 月第 3 周：夏天的颜色 1；夏天的颜色 2。

6 月第 4 周：多彩的公园；野餐中的色彩。

教学活动示范

6 月第 1 周：红色与白色交朋友；红色与黄色交朋友

教学活动示范表——红色与白色交朋友

课程目标	1. 在色彩游戏中，认识“白色”和“红色”，感知“深色”和“浅色”，联想并输入相关词语。 2. 在艺术创作中，通过亲身体验调制颜色的经验，观察颜色的变化，激发幼儿探索的兴趣与好奇心，提高观察能力和思考能力。 3. 通过音乐律动，增强幼儿的节奏感，使其乐意参加音乐活动。
教学准备（教玩具、材料）	1. 音乐：《红苹果》。 2. 绘本：《我的颜色是什么》。 3. 其他：神秘袋，红色、白色、粉色物品，胶泥，红色、白色颜料，水，围兜，颜料圆盘，画笔，海绵积木，胶水，棉签，画有树干和树枝的纸，各类艺术粘贴工具，桃子，篮子。

续表

教学过程	1. 问候活动:《你好歌》。 2. 热身活动:彩虹绳。 3. 导入活动。 ①神秘袋:袋子中装有红、白颜色的物品,引导幼儿找一找教室里红色和白色的物品,向幼儿提问家里有什么红色、白色的物品。 ②出示粉色物品,让幼儿谈谈什么是粉色的。 ③调色小游戏:红色变粉色。引导幼儿了解深色、浅色。 4. 绘本故事:《我的颜色是什么》。 ①观察书中不同的颜色和变化。 ②了解不同的颜色和不同颜色的物品,使用声学强调输入“红色”和“白色”。 5. 音乐律动:《红苹果》。 在那高高的树上,两颗苹果红彤彤。 摇一摇,红苹果,摇一摇,掉下来。 在那高高的树上,两颗苹果红彤彤。 ①模仿老师的动作。 ②家长和幼儿创编动作进行律动。 6. 动手环节。 混合白色和红色的胶泥,通过压、揉、掰等方式锻炼精细动作,让幼儿的小手动起来。 7. 艺术作品:美丽的花。 ①创作前,观看“魔术”,红色的水变粉色。 ②创作时,观察老师给的颜料颜色,有红色和白色,给幼儿观察时间并适当重复重点词语。 ③使用棉签给树枝添上花朵。 8. 拓展游戏:小猴子运桃子。

续表

教学过程	教师用海绵积木制作桥、路，让幼儿拿着装有桃子的篮子，按路线走，将桃子运到大篮子里，一次一个，看谁运得最多。 9. 派对时间。
家长任务	1. 在家里和幼儿一起寻找并观察红色和白色的物品。 2. 和幼儿尝试使用不同比例的红色和白色颜料调出不同的粉色。 3. 充分利用日常生活中的各种红色物品，认识“浅红”“深红”等，丰富幼儿的词汇量。 4. 通过涂色活动，巩固所学颜色名称，并要求幼儿在固定区域内涂色。

教学活动示范表——红色与黄色交朋友

课程目标	1. 引导幼儿认识暖色调橙色，了解到橙色可以由黄色和红色混合而成。 2. 通过绘本介绍色彩，让幼儿认识“橙色”“红色”“黄色”等。 3. 引导幼儿听到音乐停顿就跳到相应颜色的圆点上。 4. 让幼儿通过两只小手揉搓、涂抹等方式感受颜料的质感，并亲自体会颜色叠加后的变化。
教学准备（教玩具、材料）	1. 音乐：《颜色歌》。 2. 绘本：《我的颜色是什么》。 3. 其他：各种不同材质的橙色玩具，红色、黄色颜料，提前裁好的黑色卡纸（比 A4 纸略小），围兜，颜料盘，胶棒，彩色 A3 卡纸。
教学过程	1. 问候活动：《你好歌》。 2. 热身活动：彩虹绳。 3. 导入活动。 神秘袋：袋子里装有各种不同材质的橙色玩具，让幼儿逐一拿出，并认识“橙色”。

续表

教学过程	4. 艺术作品。 ①教师示范在一只手上抹上红色颜料，印压在一张黑色卡纸（比 A4 纸略小）上，另一只手抹上黄色颜料，印压在另一张黑色的卡纸上，再示范如何将两种不同颜色的颜料变出橙色，可以印压在黑色卡纸上。 ②教师邀请幼儿来变出橙色，分发围兜，家长辅助幼儿穿好围兜。 ③教师给每个幼儿分发两张黑色卡纸和一个颜料盘。 ④教师在颜料盘中分别挤上黄色和红色颜料，让幼儿充分探索和自由创作，活动中，家长使用声学强调技巧输入重点词语“橙色”。 ⑤待幼儿创作好后，教师引导幼儿将小手擦干净，将颜料盘放回到桶里。 ⑥教师给幼儿分发胶棒和一张彩色 A3 卡纸。 ⑦教师鼓励幼儿将两张黑色卡纸粘贴在彩色卡纸上，将作品放置旁边晾干。 5. 音乐游戏:《颜色歌》。 教师在播放歌曲之前，可以进行一些关于歌曲内容的知识输入，跟着幼儿一起舞动双手，扭扭小屁股，重点输入词语“颜色”。 6. 绘本故事:《我的颜色是什么》。 ①组织幼儿了解绘本内容，丰富生活经验。 ②欣赏绘本，完整讲述一遍故事。 ③提问：这是什么颜色？你还知道哪些物品是 × ×（黄色、红色……）的？ ④认识绘本中的橙色、红色、黄色、蓝色等颜色。 7. 派对时间。

续表

家长任务	1. 课堂中积极与幼儿互动，并正确示范，注意鼓励和引导幼儿。 2. 和幼儿寻找日常生活中的橙色物品，观察深浅不同的橙色，使用重复、声学强调等技巧向幼儿输入相关的重点词语。 3. 复习故事《我的颜色是什么》。

6 月第 2 周：红色和蓝色交朋友；美丽的彩虹色

教学活动示范表——红色和蓝色交朋友

课程目标	1. 引导幼儿观察紫色的变化过程，激发幼儿的好奇心。 2. 重点输入词语“紫色”“搅拌”“混合”。 3. 幼儿能戴着面具愉快地参加“舞会”，一起跳舞。 4. 通过调色活动，体验美术活动的乐趣。
教学准备（教玩具、材料）	1. 音乐：《蓝色多瑙河》。 2. 图片：威尼斯面具舞会的图片。 3. 绘本：《自己的颜色》。 4. 其他：各种不同材质的紫色玩具，白色自制面具，透明封口袋，蓝色、红色、白色颜料，围兜，透明颜料杯子，画笔，艺术桶，方盘，亮片，羽毛。
教学过程	1. 问候活动：《你好歌》。 2. 热身活动：彩虹绳。 3. 导入活动。 神秘袋：袋子里装有各种不同材质的紫色玩具，让幼儿逐一拿出，并认识“紫色”。 4. 主题活动：神秘的面具。 ①教师展示威尼斯面具舞会的图片，引出面具——教师拿出一个白色自制面具，问幼儿面具有其他颜色吗，好看吗，来看看老师如何把紫色变出来吧！

续表

教学过程	②教师拿出“魔法袋”示范：使用一个透明封口袋，将红色颜料挤进封口袋，然后挤一点蓝色颜料，搓一搓封口袋，幼儿观察颜色的变化。最后再加一点白色颜料，变成紫罗兰的颜色，将变好的颜色涂抹在面具上。 ③教师分发围兜给幼儿，家长辅助幼儿穿上围兜后，教师再给幼儿每人分发一个透明颜料杯子、一根画笔、一个方盘。 ④教师给幼儿依次倒入颜料，这个过程中，可以问问幼儿颜料够了没有。让幼儿对颜色调配有选择和自主创造的机会，幼儿自行搅拌颜色，如若需要更多颜色，鼓励幼儿表达需求。 ⑤幼儿搅拌好颜色后，教师分发面具，幼儿在立体的面具上进行艺术创作。如果时间允许，教师可以分发一些亮片和羽毛让幼儿装饰面具。 ⑥幼儿将杯子和笔刷等放回艺术桶里，并将自己创作好的面具用方盘托好放置旁边晾干后带回家，回家可戴上面具跳舞。 5. 绘本故事：《自己的颜色》。 ①导入：以“你喜欢什么颜色”引出今天阅读活动的主题。 ②教师完整讲述绘本。向幼儿输入重点词语“彩色”“颜色”“多彩的”。 6. 音乐律动：《蓝色多瑙河》。 鼓励幼儿和家长一起跳华尔兹面具舞。 7. 派对时间。
家长任务	1. 课堂中辅助幼儿完成各项学习活动，学习使用平行谈话技巧向幼儿输入重点词语及完整句。 2. 和幼儿一起做调色游戏，用红、黄、蓝三色调配出不同的颜色。

续表

家长任务	3. 和幼儿进行探索活动：观察在红色和蓝色混合好的颜色中加入白色有什么变化，并在画纸上画出来。 4. 巩固复习各种颜色名称及相关短语。 5. 复习故事:《自己的颜色》。

教学活动示范表——美丽的彩虹色

课程目标	1. 复习学过的各种颜色和各种颜色的物品，了解丰富多彩的“彩虹色”，丰富幼儿的词汇量，提升认知。 2. 家长和幼儿完成“彩虹”的作品，体验不同工具和材料的使用，使用过程中认知颜色，激发幼儿的兴趣与好奇心，提高观察能力和思考能力。 3. 培养幼儿的节奏律动感，在音乐中帮助幼儿通过身体的感知进一步了解颜色。
教学准备（教玩具、材料）	1. 音乐:《彩虹》。 2. 图片：彩虹图片。 3. 视频:《雨后彩虹》。 4. 其他：神秘袋，胶泥，彩色蜡笔，画纸，淡蓝色颜料，笔刷，颜料圆盘，围兜，画笔，胶水，白色棉花。
教学过程	1. 问候活动:《你好歌》。 2. 热身活动：彩虹绳。 3. 导入活动。 袋子中装有各色（红、白、黄、蓝、绿、紫）物品，找一找教室里的各色物品，向幼儿提问家中有什么颜色的物品。 4. 主题活动：彩虹。 ①观看小视频《雨后彩虹》，让幼儿了解下雨过后太阳出来，就可能看到彩虹。 ②出示图片，引导幼儿观察彩虹，从彩虹的外形、颜色等角度来欣赏，初步了解彩虹的颜色组成。

续表

教学过程	5. 艺术活动：我的彩虹。 ①展示彩虹图片，并讲解：彩虹弯弯的，有七种颜色——红橙黄绿青蓝紫。 ②使用蜡笔涂鸦，给幼儿观察和自由选择的时间，家长适当重复重点词语，引导线条弯曲和拉长。 ③涂抹上一层薄薄的淡蓝色颜料当背景。 ④使用胶水，粘上白色棉花。 6. 音乐律动：《彩虹》。 雨过天晴见彩虹，美丽弧线划天空。 赤橙黄绿青蓝紫，七彩颜色去雕饰。 彩虹彩虹多美丽，来自自然大画笔。 彩虹彩虹多神奇，弯弯月牙似微笑。 引导家长带领幼儿跟随教师做动作。 7. 胶泥环节：美丽的彩虹。 通过压、揉、掰等方式锻炼幼儿的精细动作，让小手活跃起来，最后将胶泥揉成细条，排列成彩虹。 8. 拓展游戏：彩色圆圈走走走。 家长带领幼儿，走进不同颜色的圆圈并强调颜色，询问幼儿更喜欢停留在哪个圆圈。放音乐，走走停停，停留在不同颜色的圆圈内。
家长任务	1. 活动中鼓励幼儿积极参与游戏，家长也要积极参与亲子活动。 2. 和幼儿一起，寻找身边彩虹色的物品，仔细观察不是单一颜色的物品，加深对彩色的认识。 3. 创造更多幼儿探究的机会，让幼儿在探究中发现彩虹色，例如，利用花洒、三棱镜等寻找出彩虹色。

6月第3周：夏天的颜色1；夏天的颜色2

教学活动示范表——夏天的颜色1

课程目标	1. 引导幼儿感知暖色调和冷色调，大胆用暖色调表现夏天的炎热，并认识夏天受欢迎的运动——游泳。 2. 通过挂图、绘本故事，丰富幼儿的词汇量，提高语言理解和表达能力。 3. 通过家长动作和发音的示范，幼儿听到有节奏的歌声后做出与之相配合的动作，激发幼儿聆听的兴趣，锻炼幼儿跳跃能力。 4. 将轻黏土制作成游泳圈，提高幼儿手指精细运动能力，提升幼儿审美能力。
教学准备 （教玩具、材料）	1. 音乐：《游泳》。 2. 图片：游泳场景图片，各式游泳圈图片。 3. 绘本：《我喜欢游泳》。 4. 挂图：夏天的活动。 5. 其他：蓝色丝巾，塑料圈，轻黏土，海洋球，大型海绵积木，乐高小人，颜色卡片，撕贴纸。
教学过程	1. 问候活动：《你好歌》。 2. 热身活动：彩虹绳。 3. 导入活动：夏天的色彩。 ①欣赏挂图，比较并说一说不同色调给人的不同感受。 ②感受暖色调、冷色调及相应的事物或活动。例如，热——太阳、火，冷——雪人、冰。 4. 绘本故事：《我喜欢游泳》。 ①完整讲述一遍绘本故事。 ②重点引导幼儿通过观察绘本故事中动物们的表情、动作，认识游泳，说一说动物们的心情。

续表

教学过程	③了解去游泳需要的物品。观察水的颜色、游泳衣的颜色等。 ④向幼儿重点输入词语“游泳”“蓝色”“扑通扑通”“哗啦啦”等，给幼儿表达的机会。 5. 音乐律动：《游泳》。 大大深深的游泳池里面，小小可爱的小鱼和妈咪。 游呀游呀小鱼快游快游，快快游呀游呀，哗啦啦啦。 律动时引导幼儿晃动手中的蓝色丝巾。 6. 运动时间。 教师用海绵积木设计好路线，幼儿通过走、爬等方式运动到海洋球池，然后“跳”到海洋球池里。 7. 艺术创作：漂亮游泳圈。 ①展示沙滩上游泳的场景、各式游泳圈的图片。 ②分发乐高小人给幼儿。 ③引导幼儿用2—3种颜色的轻黏土揉成一条直线（用暖色调颜色），再连接起来，形成一个游泳圈。 ④家长协助幼儿给乐高小人戴上游泳圈。 ⑤将小人一起拿到沙盘上，比一比谁的游泳圈更漂亮，分别说一说游泳圈的颜色。 8. 派对时间。
家长任务	1. 跟随教师节奏，配合教师引导幼儿参与活动。 2. 活动中多使用完整句鼓励幼儿，表扬内容要具体，不要过多使用“好棒”等词。 3. 利用撕贴纸、超轻黏土等材料制作游泳时需要的泳具，引导幼儿制作不同颜色的泳具，并鼓励幼儿进行表达。 4. 复习绘本《我喜欢游泳》。

教学活动示范表——夏天的颜色 2

课程目标	1. 结合前面的学习经验，初步了解诗歌《夏天的颜色》的内容，丰富幼儿的词汇量。 2. 艺术创作过程中，引导幼儿认识更多的颜色，激发幼儿的想象力。 3. 愿意参加音乐活动。 4. 通过运动游戏，促进幼儿大运动的发展。
教学准备（教玩具、材料）	1. 音乐：《好热的夏天》。 2. 图片：多彩冰激凌图片，夏天的相关图片。 3. PPT：诗歌《夏天的颜色》。 4. 其他：多彩胶泥，彩色雪梨纸，多彩雪糕棍，户外体育设施或海绵积木，多彩大球，多彩大桶。
教学过程	1. 问候活动：《你好歌》。 2. 热身活动：彩虹绳。 3. 主题活动：诗歌《夏天的颜色》（改编）。 荷花说夏天是粉红色的，大树说夏天是绿色的， 西瓜说夏天是红色的，大地妈妈说夏天是绚丽多彩的。 ①导入活动：呈现图片，了解夏天常见的植物及活动。 ②欣赏诗歌《夏天的颜色》，教师先完整朗诵一遍诗歌，家长和幼儿再一起朗诵。（引导幼儿跟随发声） ③谈话活动：夏天还有什么颜色？ 4. 音乐律动：《好热的夏天》。 夏天夏天太热了，知了知了别叫了，太阳太阳别晒了，想到泳池游个泳。 夏天夏天太热了，空调风扇都开了，想咬一口冰激凌，再吃一口大西瓜。 家长和幼儿跟随教师做动作。 5. 胶泥环节。 通过压、揉、掰等方式锻炼幼儿的精细动作，让小手活跃起来，最后揉成一个大西瓜，一起切西瓜。

续表

教学过程	6. 艺术活动：好吃的雪糕。 ①展示雪糕图片，有各种颜色和口味。 ②让幼儿选择不同颜色的雪糕，发放彩色雪梨纸，让幼儿自己撕碎后粘贴。 ③粘上雪糕棍，完成“好吃的雪糕”。 7. 运动游戏：搬运西瓜（大球）。 可用户外体育设施或海绵积木设计好路线，让幼儿抱住“西瓜”或顶在头上，投进大桶。可进行拓展游戏：家长和幼儿相互合作，一起把“西瓜”搬运回家。 8. 派对时间。
家长任务	1. 活动中，家长引导幼儿遵守游戏规则。 2. 日常生活中与幼儿寻找更多夏天的美食，分享美食的色、香、味，鼓励幼儿大胆表达。 3. 与幼儿一起购买西瓜，切西瓜，分享西瓜，在该过程中使用自言自语技巧输入描写西瓜特征的相关句子。 4. 欣赏诗歌《夏天的颜色》。

6月第4周：多彩的公园；野餐中的色彩

教学活动示范表——多彩的公园

课程目标	1. 了解公园的环境和设施，观察公园里的颜色，公园里的活动，输入词语“美丽”“踢球”“跷跷板”“骑车”，提高幼儿的语言理解及表达能力。 2. 艺术创作过程中，培养幼儿的联想能力，提高其兴趣和思考能力。 3. 音乐律动中，帮助幼儿通过投币和音乐游戏，提高幼儿的合作能力。

续表

教学准备 （教玩具、材料）	1. 音乐：《小小自行车》。 2. 图片：公园图片。 3. 绘本：《公园欢乐日》。 4. 其他：彩色胶泥，圆形海绵印章，不同颜色的蜡笔，棉签，颜料，颜料盘，浅绿色卡纸，条形纸。
教学过程	1. 问候活动：《你好歌》。 2. 热身活动：彩虹绳。 3. 导入活动。 ①呈现公园图片，开展关于公园的话题：你喜欢去公园吗？公园都有什么？ ②通过欣赏公园的图片，引导幼儿观察公园的色彩。 4. 绘本故事：《公园欢乐日》。 ①教师完整讲读绘本。 ②指导家长对幼儿进行绘本部分的学习，使用平行谈话或自言自语技巧进行相关语言输入，如“小熊在公园里玩跷跷板”。 ③延伸活动：“在公园里，你想玩什么？”鼓励家长和幼儿发挥想象力，一起用动作模拟在公园做的活动。 5. 音乐律动：《小小自行车》。 我有小小自行车，骑来又骑去。当我看见绿灯亮，知道向前进。（快！） 我有小小自行车，从商店里买。当我看见红灯亮，马上停下来。（停！） 引导幼儿模仿骑车动作进行律动。 6. 胶泥环节。 通过对彩色胶泥的压、揉、掰等方式，锻炼幼儿的精细动作，让小手活跃起来。 7. 艺术创作：美丽的小花园。 ①用浅绿色卡纸做底色。海绵印章印出不同颜色的花朵，用棉签画出叶子。

续表

教学过程	②添加栅栏，引导幼儿将条形纸粘贴在作品上。 ③共同欣赏作品。 8. 派对时间。
家长任务	1. 积极配合教师，引导幼儿参与每个环节的活动，适时鼓励和表扬。 2. 和幼儿逛逛公园，观察花草树木以及游乐设施，找一找公园里的颜色，和幼儿在户外度过有趣的一天。

教学活动示范表——野餐中的色彩

课程目标	1. 了解野餐活动，感受和小伙伴一起在户外野餐的乐趣。 2. 重点输入词语“野餐”以及相关食物的名称、颜色。 3. 通过运动游戏，提升幼儿想象力，并提高身体协调性及控制能力。 4. 引导幼儿掌握蜡笔和画刷的涂色技巧。 5. 通过立体作品创作，丰富幼儿艺术体验和审美经验，拓展艺术创新思维。
教学准备（教玩具、材料）	1. 音乐：《蝴蝶舞》。 2. 图片：野餐相关场景图片，食物图片。 3. 绘本：《野餐》。 4. 其他：野餐物品，野餐盒，帐篷，贴纸，不同颜色的蜡笔，不同颜色的颜料，颜料盘，笔刷，多色丝巾，垫子，梯子，球。
教学过程	1. 问候活动：《你好歌》。 2. 热身活动：彩虹绳。 3. 主题介绍。 ①神秘袋（装有野餐物品、野餐相关图片）：展示野餐物品。 ②欣赏挂图，进行简单谈话活动。 4. 音乐律动：《蝴蝶舞》。

续表

教学过程	跟着音乐节奏，让幼儿自己选择喜欢的丝巾（不同颜色），问问幼儿："你是什么颜色的小蝴蝶呀？"让幼儿摇晃丝巾随音乐律动，把自己想象成为蝴蝶，翩翩起舞。 5. 绘本故事：《野餐》。 ①讲读绘本，观察绘本里出现的环境、野餐垫子的颜色、食物的颜色等。 ②引导学习绘本重点部分，例如，野餐地点，出现的人物及动物，主要发生的事情。 ③模拟野餐活动，引导家长和幼儿在野餐中互相分享美食的快乐。 6. 想象运动游戏：去野餐。 ①由家长示范引导幼儿想象大家一起去"野餐"。 ②边行走边想象穿过障碍，到达野餐地点。（教师事前设计好适合幼儿的路线） ③强调活动规则，引导幼儿排队，强化等待的意识。 7. 艺术创作：漂亮的餐盒。 ①展示野餐图片，不同的野餐盒有不同的颜色，问问幼儿"你的野餐盒是什么颜色呀"。 ②用蜡笔和颜料装饰分发的野餐盒。 ③分发食物图片，让幼儿进行涂色。 ④将涂好色的图片放入野餐盒。 ⑤将贴纸贴在野餐盒外部。 ⑥点评。 8. 派对时间。
家长任务	1. 音乐律动及想象游戏中，家长积极引导幼儿想象，带领幼儿去"飞舞"，去"野餐"。 2. 若天气允许，家长可利用周末时间，带领幼儿及其小伙伴一起去野餐。 3. 引导幼儿观察野餐垫上各种各样的图案，说一说有什么颜色，用自己的话描述图案内容。

7 月主题

天气和农场

教学计划

一、主题说明

小龄幼儿对自然界中动植物受天气影响而发生的变化特别感兴趣，拟人化的思维特点，又使他们对模拟情境中的角色游戏情有独钟。本月依托农场情景，认识相关动植物，了解农场动物的生活习性及天气给动植物带来的影响。引导幼儿积极主动地观察自然现象，关心周围事物的变化，培养幼儿对动物的关爱之情，激发幼儿热爱大自然的情感。

二、主题目标

（一）幼儿学习目标

1. 初步了解天气的种类，了解多云、晴天天气的基本特点。

2. 通过对农场的认识，引导幼儿积极了解动植物之间的关系，激发幼儿对动植物的爱护之情。

3. 引导幼儿学习尊重别人的经验，鼓励幼儿大胆表达自己的想法，发展其语言表达能力和思维能力。

4. 乐于参与音乐游戏活动。

5. 培养幼儿对绘画、手工的兴趣，在家长及教师的引导下，能愉快地完成绘画和手工作品，培养幼儿的想象能力。

6. 引导幼儿认识不同动物的名称，模仿动物叫声。

7. 通过大运动游戏，锻炼幼儿身体的灵活性和协调性。

（二）家长指导目标

1. 结合主题与天气相关的绘本、视频，引导幼儿发现天气是多变的，引发对天气的关注。

2. 通过探索实验活动，了解天气与动植物之间的联系，如晴天时，天气热，动物容易口渴；下雨天，小草易生长；等等。

3. 引导幼儿能积极与他人交流自己的发现，鼓励主动表达，提高幼儿的听觉言语能力。

4. 创造去郊外农村或农场的机会，巩固本月所学词语和句子，丰富幼儿生活经验。

三、周主题设置

7 月第 1 周：多云；晴天。

7 月第 2 周：我们的大谷仓；黑白大奶牛。

7 月第 3 周：毛茸茸的小绵羊；生长的农作物。

教学活动示范

7 月第 1 周：多云；晴天

教学活动示范表——多云

课程目标	1. 通过丰富的绘本、图片等工具，向幼儿输入与云朵相关的重点词语，如“云朵”“白色”“飘”，发展幼儿的语言能力。 2. 认识云朵的颜色、形状等特征，发展认知能力，丰富幼儿的词汇量和对生活的感知。 3. 引导幼儿使用笔刷和棉花、颜料等材料，体验不同触感。 4. 认识不同颜色，在“蓝天”上涂画和粘贴“云朵”，激发幼儿的想象力和创造力，提高兴趣和思考能力。 5. 引导幼儿用身体感受柔软，提高身体的协调性和想象能力。

续表

<table>
<tr><td>教学准备
（教玩具、材料）</td><td>1. 音乐：《白云一朵朵》。
2. 图片：云朵图片，不同的天气图。
3. 绘本：《两朵白云》。
4. 其他：彩虹绳，天气牌，丝巾，白色、黑色颜料，卡纸，笔刷，颜料盘，棉花，爬爬垫，软豆包。</td></tr>
<tr><td>教学过程</td><td>1. 问候活动：《你好歌》。
2. 热身活动：彩虹绳。
3. 导入活动：认识多云天气。
①欣赏云朵图片，了解不同的天气变化。使用重复技巧向幼儿输入与云朵相关的词语，包括其形状和颜色。
②出示天气牌，重点介绍多云天气。
4. 音乐律动：《白云一朵朵》。
云儿飘呀飘，云儿飘呀飘，云儿飘呀飘在空中。
云儿飘呀飘，云儿飘呀飘，云儿飘呀飘在空中。
使用丝巾，想象自己是一朵白云，在空中飘啊飘。
5. 绘本故事：《两朵白云》。
①以“白云”引出今天阅读活动的主题。
②教师讲读绘本。输入重点词语“云”“云朵”“白色的”“飘”。理解云朵在天上，认识云朵的颜色和多变的形状。
③延伸活动：结合以下大运动游戏。
6. 大运动游戏。
踩在软软的“云朵”上，跳进软垫子，感受垫子的“柔软”。
7. 艺术创作：云儿朵朵飘。
①观察云朵图片，有白色的、灰色的、黑色的，以及不同形状的云朵。
②用笔刷涂抹白色颜料，再加入少量黑色，调成灰色，涂抹部分灰色。
③粘贴上软软的棉花。
8. 派对时间。</td></tr>
</table>

续表

家长任务	1. 在床上堆叠柔软的被子、枕头等，根据难度从低到高，用走、跑、跳、滚等方式感受并通过，锻炼身体协调性和运动能力以及想象能力。 2. 制作天气和生活情节图片，与幼儿合作配对图片，感受天气与生活的关系。 3. 和幼儿一起制作旋转天气牌，并认识天气牌里的天气名称。 4. 家庭成员一起交流讨论“云朵像什么”。

教学活动示范表——晴天

课程目标	1. 通过丰富的绘本、视频、图片等工具，认识太阳的颜色、形状以及晴天下人们的活动。向幼儿重点输入词语“太阳”“亮亮的”“圆圆的”等，理解相关的完整句。 2. 引导幼儿使用笔刷、圆盘、颜料等材料，在黑色卡纸的衬托下，创作出太阳的闪亮美，提高幼儿审美能力，给视觉带来冲击。 3. 通过运动想象游戏《天亮了》，引导帮助幼儿通过观察明亮昏暗等光线的变化，感受晴天时的阳光，提升想象能力。 4. 体验音乐律动的快乐，感受太阳带给人们的温暖。
教学准备（教玩具、材料）	1. 音乐：《太阳太阳》。 2. PPT：《天气与生活》。 3. 绘本：《昨天的太阳去哪儿了？》。 4. 其他：天气牌，海洋鼓，黑卡纸，纸盘，黄色和金色颜料，颜料盘，笔刷，胶水，锡纸，障碍物设备搭建。
教学过程	1. 问候活动：《你好歌》。 2. 热身活动：彩虹绳。 3. 导入活动。 ①使用天气牌，让孩子认识晴天。

续表

教学过程	②通过 PPT《天气与生活》，使用平行谈话技巧向幼儿输入“太阳”“亮亮的”“圆圆的”等词语，以及在晴天时人们会做的事情。 4. 音乐律动:《太阳太阳》(原创)(使用海洋鼓)。 Oh 太阳太阳，温暖的太阳，高挂在空中，暖洋洋。 它给我阳光，给我希望，oh 温暖的太阳。 家长引导幼儿模仿教师动作进行律动。 5. 绘本故事:《昨天的太阳去哪儿了？》 ①故事导入：今天的天气怎么样？有没有太阳？昨天有没有太阳，太阳在哪儿？ ②欣赏绘本：理解故事主要情节，重点输入词语“太阳”“亮亮的”“圆圆的”“暖暖的”，并使用完整句讲述故事。 6. 大运动想象游戏。 ①引导幼儿玩游戏越过障碍。 ②(关灯)发现天黑，玩累了睡觉。 ③唱晚安歌。 ④(开灯)天亮起床。 7. 艺术创作：我的太阳。 ①粘贴白色纸盘到黑色卡纸上。 ②调和黄色和金色颜料，涂抹在圆盘太阳上。 ③撕下闪闪的银色锡纸，粘贴在圆圆的太阳周围。 8. 派对时间。
家长任务	1. 学习使用更多语言输入技巧，有效引导幼儿学习重点词语及句子。 2. 与幼儿在晴天进行影子游戏。 3. 开展与太阳相关的艺术活动，例如，画太阳、给太阳涂色等。

7月第2周：我们的大谷仓；黑白大奶牛

教学活动示范表——我们的大谷仓

课程目标	1. 初步认识农场，了解家禽、家畜和人们生活的关系。 2. 通过合作绘画，加深对形状的感知，感受合作绘画的特殊效果，体验集体创作的乐趣。 3. 愿意与同伴一起游戏，体验音乐游戏的快乐。 4. 通过绘本故事、农场图片丰富幼儿的词汇量。
教学准备 （教玩具、材料）	1. 音乐：《插秧歌》。 2. 图片：农场图片，插秧图片。 3. 视频：农场相关小视频。 4. 绘本：《农夫去旅行》。 5. 其他：大白纸拼贴的大谷仓，滚筒海绵刷，颜料盘，围兜，红色颜料，动物泡沫贴贴纸，双面胶，透明胶。
教学过程	1. 问候活动：《你好歌》。 2. 热身活动：彩虹绳。 3. 导入活动。 ①观看农场小视频以及农场的图片。 ②根据农场图片进行简单提问："你去过农场吗？农场有什么？"…… 4. 绘本故事：《农夫去旅行》。 ①以"大谷仓"引出今天阅读活动的主题。 ②教师讲读绘本，向幼儿重点输入词语"谷仓""农场""尖尖的""种地"。 5. 音乐游戏：《插秧歌》。 插秧真正是费力，整天整天弯着腰。 不能坐不能立，没有片刻好休息。

续表

教学过程	东方见白清早起，大家一起插秧去。 一行一行齐手插，和着歌声清风里。 ①欣赏音乐《插秧歌》。 ②学习游戏规则：围成大圈插秧，圈越来越小，大家碰在一起。 ③玩音乐游戏。 6. 艺术作品：我们的大谷仓。 ①展示提前用大白纸拼贴好的大型谷仓。 ②给每名幼儿一把滚筒海绵刷，让幼儿蘸取红色颜料，一起合作把谷仓涂满颜色。 ③幼儿选择动物泡沫贴贴纸贴到谷仓，邀请小动物住进谷仓中。 7. 派对时间。
家长任务	1. 课堂中，家长引导幼儿遵守游戏规则，配合完成教学。 2. 欣赏古诗《悯农》，感受诗歌中农民的辛苦。 3. 复习《插秧歌》。

教学活动示范表——黑白大奶牛

课程目标	1. 让幼儿了解奶牛的外形特点、生活习性。 2. 向幼儿重点输入“奶牛”“白色”“黑色”“斑点”等词语，学习模仿奶牛叫声“哞哞哞”。 3. 通过表现黑白花的奶牛，感受画面的黑白对比，加深中间色的认识。 4. 愉快参与音乐游戏，借助节奏棒，体验音乐节奏，听辨和模仿各种动物叫声。

续表

教学准备 （教玩具、材料）	1. 音乐：《农场》。 2. 图片：黑底白花奶牛图，白底黑花奶牛图。 3. 绘本：《菜花地里的小奶牛》。 4. 其他：奶牛、青草模型玩具，黑色、白色卡纸，黑色、白色蜡笔，黑色、白色斑点，胶棒，节奏棒。
教学过程	1. 问候活动：《你好歌》。 2. 热身活动：彩虹绳。 3. 导入活动。 出示奶牛玩具（手偶）模仿奶牛吃草，导入“奶牛”话题。 4. 绘本故事：《菜花地里的小奶牛》。 ①导入：以“奶牛”引出今天阅读活动的主题。 ②教师讲读绘本，向幼儿重点输入词语“奶牛”“斑点”“花纹的”。 5. 音乐游戏：《农场》。 农夫有个小农场咿呀咿呀哟， 农场里有个小牛咿呀咿呀哟， 它哞哞哞，哞哞哞，哞哞哞哞哞哞，哞哞哞， 农场里有个小牛咿呀咿呀哟。 ①辨听小动物叫声，说出动物名称。 ②故事导入：农场里有什么动物。 ③教师唱歌，家长、幼儿回应。 例如，教师：农场里有个小牛咿呀咿呀哟 家长、幼儿：哞哞哞…… ④边唱边敲节奏棒。 6. 艺术创作：黑白大奶牛。 ①展示奶牛的图片：大大的身体，有黑底白花，也有白底黑花。 ②让幼儿选择黑色底的卡纸或白色底的卡纸作为奶牛的大身体。

续表

教学过程	③选择黑色底卡纸的幼儿用黑色的蜡笔，选择白色底卡纸的幼儿用白色的蜡笔，引导幼儿画奶牛。 ④画好后给幼儿选择奶牛的花纹斑点。 ⑤用同颜色不同色调的蜡笔对斑点进行涂鸦。 ⑥用胶棒把斑点粘贴在底卡纸上。 7. 派对时间。
家长任务	1. 在条件允许的情况下，陪同幼儿去牧场观察奶牛是如何产奶的，观察奶牛的外形特点，巩固所学词语，开展奶牛相关话题。 2. 通过图画、动作、视频游戏等方式记忆和哼唱所学歌曲，重点学会模仿动物叫声。 3. 亲子阅读。

7月第3周：毛茸茸的小绵羊；生长的农作物

教学活动示范表——毛茸茸的小绵羊

课程目标	1. 引导幼儿了解小绵羊的形态、生活习性。 2. 向幼儿输入“绵羊”“白色”“毛茸茸”等词语，学习模仿绵羊叫声“咩咩咩”。 3. 通过手工活动，学习撕和贴纸巾，锻炼幼儿双手协调能力，增强小肌肉灵活性。
教学准备（教玩具、材料）	1. 音乐：《农场》。 2. 图片：农场图片，小绵羊的图片。 3. 绘本：《有个性的羊》。 4. 其他：小绵羊的仿真玩具手偶，塑料草，节奏棒，绵羊简笔画，纸巾，胶水，活动眼睛。

续表

教学过程	1. 问候活动：《你好歌》。 2. 热身活动：彩虹绳。 3. 导入活动。 ①出示小绵羊的仿真玩具手偶，模拟小羊在吃草，导出“绵羊”话题。 ②出示农场背景图及小动物图片。 ③找动物游戏：×× 在哪里？（复习：小鸡、奶牛） 小羊小羊在哪里？（配合动作） 咩咩咩，小羊小羊在这里。 4. 绘本故事：《有个性的羊》。 ①以“手偶羊”引出今天阅读活动的主题。 ②教师讲读绘本，向幼儿重点输入词语“羊”“绵羊”“毛茸茸的”。 5. 音乐游戏：《农场》。 农夫有个小农场咿呀咿呀哟， 农场里有个小羊咿呀咿呀哟， 它咩咩咩，咩咩咩，咩咩咩咩咩咩，咩咩咩， 农场里有个小羊咿呀咿呀哟。 ①辨听小动物叫声，说出动物名称。 ②故事导入：农场里有什么动物？ ③教师唱歌，家长、幼儿回应。 例如，教师：农场里有个小牛咿呀咿呀哟 家长、幼儿：哞哞哞…… ④边唱边敲节奏棒。 6. 艺术创作：毛茸茸的小绵羊。 ①展示小绵羊的图片，身上白色的羊毛，一卷一卷的。 ②教师拿出绵羊简笔画。 ③教师示范如何用纸巾帮小羊做一卷一卷的羊绒衫（纸巾撕成一条一条），并粘贴在羊背上，给绵羊贴上活动眼睛。

续表

教学过程	④家长引导幼儿按照教师的方法，完成作品。 ⑤幼儿做好的绵羊，贴在教师制作好的背景墙上。家长带领幼儿一起欣赏作品。 7. 派对时间。
家长任务	1. 家长在模仿动物叫声时尽量逼真，每一次模仿要尽量一致。 2. 学习使用听觉完型技巧引导幼儿主动模仿小动物叫声。 3. 和幼儿进行音乐游戏：《农场》（可换成不同的动物）。 4. 和幼儿一起阅读关于“羊”的绘本。

教学活动示范——生长的农作物

课程目标	1. 引导幼儿通过观察了解各种各样农作物的特点。 2. 聆听绘本故事，感受种植的过程，向幼儿重点输入“胡萝卜”“西红柿”“浇水”“松土”等词语。 3. 根据各类农作物外形及切割后截面特点进行大胆想象，并做出小动物造型。 4. 知道把豆类装在瓶子里能发生声音，并用瓶子演奏，感受音节游戏的快乐。
教学准备（教玩具、材料）	1. 音乐：《下雨了》。 2. 绘本：《它们是怎么长出来的？》。 3. 其他：各类蔬菜的模型、实物，水果模型、实物，围兜，牙签，活动眼睛，制作好的成品《小动物》，豆子，瓶子。
教学过程	1. 问候活动：《你好歌》。 2. 热身活动：彩虹绳。 3. 导入活动。 ①神秘袋：依次出示各类果蔬的模型、实物。 ②请幼儿将实物与模型配对，并巩固各种果蔬名称。 4. 绘本故事：《它们是怎么长出来的？》。 ①导入：以“农作物”引出今天阅读活动的主题。

续表

教学过程	②教师讲读绘本，向幼儿重点输入词语“胡萝卜”“西红柿”“浇水”“松土”等。 ③再次讲述蔬菜种植和生长的过程。 5. 音乐律动：《下雨了》。 下雨了，下雨了，啦啦啦啦啦啦。 雨儿大了，雨儿大了， 快把小伞撑起。 用各种豆类和塑料瓶制作简易声响瓶。 ①认真听一听装有豆子的瓶子摇动后发出来的声音，像什么声音。 ②欣赏音乐《下雨了》。 ③用瓶子伴奏做音乐律动。 6. 艺术创作：农作物变变变。 ①教师展示各类农作物的实物以及它们切开后的截面形态。 ②教师展示各种农作物制作成的小动物模型。 ③教师分发围兜，家长辅助幼儿穿好围兜。 ④教师把切好的茄子、萝卜、大青菜等，用牙签连接，根据需要制作成小动物模型。 ⑤家长引导幼儿发挥想象力，和幼儿一起完成制作小动物模型，完成后放在作品区展示。 ⑥围坐一起，描述自己的作品。 7. 派对时间。
家长任务	1. 引导幼儿观察身边的蔬菜、水果，认识果蔬名称，丰富幼儿词汇量，并描述它们的外形特征、颜色、味道等。 2. 和幼儿一起探索植物生长需要什么，可观看相关视频或阅读相关书籍。 3. 和幼儿一起制作“植物种植观察记录表”，观察植物生长的过程。 4. 亲子阅读。

参考文献

[1] 王书荃，罗静，思愔 . 0～3 岁婴幼儿早期教育指南 [M]. 北京：中国妇女出版社，2020.

[2] 李俐 . 2～3 岁宝宝机构教养活动资源库 [M]. 南京：南京师范大学出版社，2009.

[3] 怀特 B L. 从出生到 3 岁：婴幼儿能力发展与早期教育权威指南 [M]. 宋苗，译 . 北京：北京联合出版公司，2016.

[4] 周念丽 . 0～3 岁儿童观察与评估 [M]. 上海：华东师范大学出版社，2013.

[5] 张明红 . 0～3 岁儿童语言发展与教育 [M]. 上海：华东师范大学出版社，2013.

[6] 朱智贤 . 儿童心理学 [M]. 北京：人民教育出版社，2000.

[7] 张民生 . 0～3 岁婴幼儿早期关心和发展的研究 [M]. 上海：上海科技教育出版社，2007.

[8] 贝克 L E. 儿童发展 [M]. 5 版 . 吴颖，等译 . 南京：江苏教育出版社，2002.

[9] 潘月娟 . 学前儿童观察与评价 [M]. 北京：北京师范大学出版社，2015.

[10] 林崇德 . 发展心理学 [M]. 北京：人民教育出版社，2009.

[11] 杰克曼 . 早期教育课程：架起儿童通往世界的桥梁 [M]. 杨巍，等译 . 北京：中国轻工业出版社，2002.

［12］李兰芳．学前儿童认知发展与学习［M］．上海：复旦大学出版社，2014.

［13］张天军．学前儿童语言教育［M］．2版．上海：复旦大学出版社，2016.

［14］帕帕拉，奥尔兹，菲尔德曼．孩子的世界：从婴儿期到青春期［M］.11版．郝嘉佳，等译．北京：人民邮电出版社，2012.

［15］王芳菲，唐瑶瑶．听障儿童的音乐治疗［M］．北京：华夏出版社，2017.

［16］胡向阳．听障儿童全面康复［M］．北京：北京科学技术出版社，2012.

［17］中国聋儿康复研究中心．聋儿家庭康复教材［M］．北京：华夏出版社，1993.

［18］中国聋儿康复研究中心．听障儿童听能管理手册［M］．北京：中国文联出版社，2011.

［19］中国聋儿康复研究中心．听力言语语言康复词汇：教育学部分［M］．北京：华夏出版社，2013.

［20］中国聋儿康复研究中心．听力言语语言康复词汇：听力学部分［M］．北京：华夏出版社，2011.

［21］中国残疾人联合会．听障儿童亲子教学指导［M］．北京：北京出版社，2018.

［22］中国聋儿康复研究中心．听障儿童综合活动示范教学指导：托班［M］．北京：中国文联出版社，2012.

附录

本书音乐素材说明

为丰富小龄听障儿童亲子团体教学活动，我们精心选择了一些经典的、传唱度高的、深受幼儿喜欢的音乐作品作为课程素材，并进行了更切合主题的适度改编和演绎。然而，本书所使用的部分音乐素材因其传播广泛，版本众多，很难追根溯源。我们尊重书中所使用的音乐作品原作者的合法权益，向创作经典作品的他们致以崇高的敬意，并因未能准确在作品中署名向他们致以诚恳的歉意。

固定环节活动部分演绎音乐说明表

序号	作品	原曲	曲作者 / 来源	对应课程内容
1	你好歌	ROW ROW ROW YOUR BOAT（划船歌）	The Countdown Kids	问候活动
2	蹲下起立	BOUNCE AND BOUNCE AND BOUNCE（蹦蹦跳跳）	金宝贝早教歌曲	热身活动
3	甩甩甩	随我摇摆	森林象文化艺术工作室	热身活动

续表

序号	作品	原曲	曲作者 / 来源	对应课程内容
4	玫瑰花圈圈	RING AROUND THE ROSY（编玫瑰花环）	金宝贝早教歌曲	热身活动
5	大小圆圈	BOUNCE AND BOUNCE AND BOUNCE	金宝贝早教歌曲	热身活动
6	彩虹绳	THE FARMER IN THE DELL（农夫在山谷）	The Kiboomers	热身活动
7	拉个圆圈走走	拉个圆圈走走	上海小荧星合唱团	热身活动
8	小手拍拍	GRANPA' S LITTLE TRAIN SONG（猪爷爷的小火车）	MARTY/Giorgia Palladino	派对时间

芽芽班上学期部分演绎音乐说明表

序号	作品	原曲	曲作者 / 来源	对应课程内容
1	甜甜圈	甜甜圈	亲宝文化	9 月第 1 周：多口味甜甜圈
2	一起做蛋挞	比萨	小加	9 月第 1 周：好吃的蛋挞
3	一起做比萨	比萨	小加	9 月第 2 周：圆圆的比萨
4	一起来做三明治	比萨	小加	9 月第 2 周：美味的三明治
5	玛丽	玛丽	奥尔夫音乐	9 月第 3 周：美味香蕉派
6	中秋节	中秋节	手指谣	9 月第 3 周：月亮的味道

续表

序号	作品	原曲	曲作者 / 来源	对应课程内容
7	吃白菜	吃白菜	手指谣	9 月第 4 周：蔬菜沙拉
8	一起来做脆脆饼	比萨	小加	9 月第 4 周：饺子皮脆饼
9	秋风吹呀	—	原创	10 月第 1 周：秋天的美；秋天，丰收的季节
10	下雨了	下雨了	原创	10 月第 2 周：农作物
11	插秧歌	插秧歌	立童文化	10 月第 2 周：粮食屋
12	红苹果	小星星	莫扎特	10 月第 3 周：摇一摇苹果树
13	秋风吹呀	—	原创	10 月第 3 周：秋天的树叶
14	微风吹	—	原创	10 月第 4 周：秋天的风
15	蚂蚁进行曲	THE ANTS GO MARCHING（蚂蚁行军）	贝乐虎	10 月第 4 周：秋天的昆虫
16	猪爷爷的小火车	GRANPA' S LITTLE TRAIN SONG（猪爷爷的小火车）	MARTY/Giorgia Palladino	11 月第 1 周：长长小火车
17	小小自行车	I HAVE A LITTLE BICYCLE（我有一辆小自行车）	Mary Lee	11 月第 1 周：自行车丁零零

续表

序号	作品	原曲	曲作者 / 来源	对应课程内容
18	小汽车慢慢开	小汽车慢慢开	东东的音乐课	11 月第 2 周：汽车嘟嘟嘟
19	一辆大卡车	甜品店的小火车	宝宝巴士	11 月第 2 周：卡车轰轰轰
20	小飞机	ROW ROW ROW YOUR BOAT（划船歌）	The Countdown Kids	11 月第 3 周：飞机飞高高
21	摇摇摇小船	ROW ROW ROW YOUR BOAT（划船歌）	The Countdown Kids	11 月第 3 周：划一划小船
22	消防车	消防车	碰碰狐	11 月第 4 周：红色消防车
23	公交车的轮子转呀转	GRANPA’S LITTLE TRAIN SONG（猪爷爷的小火车）	MARTY/Giorgia Palladino	11 月第 4 周：公交车的轮子转呀转
24	一只哈巴狗	一只哈巴狗	赵子涵	12 月第 1 周：小狗汪汪汪
25	学猫叫	—	原创	12 月第 1 周：小猫喵喵喵
26	猫和老鼠	猫和老鼠	奥尔夫音乐	12 月第 2 周：猫和老鼠
27	小马快跑	小马快跑	—	12 月第 2 周：小马快跑
28	兔子跳跳跳	兔子跳跳跳	YOYO 点点名	12 月第 3 周：小兔子跳跳跳
29	拔萝卜	拔萝卜	—	12 月第 3 周：小兔子跳跳跳

续表

序号	作品	原曲	曲作者 / 来源	对应课程内容
30	小青蛙	小青蛙	圈圈宝贝	12 月第 3 周：小青蛙呱呱呱
31	小乌龟	小乌龟	王钧	12 月第 4 周：乌龟爬爬爬
32	五只猴子吃香蕉	五只猴子吃香蕉	小加	12 月第 4 周：小猴子
33	下雪啦	—	原创	1 月第 1 周：下雪天
34	新年好	新年好	—	1 月第 1 周：新年乐陶陶
35	恭喜恭喜	恭喜恭喜	陈歌辛	1 月第 2 周：过年啦
36	包饺子	包饺子	儿歌多多	1 月第 2 周：新年的味道
37	把小球传起来	—	原创	1 月第 3 周：冬天里的运动 1
38	可爱可爱球球	—	原创	1 月第 3 周：冬天里的运动 2

芽芽班下学期部分演绎音乐说明表

序号	作品	原曲	曲作者 / 来源	对应课程内容
1	小小的花园	小小的花园	一禾养育沙龙	3 月第 1 周：春天的小树芽
2	花儿开	娃哈哈	石夫	3 月第 1 周：春天的花朵
3	春天在哪里	春天在哪里	潘振声	3 月第 2 周：桃花朵朵开

续表

序号	作品	原曲	曲作者 / 来源	对应课程内容
4	大雨小雨	大雨小雨	—	3 月第 2 周：春天的雨滴
5	雨滴变变变	雨滴变变变	乐玩越乐	3 月第 2 周：春天的雨滴
6	LA MARIPOSA（蝴蝶）	LA MARIPOSA	Rachel Sumner	3 月第 3 周：春天的昆虫（蝴蝶）
7	小瓢虫飞	小瓢虫飞	酷狗	3 月第 3 周：春天的昆虫（瓢虫）
8	THE FREEZE	THE FREEZE	Tony & Joe	3 月第 3 周：春天的昆虫（瓢虫）
9	红苹果	小星星	莫扎特	3 月第 4 周：春天的颜色（红和白）
10	彩虹歌	小星星	莫扎特	3 月第 4 周：春天的颜色（彩虹色）
11	看见你	I SEE YOU（我看见你）	酷狗	4 月第 1 周：软和硬
12	热和冷	冷和热	宝宝巴士	4 月第 1 周：冷和热
13	我爱洗澡	我爱洗澡	宝宝巴士	4 月第 2 周：光滑与粗糙
14	小绵羊	BAA BAA BLACK SHEEP（黑绵羊咩咩叫）	The Kiboomers	4 月第 2 周：毛茸茸

续表

序号	作品	原曲	曲作者 / 来源	对应课程内容
15	口香糖	口香糖	QQ 音乐	4 月第 3 周：黏稠
16	小刺猬	LITTLE GREEN FROG（绿色小青蛙）	宝宝巴士	4 月第 3 周：刺刺的
17	剪羊毛	剪羊毛	亚洲天使童声合唱团	4 月第 4 周：暖融融；软绵绵
18	上呀上	—	原创	5 月第 1 周：上和下
19	开开关关	OPEN SHUT THEM（打开关闭它们）	宝宝巴士	5 月第 1 周：开和关
20	放一只手进去	THE HOKEY POKEY（变戏法）	贝乐虎儿歌	5 月第 2 周：里面和外面
21	小小小火车	LITTLE RED CABOOSE（小红守车）	Countdown Kids	5 月第 2 周：翻越和钻过
22	小小自行车	I HAVE A LITTLE BICYCLE（我有一辆小自行车）	Mary Lee	5 月第 3 周：快和慢 1
23	慢慢走快快走	伦敦大桥垮下来	超级宝贝 JoJo	5 月第 3 周：快和慢 2
24	大小圆圈	MAKE A CIRCLE（转圈圈）	贝乐虎儿歌	5 月第 4 周：大和小；大小圆圈

续表

序号	作品	原曲	曲作者 / 来源	对应课程内容
25	小熊越过山坡	THE BEAR WENT OVER THE MOUNTAIN（小熊越过山坡）	宝宝巴士	6 月第 1 周：高高的山坡；越过山坡
26	游泳	THREE LITTLE FISHES（三条小鱼）	Carol Ann Mathews	6 月第 2 周：夏天 1
27	好热的夏天	好热的夏天	纯然音乐	6 月第 2 周：夏天 2
28	哈拉树	LOVELY HALA TREE（可爱的哈拉树）	金宝贝早教歌曲	6 月第 3 周：大树
29	YOO HOO	—	原创	6 月第 3 周：翻山越岭
30	传石头	OBWISANA（一首游戏歌曲）	非洲加纳著名儿歌	6 月第 4 周：多彩的石头
31	野餐开始啦	野餐开始啦	竹兜育儿	6 月第 4 周：一起去野餐
32	我的身体	我的身体	快乐可可狮	7 月第 1 周：我的身体最神气
33	拍拍手，跺跺脚	幸福拍手歌	美国传统儿歌	7 月第 1 周：我的小手小脚
34	眼睛、鼻子、耳朵、嘴巴	眼睛、鼻子、耳朵、嘴巴	JZ 老师在美国	7 月第 2 周：我的脸
35	手指一家人	THE FAMILY FINGERS（手指一家人）	Oscar Anders Lindstein	7 月第 2 周：我的家庭

续表

序号	作品	原曲	曲作者 / 来源	对应课程内容
36	一起来洗手	LOOBY LOO（洗手歌）	Cocomelon	7 月第 3 周：我爱洗手刷牙
37	各种各样的脸	各种各样的脸	孙正江	7 月第 3 周：我的小情绪

苗苗班上学期部分演绎音乐说明表

序号	作品	原曲	曲作者 / 来源	对应课程内容
1	长长小火车	ROW ROW ROW YOUR BOAT（划船歌）	The Countdown Kids	9 月第 1 周：小火车呜呜呜
2	小汽车	ROW ROW ROW YOUR BOAT（划船歌）	The Countdown Kids	9 月第 1 周：小汽车嘀嘀嘀
3	小汽车	小汽车	巧虎儿歌	9 月第 2 周：小汽车快快跑
4	消防车	消防车	宝宝巴士	9 月第 2 周：能干的消防车
5	摇摇摇小船	ROW ROW ROW YOUR BOAT（划船歌）	The Countdown Kids	9 月第 3 周：小船的旅行
6	公交车的轮子转呀转	GRANPA' S LITTLE TRAIN SONG（猪爷爷的小火车）	MARTY/Giorgia Palladino	9 月第 3 周：拥挤的公交车
7	小飞机	LONDON BRIDGE IS FALLING DOWN（伦敦桥要倒了）	贝乐虎儿歌	9 月第 4 周：直冲云霄的飞机
8	一辆大卡车	—	原创	9 月第 4 周：我知道的交通工具

续表

序号	作品	原曲	曲作者 / 来源	对应课程内容
9	小落叶	LONDON BRIDGE IS FALLING DOWN（伦敦桥要倒了）	贝乐虎儿歌	10 月第 1 周：找秋天
10	请你帮落叶排排队	请你帮落叶排排队	—	10 月第 1 周：秋天的颜色
11	秋天到	秋天到	贝瓦儿歌	10 月第 2 周：秋天的果实
12	把小手举起来	THE HOKEY POKEY（变戏法）	贝乐虎儿歌	10 月第 2 周：树叶跳舞
13	小手动动	THE HOKEY POKEY（变戏法）	贝乐虎儿歌	10 月第 3 周：秋天水果大聚餐
14	开开关关	OPEN SHUT THEM（打开关闭它们）	宝宝巴士	10 月第 3 周：秋季运动
15	蚂蚱跳呀跳	LITTLE GREEN FROG（绿色小青蛙）	宝宝巴士	10 月第 4 周：秋天的昆虫
16	秋天到	秋天到	贝瓦儿歌	10 月第 4 周：秋天，丰收的季节
17	小刺猬	OLD MCDONALD HAVE A FARM（老麦当劳有个农场）	Wee Sing	11 月第 1 周：仙人掌与刺猬
18	太阳与冰激凌	太阳与冰激凌	奥尔夫音乐	11 月第 1 周：太阳与冰激凌

续表

序号	作品	原曲	曲作者 / 来源	对应课程内容
19	小熊越过山坡	THE BEAR WENT OVER THE MOUNTAIN（小熊越过山坡）	宝宝巴士	11 月第 2 周：山坡 1
20	拉个圆圈走走	拉个圆圈走走	上海小荧星合唱团	11 月第 2 周：山坡 2
21	哈拉树	LOVELY HALA TREE（可爱的哈拉树）	金宝贝早教歌曲	11 月第 3 周：高高的大树
22	蚂蚁搬豆	蚂蚁搬豆	上海小荧星合唱团	11 月第 3 周：小小的蚂蚁
23	七星瓢虫	七星瓢虫	钱诚	11 月第 4 周：多彩的瓢虫
24	LA MARIPOSA	LA MARIPOSA（蝴蝶）	Rachel Sumner	11 月第 4 周：毛毛虫与蝴蝶
25	小手拍拍	GRANPA’ S LITTLE TRAIN SONG（猪爷爷的小火车）	MARTY/Giorgia Palladino	12 月第 1 周：甜甜圈的游戏
26	WASH YOUR HANDS SONG（洗手歌）	WASH YOUR HANDS SONG	Cocomelon	12 月第 1 周：甜甜圈的游戏
27	美味的蛋挞	THE FARMER IN THE DELL（农夫在山谷）	The Kiboomers	12 月第 1 周：蛋挞的游戏
28	球儿歌	球儿歌	颂今	12 月第 2 周：球类游戏 1
29	篮球歌	球儿歌	颂今	12 月第 2 周：球类游戏 2

续表

序号	作品	原曲	曲作者 / 来源	对应课程内容
30	伦敦大桥垮下来	伦敦大桥垮下来	亲宝文化	12 月第 3 周：音乐游戏 1
31	IN THE HALL OF THE MOUNTAIN KING（在山魔王的宫殿里）	IN THE HALL OF THE MOUNTAIN KING	Erich Kunzel	12 月第 3 周：音乐游戏 1
32	雨滴变变变	雨滴变变变	乐玩越乐儿童合唱团	12 月第 3 周：音乐游戏 2
33	大雨和小雨	大雨和小雨	奥尔夫音乐	12 月第 3 周：音乐游戏 2
34	传石头	THE FARMER IN THE DELL	The Kiboomers	12 月第 4 周：石头游戏
35	大小圆圈	THE FARMER IN THE DELL	The Kiboomers	12 月第 4 周："大和小"游戏
36	雪绒花	雪绒花	梦之旅合唱组合	1 月第 1 周：柔软的雪地
37	迎春花	迎春花	关圣佑	1 月第 1 周：漂亮的窗花
38	冰糖葫芦	冰糖葫芦	冯晓泉	1 月第 2 周：冰糖葫芦
39	玛丽	玛丽	奥尔夫音乐	1 月第 2 周：香蕉春卷
40	新年好	新年好	宝宝巴士	1 月第 3 周：赶年兽
41	恭喜恭喜	恭喜恭喜	陈歌辛	1 月第 3 周：赶年兽

续表

序号	作品	原曲	曲作者 / 来源	对应课程内容
42	新年好	新年好	宝宝巴士	1 月第 3 周：新年欢乐多

苗苗班下学期部分演绎音乐说明表

序号	作品	原曲	曲作者 / 来源	对应课程内容
1	我的身体	我的身体	小白组合	3 月第 1 周：我的身体
2	我爱洗澡	我爱洗澡	刘天健	3 月第 1 周：我的身体
3	五官在哪里	五官在哪里	黄超	3 月第 1 周：宝宝的脸
4	快乐跺脚歌	幸福拍手歌	美国传统儿歌	3 月第 2 周：我的小脚
5	洗手歌	LOOBY LOO（洗手歌）	Cocomelon	3 月第 2 周：我爱洗手
6	刷牙歌	CAN CAN（康康舞曲）	Jacqucses Offenbach（雅克·奥芬巴赫）	3 月第 3 周：我会刷牙
7	白白胖胖大米饭	白白胖胖大米饭	凯利和朋友们	3 月第 3 周：我会自己吃饭
8	各种各样的脸	各种各样的脸	孙正江	3 月第 4 周：我不想生气
9	手指一家人	THE FAMILY FINGERS（手指一家人）	Oscar Anders Lindstein	3 月第 4 周：我爱我家
10	做个大大的圆圈	DID YOU EVER SEE A LASSIE（你有没有见过一个小姑娘）	Larry Groce	4 月第 1 周：认识圆形

续表

序号	作品	原曲	曲作者 / 来源	对应课程内容
11	我爱方形	方形派对	朱妮托尼儿歌	4 月第 1 周：认识方形
12	三角形	—	念白歌谣	4 月第 2 周：认识三角形
13	跟着形状跳舞	LONDON BRIDGE IS FALLING DOWN（伦敦桥要倒了）	贝乐虎儿歌	4 月第 2 周：圆形宝宝
14	盖房子	盖房子	王可盈	4 月第 3 周：能干的建筑工人
15	我是小小邮递员	我是小小邮递员	酷狗	4 月第 3 周：勤劳的邮递员
16	刷牙歌	刷牙歌	宝宝巴士	4 月第 4 周："护牙能手"牙医
17	浇好水，开好花	浇好水，开好花	小二丫合唱团	5 月第 1 周：夏天的花
18	萤火虫	HOTARU KOI（萤火虫之歌）	日本童谣	5 月第 1 周：夏天的昆虫
19	大风车	大风车	宝宝巴士	5 月第 2 周：夏天的风
20	狗狗减肥操	狗狗减肥操	黄丽星	5 月第 2 周：夏天的球类游戏
21	小风筝飞得高	小风筝飞得高	宝宝巴士	5 月第 3 周：夏天的户外游戏

续表

序号	作品	原曲	曲作者 / 来源	对应课程内容
22	扇扇子	扇扇子	小二丫合唱团	5 月第 3 周：夏天的团扇
23	大西瓜	大西瓜	粤语儿歌	5 月第 4 周：夏天的西瓜
24	缤纷的城堡	缤纷的城堡	程宝	5 月第 4 周：夏天的城堡
25	红苹果	小星星	莫扎特	6 月第 1 周：红色与白色交朋友
26	颜色歌	颜色歌	贝瓦儿歌	6 月第 1 周：红色与黄色交朋友
27	蓝色多瑙河	蓝色多瑙河	约翰·施特劳斯	6 月第 2 周：红色与蓝色交朋友
28	彩虹	彩虹	火火兔	6 月第 2 周：美丽的彩虹色
29	游泳	THREE LITTLE FISHES（三条小鱼）	Carol Ann Mathews	6 月第 3 周：夏天的颜色 1
30	好热的夏天	好热的夏天	纯然音乐	6 月第 3 周：夏天的颜色 2
31	小小自行车	I HAVE A LITTLE BICYCLE（我有一辆小小自行车）	Mary Lee	6 月第 4 周：多彩的公园
32	蝴蝶舞	LA MARIPOSA（蝴蝶）	Rachel Sumner	6 月第 4 周：野餐中的色彩

续表

序号	作品	原曲	曲作者 / 来源	对应课程内容
33	白云一朵朵	THE FARMER IN THE DELL（农夫在山谷）	The Kiboomers	7 月第 1 周：多云
34	太阳太阳	—	原创	7 月第 1 周：晴天
35	插秧歌	插秧歌	立童文化	7 月第 2 周：我们的大谷仓
36	农场	OLD MCDONALD HAVE A FARM（老麦当劳有个农场）	Wee Sing	7 月第 2 周：黑白大奶牛
37	农场	OLD MCDONALD HAVE A FARM（老麦当劳有个农场）	Wee Sing	7 月第 3 周：毛茸茸的小绵羊
38	下雨了	IT'S RAINING，IT'S POURING（下雨了，倾盆大雨）	宝宝巴士	7 月第 3 周：生长的农作物

本书所使用到的绘本

为辅助课程主题的推进，丰富教学内容，在本书的“教学活动示范”环节，部分课程使用到了绘本。在开展教学活动时，教师或家长可以使用与本书所列绘本主题相近、内容相似的作品进行教学实践。以下表格中所列的绘本版本仅供参考使用。部分绘本故事在实际教学中已有演变，原作者失考，未能署名，我们诚致歉意。

◉ 芽芽班上学期所使用到的绘本

序号	作品	作者 / 译者	出版社	出版年	对应课程内容
1	月亮的味道	[波兰]麦克·格雷涅茨 著 漪然，彭懿 译	二十一世纪出版社集团	2017	9月第3周：月亮的味道
2	我的蔬菜宝宝	陈丽雅 著	郑州大学出版社	2017	9月第4周：蔬菜沙拉
3	小叶子成长日记	任小霞 著 太空蜗牛 绘	上海科学普及出版社	2012	10月第1周：秋天的美
4	14只老鼠的秋天进行曲	[日本]岩村和朗 文/图 彭懿 译	接力出版社	2010	10月第1周：秋天，丰收的季节
5	蔬菜的肚子	[日本]木内胜 文/图 袁谧 译	少年儿童出版社	2015	10月第2周：农作物
6	BIG RED BARN（大红谷仓）	Margaret Wise Brown（玛格丽特·怀斯·布朗） 著 Felicia Bond（费利西亚·邦德） 绘	HarperCollins Publishers	2008	10月第2周：粮食屋
7	猜猜看，是水果吗？	[日本]米津祐介 文/图 贺儿 译	连环画出版社	2014	10月第3周：摇一摇苹果树
8	风来喽 咻咻咻	[日本]新井洋行 文/图 徐超 译	少年儿童出版社	2016	10月第4周：秋天的风
9	蚂蚁和西瓜	[日本]田村茂 文/图 蒲蒲兰 译	二十一世纪出版社集团	2018	10月第4周：秋天的昆虫

续表

序号	作品	作者 / 译者	出版社	出版年	对应课程内容
10	火车多多多!	[韩国]石哲元 文/图 晓晗 译	新世界出版社	2020	11月第1周:长长小火车
11	这是谁的自行车?	[日本]高畠纯 著/绘 彭懿 译	广西师范大学出版社	2021	11月第1周:自行车丁零零
12	汽车多多多!	[韩国]石哲元 文/图 晓晗 译	新世界出版社	2020	11月第2周:汽车嘟嘟嘟
13	小红去送货	[日本]宫西达也 文/图 王志庚 译	北京联合出版公司	2017	11月第2周:卡车轰轰轰
14	乘着飞机去旅行	[英国]萨莉·霍普古德 文 [克罗地亚]安德里亚·帕特丽珂 图 林昕 译	湖北少年儿童出版社	2013	11月第3周:飞机飞高高
15	和甘伯伯去游河	[英国]约翰·伯宁罕 文/图 林良 译	河北教育出版社	2008	11月第3周:划一划小船
16	消防车来了!	[美国]凯特·麦克姆兰 著 [美国]吉姆·麦克姆兰 绘 柳漾 译	河北科学技术出版社	2018	11月第4周:红色消防车

续表

序号	作品	作者 / 译者	出版社	出版年	对应课程内容
17	谁的家到了？	刘旭恭　文 / 图	明天出版社	2014	11 月第 4 周：公交车的轮子转呀转
18	大红狗克里弗	[美国] 诺尔曼 · 伯德韦尔　著 杜可名　译	人民文学出版社	2017	12 月第 1 周：小狗汪汪汪
19	小猫藏在哪	—	—	—	12 月第 1 周：小猫喵喵喵
20	喵呜	[日本]宫西达也　文 / 图 彭懿　译	新疆青少年出版社	2008	12 月第 2 周：猫和老鼠
21	小青蛙，蹦蹦跳	[英国] 弗朗西斯 · 巴里　文 / 图 方素珍　译	中国和平出版社	2021	12 月第 3 周：青蛙呱呱呱
22	想看海的乌龟	宋庆龄幼儿园 2012 草莓五班　文 / 图	明天出版社	2014	12 月第 4 周：乌龟爬爬爬
23	下雪天	[美国] 艾兹拉 · 杰克 · 季兹　文 / 图 上谊编辑部　译	明天出版社	2008	1 月第 1 周：下雪天
24	小年兽	熊亮　绘 / 著	天津人民出版社	2018	1 月第 2 周：过年啦
25	饺子和汤圆	卷儿　文 任晶晶　图	新世纪出版社	2020	1 月第 2 周：新年的味道

芽芽班下学期所使用到的绘本

序号	作品	作者 / 译者	出版社	出版年	对应课程内容
1	接着，春天来了	[美国]朱莉·福利亚诺 文 [美国]埃琳·斯蒂德 图 艾斯苔尔 译	二十一世纪出版社	2014	3月第1周：春天的小树芽
2	猜猜看，是花吗？	[日本]米津祐介 文/图 贺儿 译	连环画出版社	2014	3月第1周：春天的花朵
3	春天在哪里	葛翠琳 著 章雪 绘	中国少年儿童出版社	2018	3月第2周：桃花朵朵开
4	当熊爱上蝴蝶	[荷兰]安娜玛丽·梵·哈灵根 著 曾齐 译	天津人民美术出版社	2012	3月第3周：春天的昆虫（蝴蝶）
5	第一次发现丛书·透视眼系列·动物类·蝴蝶	法国伽利玛少儿出版社 编 [法国]埃利亚多尔 绘 向静 译	接力出版社	2009	3月第3周：春天的昆虫（蝴蝶）
6	瓢虫马戏团	[比利时]G.V.西纳顿 著 何茜 译	四川少年儿童出版社	2018	3月第3周：春天的昆虫（瓢虫）
7	我的颜色是什么	[日本]秦好史郎 文/图 杨文 译	新世界出版社	2019	3月第4周：春天的颜色（红和白）；春天的颜色（彩虹色）

续表

序号	作品	作者 / 译者	出版社	出版年	对应课程内容
8	身体里软软硬硬的骨头	韩国熊津出版社　著 ［韩国］元慧珍　绘 刘烨　译	接力出版社	2014	4 月 第 1 周：软和硬
9	孔雀和蜂鸟	［法国］安德烈・德昂　著 / 绘 小游　译	外语教学与研究出版社	2013	4 月 第 2 周：毛茸茸
10	摸一摸，软绵绵	［日本］入山智　著 / 绘 崔维燕　译	新星出版社	2021	4 月 第 4 周：软绵绵
11	里面外面	［美国］利兹・博伊德　著 / 绘 小奇　译	明天出版社	2022	5 月 第 2 周：里面和外面
12	我要钻过去啦	［日本］五味太郎　著 黄锐　译	北京联合出版公司	2017	5 月 第 2 周：翻越和钻过
13	大大的，小小的	钟彧　著 / 绘	中国少年儿童出版社	2017	5 月 第 4 周：大和小
14	圆形骨碌碌	［日本］得田之久　文 ［日本］织茂恭子　图 李丹　译	江苏凤凰少年儿童出版社	2017	5 月 第 4 周：大小圆圈
15	男孩，气球和小狗	［美国］吉安娜・马里诺　著 徐文婧　译	二十一世纪出版社集团	2018	6 月 第 1 周：高高的山坡
16	爷爷和我去游泳	［英国］大卫・贝德福德　著 ［英国］布莱纳・沃恩　绘 漆仰平　译	湖北教育出版社	2014	6 月 第 2 周：夏天 1

续表

序号	作品	作者 / 译者	出版社	出版年	对应课程内容
17	好安静的蟋蟀	[美国]艾瑞·卡尔 文 / 图 林良 译	明天出版社	2013	6 月第 2 周：夏天 2
18	树真好	[美国]贾尼思·梅·伍德里 文 [美国]马可·塞蒙 图 舒杭丽 译	二十一世纪出版社集团	2009	6 月第 3 周：大树
19	一起去野餐	[新西兰]比特（Pittar, G.） 著 [新西兰]莫瑞（Morrell, G.） 绘 穆影，庞学栋，代冬梅 译	北京师范大学出版社	2005	6 月第 4 周：一起去野餐
20	从头动到脚	[美国]艾瑞·卡尔 文 / 图 林良 译	明天出版社	2012	7 月第 1 周：我的身体最神气
21	大脚丫跳芭蕾	[美国]埃米·扬 文 / 图 柯倩华 译	河北教育出版社	2007	7 月第 1 周：我的小手小脚
22	脸，脸，各种各样的脸	[日本]柳原良平 文 / 图 小林，小熊 译	少年儿童出版社	2016	7 月第 2 周：我的脸
23	我的家	[新西兰]特蕾西·莫洛尼 文 / 图 程玮 译	南京大学出版社	2020	7 月第 2 周：我的家庭

续表

序号	作品	作者 / 译者	出版社	出版年	对应课程内容
24	根本就不脏嘛	[德国] 万伽·欧尔特　文 [德国] 玛努艾拉·欧尔特　绘 贾如　译	长江少年儿童出版社	2017	7 月第 3 周：我爱洗手刷牙
25	我不想生气	[新西兰] 特蕾西·莫洛尼　文 / 图 萧萍　译	广州出版社	2007	7 月第 3 周：我的小情绪

苗苗班上学期所使用到的绘本

序号	作品	作者 / 译者	出版社	出版年	对应课程内容
1	我的交通工具是什么	[日本]秦好史郎　文 / 图 晓晗　译	连环画出版社	2014	9 月第 1 周：小汽车嘀嘀嘀
2	小汽车，快快跑	[韩国] 芮钟和　文 [韩国] 金信建　绘 金莲华　译	延边教育出版社	2012	9 月第 2 周：小汽车快快跑
3	快跑，云梯消防车	[日本]间濑直方　文 / 图 彭懿，周龙梅　译	二十一世纪出版社集团	2017	9 月第 2 周：能干的消防车
4	第一次坐飞机	[美国] 莉莎·布朗　著 徐文婧　译	二十一世纪出版社集团	2017	9 月第 4 周：直冲云霄的飞机
5	各种各样的交通工具	[英国] 爱玛·戴蒙（Emma Damon）　著 叶子　译	未来出版社	2018	9 月第 4 周：我知道的交通工具

续表

序号	作品	作者 / 译者	出版社	出版年	对应课程内容
6	秋天到了！	[日本]柴田晋吾　著 [日本]津田真帆　绘 田秀娟　译	新星出版社	2014	10月第1周：找秋天
7	秋天的翅膀	李浩然　著 傅蓉　绘	—	—	10月第1周：秋天的颜色
8	果子熟了：汉英对照	杜杜　文 罗殷　图 [美国]威廉·苏　译	中国电力出版社	2007	10月第2周：秋天的果实
9	落叶跳舞	[日本]伊东宽　文/图 蒲蒲兰　译	二十一世纪出版社	2007	10月第2周：树叶跳舞
10	第一次发现丛书·透视眼系列·植物类·好吃的水果	法国伽利玛少儿出版社　编 [法国]梅特勒尔，[法国]瓦莱　绘 王彦　译	接力出版社	2009	10月第3周：秋天水果大聚餐
11	蹦！	[日本]松冈达英　文/图 蒲蒲兰　译	二十一世纪出版社	2008	10月第4周：秋天的昆虫
12	快乐轮胎	王晓明　文/图	二十一世纪出版社	2011	11月第2周：山坡1
13	上山种下一棵树	[日本]杉山佳奈代　文/图 王维幸　译	山东文艺出版社	2022	11月第3周：高高的大树
14	蚂蚁蚂蚁排排走	李钟美　文/图 蒲蒲兰　译	二十一世纪出版社	2009	11月第3周：小小的蚂蚁
15	七星瓢虫，你好！	Min Hae　文 Ann Eunbit　图	—	—	11月第4周：多彩的瓢虫

续表

序号	作品	作者 / 译者	出版社	出版年	对应课程内容
16	好饿好饿的毛毛虫：英汉对照	[英国] 谢里丹·凯恩 文 [英国] 杰克·迪克尔 图 童立方 译	北京联合出版公司	2016	11 月第 4 周：毛毛虫与蝴蝶
17	0～2 岁亲子认知绘本·谁最小？	陈长海 主编	中国人口出版社	2017	12 月第 4 周："大和小"游戏
18	大雪盖不住回家的路	周旭 文 / 图	新世界出版社	2019	1 月第 1 周：柔软的雪地
19	你为什么不开花	[捷克] 卡塔琳娜·玛卡诺娃 著 / 绘 郭超 译	中信出版社	2017	1 月第 1 周：漂亮的窗花
20	中国春节传统美食	自制	—	—	1 月第 2 周：冰糖葫芦

苗苗班下学期所使用到的绘本

序号	作品	作者 / 译者	出版社	出版年	对应课程内容
1	我的身体，这是什么	[日本]秦好史郎 文 / 图 杨文 译	新世界出版社	2019	3 月第 1 周：我的身体
2	我喜欢我的脸（I Love My Face）	Lisa Mccourt	Scholastic	2004	3 月第 1 周：宝宝的脸
3	脚丫子的故事	[日本] 柳生弦一郎 编绘 汉声杂志 译	中国少年儿童出版社	1995	3 月第 2 周：我的小脚

续表

序号	作品	作者 / 译者	出版社	出版年	对应课程内容
4	根本就不脏嘛	[德国] 万伽·欧尔特 文 [德国] 玛努艾拉·欧尔特 绘 贾如 译	长江少年儿童出版社	2017	3 月第 2 周：我爱洗手
5	小熊拔牙	詹同 绘 柯岩 诗	朝华出版社	2018	3 月第 3 周：我会刷牙
6	我会好好吃饭	崔钟雷 主编	黑龙江美术出版社	2014	3 月第 3 周：我会自己吃饭
7	我的情绪小怪兽	[西班牙] 安娜·耶纳斯 文 / 图 叶淑吟 译	明天出版社	2017	3 月第 4 周：我不想生气
8	我去外婆家	[日本] 板桥雅弘 著 [日本] 西村敏雄 绘 刘洋 译	北京科学技术出版社	2016	3 月第 4 周：我爱我家
9	圆	林蔚婷 著	新星出版社	2017	4 月第 1 周：认识圆形
10	有趣的小人	[法国] 埃尔维·杜莱 著 陈小齐 译	北京联合出版公司	2020	4 月第 1 周：认识方形
11	我的连衣裙	[日本]西巷茅子 文 / 图 滴然 译	明天出版社	2008	4 月第 2 周：认识三角形
12	这是什么形状	[日本]秦好史郎 文 / 图 杨文 译	北京少年儿童出版社	2008	4 月第 2 周：图形宝宝

续表

序号	作品	作者 / 译者	出版社	出版年	对应课程内容
13	忙忙碌碌的大工地	英国尤斯伯恩出版公司　编著 晓舒　译	接力出版社	2018	4 月第 3 周：能干的建筑工人
14	远方寄来的生日礼物	［日本］芭蕉绿　文 / 图 ［日本］猿渡静子　译	南海出版社	2003	4 月第 3 周：勤劳的邮递员
15	噼里啪啦·我去刷牙	［日本］佐佐木洋子编绘	二十一世纪出版社	2014	4 月第 4 周："护牙能手"牙医
16	好喝的蔬菜汤	［日本］广川沙映子文 / 图 晓晗　译	连环画出版社	2017	4 月第 4 周："美食创造者"厨师
17	花儿开了	自制	—	—	5 月第 1 周：夏天的花
18	好寂寞的萤火虫	［美国］艾瑞·卡尔文 / 图 幸蔓　译	上谊文化公司	2002	5 月第 1 周：夏天的昆虫
19	放风筝	易秋　著 赵光宇　绘	华东师范大学出版社	2018	5 月第 3 周；夏天的户外游戏
20	小松鼠找"凉快"	张芳　文 雨青工作室　图	—	—	5 月第 3 周；夏天的团扇
21	大西瓜	周雅雯　文 / 图	天天出版社	2019	5 月第 4 周：夏天的西瓜
22	沙子城堡	［法国］斯特凡·亨利克　著 / 绘	外语教学与研究出版社	2018	5 月第 4 周：夏天的城堡

续表

序号	作品	作者 / 译者	出版社	出版年	对应课程内容
23	我的颜色是什么	[日本]秦好史郎　文/图 杨文　译	北京少年儿童出版社	2005	6月第1周：红色与白色交朋友；红色与黄色交朋友
24	自己的颜色	[美国]李欧·李奥尼　文/图 阿甲　译	南海出版公司	2011	6月第2周：红色和蓝色交朋友
25	我喜欢游泳	[日本]佐佐木洋子　编绘	二十一世纪出版社	2014	6月第3周：夏天的颜色1
26	公园欢乐日	[英国]本吉·戴维斯　著/绘 张昭，喻之晓　译	中信出版社	2016	6月第4周：多彩的公园
27	野餐	[英国]约翰·伯宁罕　文/图 杨玲玲，彭懿　译	北京联合出版公司	2015	6月第4周：野餐中的色彩
28	两朵白云	林良　文 赵国宗　图	南京师范大学出版社	2012	7月第1周：多云
29	昨天的太阳去哪儿了？	[日本]熏久美子　文 [日本]井本蓉子　图 蒲蒲兰　译	连环画出版社	2009	7月第1周：晴天
30	农夫去旅行	[德国]克里斯迪安·提尔曼　著 [德国]丹尼尔·纳波　绘 王星　译	长江少年儿童出版社	2017	7月第2周：我们的大谷仓

续表

序号	作品	作者 / 译者	出版社	出版年	对应课程内容
31	菜花地里的小奶牛	[英国]史黛拉·布莱克斯通　文 [英国]克莱尔·比顿　图 李新凯　译	新时代出版社	2013	7月第2周：黑白大奶牛
32	有个性的羊	[德国]达尼拉·楚德岑思克　文/图 王星　译	长江少年儿童出版社	2016	7月第3周：毛茸茸的小绵羊
33	它们是怎么长出来的?	[法国]热尔达·穆雷　文/图 孙敏　译	二十一世纪出版社集团	2016	7月第3周：生长的农作物

续表

序号	作品	作者 / 译者	出版社	出版年	对应课程内容
23	我的颜色是什么	[日本]秦好史郎 文 / 图 杨文 译	北京少年儿童出版社	2005	6 月第 1 周：红色与白色交朋友；红色与黄色交朋友
24	自己的颜色	[美国]李欧·李奥尼 文 / 图 阿甲 译	南海出版公司	2011	6 月第 2 周：红色和蓝色交朋友
25	我喜欢游泳	[日本]佐佐木洋子 编绘	二十一世纪出版社	2014	6 月第 3 周：夏天的颜色 1
26	公园欢乐日	[英国]本吉·戴维斯 著 / 绘 张昭，喻之晓 译	中信出版社	2016	6 月第 4 周：多彩的公园
27	野餐	[英国]约翰·伯宁罕 文 / 图 杨玲玲，彭懿 译	北京联合出版公司	2015	6 月第 4 周：野餐中的色彩
28	两朵白云	林良 文 赵国宗 图	南京师范大学出版社	2012	7 月第 1 周：多云
29	昨天的太阳去哪儿了？	[日本]熏久美子 文 [日本]井本蓉子 图 蒲蒲兰 译	连环画出版社	2009	7 月第 1 周：晴天
30	农夫去旅行	[德国]克里斯迪安·提尔曼 著 [德国]丹尼尔·纳波 绘 王星 译	长江少年儿童出版社	2017	7 月第 2 周：我们的大谷仓

续表

序号	作品	作者 / 译者	出版社	出版年	对应课程内容
31	菜花地里的小奶牛	[英国] 史黛拉·布莱克斯通　文 [英国] 克莱尔·比顿　图 李新凯　译	新时代出版社	2013	7月 第2周：黑白大奶牛
32	有个性的羊	[德国] 达尼拉·楚德岑思克　文 / 图 王星　译	长江少年儿童出版社	2016	7月 第3周：毛茸茸的小绵羊
33	它们是怎么长出来的?	[法国] 热尔达·穆雷　文 / 图 孙敏　译	二十一世纪出版社集团	2016	7月 第3周：生长的农作物